JN268973

聖書時代の秘宝

聖書と考古学

アラン・ミラード

鞭木 由行 訳

法政大学出版局

Alan Millard
TREASURES FROM BIBLE TIMES

Text copyrights © 1985 by Alan Millard

Original edition is published by Lion Publishing in Oxford. Copyright © 1985

Japanese translation rights arranged
with Lion Publishing Plc. in Oxford
through The Asano Agency, inc. in Tokyo.

私の両親

ミラード・ラルフとジョイスに捧げる

彼らの金婚式の記念にあたり

目　次

序　　文　　6
聖書考古学──その揺籃期　　11
エジプトにおける事業家たち　　14
アッシリアからの骨董品　　16
聖書の地において　　21
 古代文字の解読　　23
エジプト象形文字の神秘　　24
ベヒストゥーンの岩壁からの秘密　　26
過去を掘り起こす　　30
 発掘の一日　　34
「もちろん，それは洪水よ！」　　36
 バビロニアの洪水物語　　40
ウルの王宮からの宝　　42
大ニュース：失われた都市エブラ　　45
ウル：月の神の都　　48
マリの王たちの宮殿　　52
 族長たち：沈黙からの議論　　56
再発見された民族：
 ヒッタイト人とは誰か？　　58
 条約と契約　　62
 ヘブル人の親戚なのか　　63
ツタンカーメンの秘宝　　66
 ツタンカーメン，幕屋，契約の箱　　71
エジプトのレンガ野原にて　　72
 ファラオ・ラメセス2世の倉庫の町　　75
 モーセの痕跡はあるのか　　78
ハムラビ王の法典とモーセの律法　　79
耕作地の下に：埋もれた都市ウガリト　　82
 カナンの神話と伝説　　86
 アルファベット　　88
征服されたカナンの諸都市　　90
そして城壁は倒れた　　94
 アイの問題　　97
 勝利の記録：「イスラエル碑文」　　98
ペリシテ人　　100
黄金の神殿　　103
 ソロモンの建造物　　105
 金銀の運命　　106
象牙の宮殿　　107
 印章の彫刻師　　110
私　　邸　　112
 貨幣制以前の時代に　　114
 宝は隠れていなかった：「モアブ石」　　115
 防衛の値段：「黒オベリスク」　　117
「アッシリアが下って来て……」　　119
 「かごの中の鳥のように」：
 センナケリブのエルサレム攻撃　　122
 ヒゼキヤ王のトンネル　　124
「われわれはのろしを見ることが
 できない」　　126
「ユダヤ人の王ネブカデネザル」　　129

「栄光，それはバビロン」················ 133
　　壁の上の文字：ベルシャツァル
　　──実在の人物か作り話か　137

ペルシアの輝き ···················· 139
　　王の命令──あらゆる言語で　144
　　ペルシアの郵便袋から　146
　　書記の働き　148

アレクサンドロスの冒険と
　ギリシアの理想················ 150
　　ユダヤの硬貨　153

隠れた都市ペトラ·················· 155

死海の埋蔵品 ····················· 159

失われ，そして発見された図書館 ········ 162
　　イエスと死海文書　165

大いなる建造者ヘロデ ··············· 167

園にある新しい墓 ·················· 172

マサダ──最後の砦 ················ 174

入場禁止──ユダヤ人以外：
　ある石の物語 ················ 178
　　秘密のサイン
　　──キリスト教との関連はあるのか　181

どんな証拠があるのか：
　初代クリスチャン ············· 183

　　訳者あとがき　186
　　参　考　書　187
　　索　　　引　188

序　文

　中近東においてなされた考古学上の諸発見が、聖書について何を語りうるのかを示すために、100年以上にわたって、書物が著わされてきた。ある者は、聖書が真実であることを立証しようとして考古学を用いた。またある者は、古代の文書を研究することに比べたら、考古学はそれほど重要ではないと考えた。諸説は変わり、新発見によって新しい情報がもたらされた。それゆえ、何が発見されたかを記述し、その意義を明らかに示すためにもうひとつの書物が出版される必要がいつもあった。

　この本は、特徴ある発見の数々、発見された事柄の性質、それらが解釈されてきた方法、そして、それらは現在どのように理解することができるかを考察している。ここに記されている以上のもっと多くの諸発見、特に聖書の中に名前が現れる民族の諸文書、聖書のヘブル語とギリシア語を用いた諸文書が発見されている。しかし、これら全部を包含しようとすれば、本書の分量は膨大となり、たぶん退屈であろう。

　惜しみなく写真を提供してくれた友人たちと研究機関とに感謝したい。また古代エジプトに関して助言を与えてくれた私の友人ケネス・キッチン博士と、絶えず私を励まし助けてくれた妻に感謝したい。

アラン・ミラード

日本語版序文

　私の書物が日本で出版されるためにご尽力下さった私の友人、津村俊夫博士と鞭木由行博士に感謝したい。この書物を著したのは17年前だが、自分の解釈や結論を変更しなければならない必要は何も見つかっていない。価値ある発見がなされ、いくつかの点で新しい情報がもたらされはしたが、それらを含めることは技術的な理由から不可能である。

アラン・ミラード

イスラエルの地

聖書の地

- トロイ
- ヒッタイト
- ハットゥシャ（ボガズキョイ）
- リデヤ
- アナトリア
- サルディス
- ミトレス
- ハリカルナッソス
- ルキセ
- キリキヤ
- タルソ
- カルケミシュ
- クサントス
- ウガリト（ラス・シャムラ）
- アレッポ
- エブラ
- キプロス
- ハマ
- シリア
- カデシュ
- ビブロス
- バアルベック
- 地中海
- シドン
- ダマスコ
- ツロ
- カナン
- メギド
- サマリア
- エルサレム
- エリコ
- ラキシュ
- 死海
- タニス
- ブバスティス
- ペトラ
- メンフィス
- エジプト
- ベニ ハサン
- エル・アマルナ
- ナイル川
- テーベ
- 紅海
- エレファンティネ

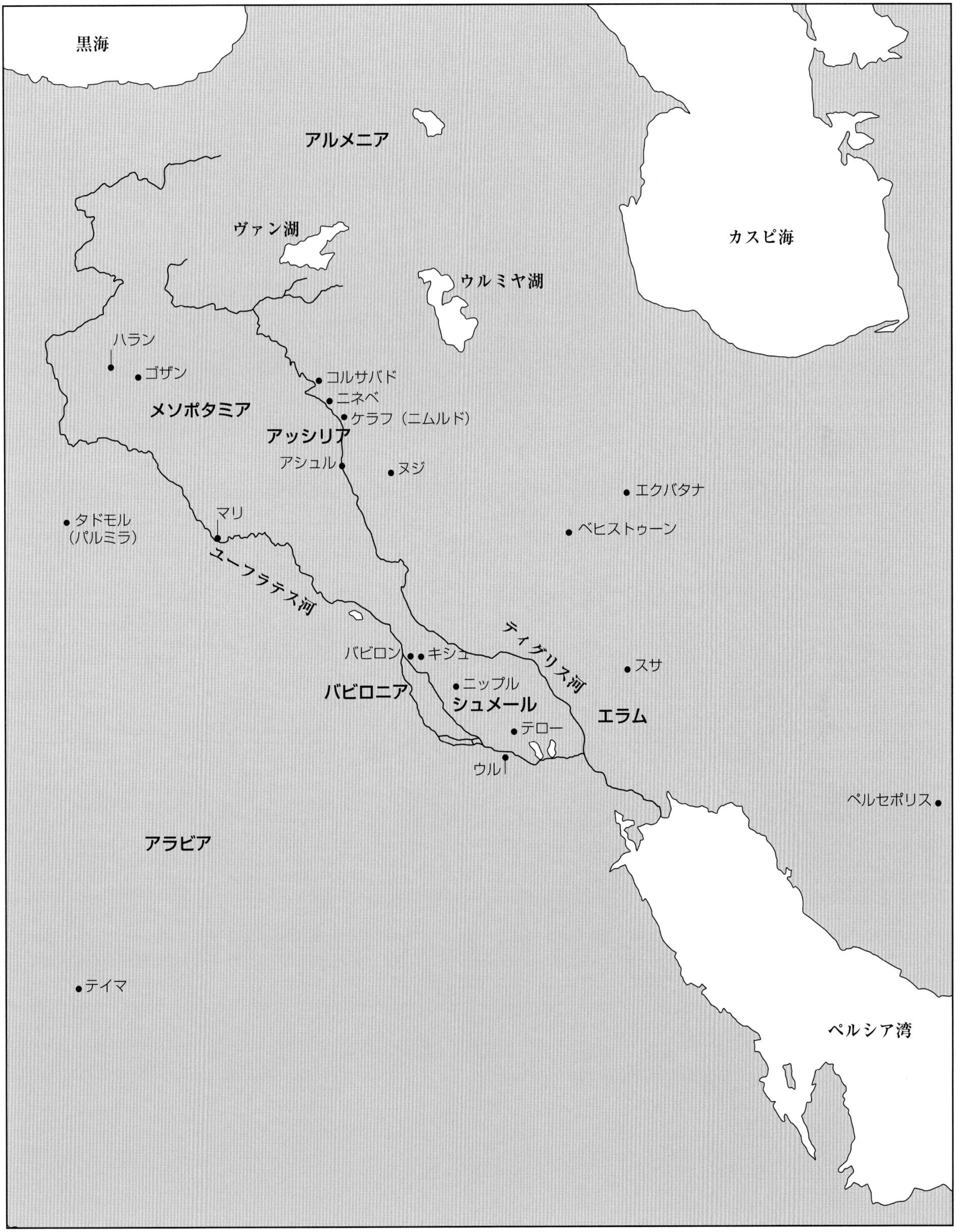
黒海
アルメニア
ヴァン湖
カスピ海
ウルミヤ湖
ハラン
ゴザン
コルサバド
ニネベ
メソポタミア
ケラフ（ニムルド）
アッシリア
アシュル
ヌジ
エクバタナ
タドモル
（パルミラ）
マリ
ベヒストゥーン
ユーフラテス河
ティグリス河
バビロン
キシュ
スサ
ニップル
バビロニア
シュメール
エラム
テロー
ウル
ペルセポリス
アラビア
テイマ
ペルシア湾

聖書考古学——その揺籃期

　ある人がドアを閉め忘れたために，ヨーロッパの歴史が変わってしまったのである．1453年5月に，トルコ人はコンスタンティノポリスを攻撃していた．その城壁は強固で，防衛軍は勇敢であった．数人が抜け駆けの急襲のために小さなドアを出て行った．しかし，彼らは戻る時，かんぬきを閉めそこなった．一団のトルコ人がそこから進入し，次に奔流となってなだれ込んで来た．彼らは至るところで防衛軍を打ち破り，瞬く間に，その都市はトルコ人の手に落ちた．

　多数の市民はトルコの勝利を恐れてすでに逃げていた．その後も，脱出できた者たちは逃げ出した．彼らはギリシア人で，またクリスチャンでもあった．彼らが，避難できる唯一の場所は，イタリアかフランスであった．そこに住み着いた人々の中には学者がおり，彼らは古典ギリシアから受け継いだ遺産を持ってきた．古代ギリシア哲学の影響のもとで，他の変化と連動しながら，ルネッサンスが花咲いていった．

　古代ギリシアとローマに対する関心が増大するにしたがって，富豪たちは廃墟となった都市の中から彫像と硬貨を収集し始めた．学者たちはそれらを研究し，書物を著した．2，3の事例には，聖書，特に新約聖書との関連があった．人々は，古代世界と生活様式とについての知識が，その古代の書物をもっとよく理解する上で手助けになることに気がつき始めた．

　17世紀と18世紀を通じて，金持ちで冒険心に富んだ若者たちがイタリア，ギリシア，トルコを旅行し，ギリシアとローマの諸都市の遺跡を調査し，記録し，遺物を収集した．

　さらにシリアとパレスチナへ踏み込んだ者もわずかにいた．そこで彼らはバアルベック，パルミラ，ペトラの壮大な遺跡，またギリシアに由来する建築物を持ったローマの諸都市を発見した．

　もちろん巡礼者たちは数百年間にわたって聖地を訪ねていたのだが，歴史的遺跡として関心を示したり，そこに見えている廃墟を研究しようとする者はほとんどいなかった．

　古代エジプトも，冒険家たちを引きつけてきた．彼らは，巨大な神殿に関する物語，色鮮やかな墓，ピラミッド群をよみがえらせた．旅行者たちの簡単な報告のほかに，これらの旅行によって，古代エジプトはファンタジー作家の題材となった．彼らはピラミッドのデザインから未来を語ることができる，あるいは何かほかの秘密を学ぶことができる，と考えた．——今日も残っている誤った考えである．

　しかし，古代エジプトに関して，もし何かが知られていたとするなら，それはミイラに関する問題であった．ミイラとは，注意深く包帯され，天然の化学薬品によって保存されたエジプト人の身体である．粉末となったミイラは，強力な薬とみなされていた．

　19世紀の初めになって，古代世界の研究は，新しい時代の夜明けを迎えた．真剣な探検が，古代ギリシア時代以前に文明が発達した地域で始まった．すなわち，アッシリアとバビロンにおいて，またエジプトにおいてである．最初は，これらの文明自体が研究の対象であった．しかし，旧約聖

アッシリアの王たちの勝利を刻んだ宮殿の内壁が考古学者たちによって発見され，それによって聖書から知られていた名前が生き返ってきた．この石碑（ステラ）はアッシリアの王，ティグラト・ピレセル3世を示している．

エジプトの偉大なピラミッドの神秘は，旅行者の想像とファンタジー作家を捕らえてきた．フリンダース・ペトリ卿の正確な調査は多くの空想に終止符を打った．

17世紀，18世紀に，まず冒険家たちが，パルミラのような壮大な都市の廃墟を発見した．パルミラのローマ風建築家は，その建築様式をギリシア人から得た．

書から知られていた王様の名前を記した碑文が解読されたとき，新しい関心が巻き起こり，その研究はもっと広範囲の人々を引きつけるようになった．

まもなく新しい諸発見を聖書に当てはめる書物が書かれた．それまでほとんど無意味であった名前が，突然，実際のものとなったのである．アッシリアの暴君たちが，自分の軍隊と惨めな捕虜とともに宮殿の内壁に刻まれていて，実際に出現したのである．ペルシアの偉大な王たちが彼ら自身の碑文を通して語り，エジプトのファラオたちの正体が明らかになってきた．

こうしたすべてが，聖書の記述する歴史に，豊かな歴史的背景を提供し，古代イスラエルの物語が置かれていた当時の生活環境を明らかにした．

同時に，旧約聖書をどう理解すべきかという諸見解に関しては，そのヘブル人の書物自体が誤っているという根拠が見いだされたかのように思われた．アブラハムと彼の家族の出来事は，イスラエルの王たちの時代かそれ以後であるというような議論．モーセに帰された律法の多くは，長期間にわたって発展してきたものであり，その中のあるものは，捕囚期の祭司たちの理想であった，というような議論．これらは，そしてこれらに関連した議論は，非常に広範囲にわたって受け入れられてきた．今日もそうである．

学者の中には，考古学的諸発見はそのような議論を否定していると考え，聖書の正しさを「立証する」ために考古学を用い始める人々もいた．しかし，そうすることは（ある人々が継続しているように）考古学がなしうる以上のことを考古学に要求することである．

考古学は，聖書を立証することもできないし，その主要な主張を反証することもできない．なぜなら，聖書の主要な主張は神に関することだからである．たとえば，神がモーセを通して語ったということや，神がエルサレムを破壊するためにネブカデネザルを送ったということを考古学によって立証することは不可能である．誰かがモーセに関連したものを発見するとか，モーセによって書かれたものを発見するということは，今後もずっとありそうもない．

考古学がなしうる助けとは，人間の歴史と習慣に関することである．聖書が（あるいは他の古い書物が），ある特定の時代の人々がある特定の行動様式を持っていた，と述べているなら，考古学的発見は，彼らがそうしていたかどうかを明らかにするであろう．

もし考古学的発見の結果が，古代のある習慣について述べた古代の作者の記述と一致していても，それによって，書物に述べられたひとつの実例が実際に起きたということが立証されるわけではない．立証のためにはその出来事に関しての，独立した，記述された証拠が必要であろう．しかし，聖書が述べていることが，しばしば古代の習慣と一致しているという事実は，聖書の記録へ積極的にアプローチするための良い基礎ではある（たとえば「黄金の神殿」，「ペルシアの郵便袋から」の項を参照）．これらの記録を古代の背景の中に正しく位置づけることは考古学の重要な働きである．それによって現代の読者は歴史的，文化的レベルにおいて，よりよくこれらの記録を評価することができる．まれではあるが，旧約・新約の聖書箇所に直接的に関連した発見があれば，その聖書箇所の正しさを立証し，証拠を付加することができる（たとえば，「宝は隠れていなかった」「アッシリアが下って来て……」の項を参照）．

これらすべての諸発見は聖書が書かれた世界についての知識を増大させ，その結果，その独特な宗教上のメッセージをもっとはっきりと浮かび上がらせることができるのである．

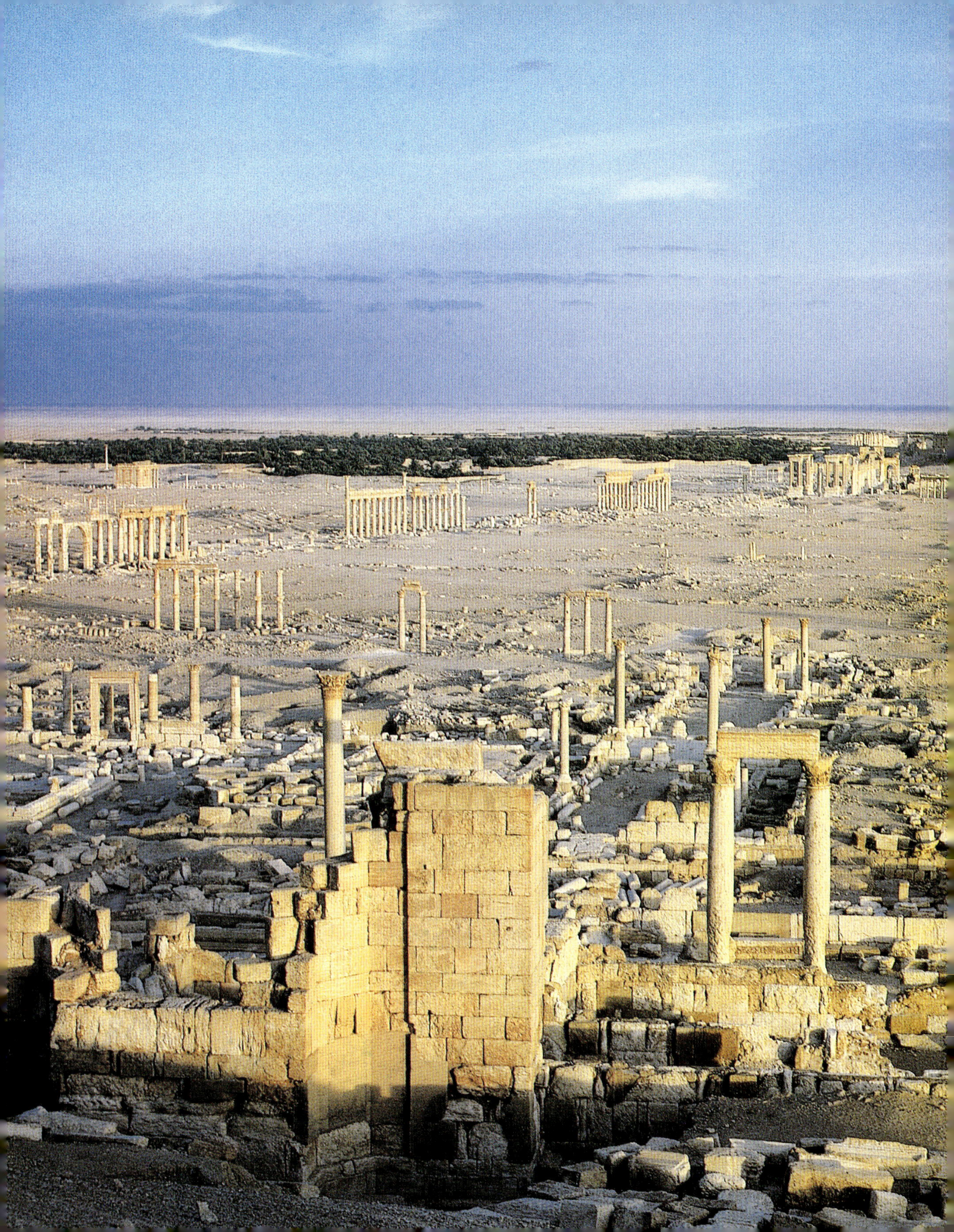

エジプトにおける事業家たち

　ナポレオン・ボナパルトは，1798年にエジプトを侵略した．彼が一緒に連れていった一団の科学者たちが，事実上近代のエジプト学を創始したのである（「エジプト象形文字の不思議」を参照）．

　古代エジプトは流行となった．社会の指導者層はエジプト風に飾られた家具を購入した．エジプト本土から古代の彫刻を輸入した者もいた．博物館の経営者たちも見事な展示品を求めた．そこで，人々はエジプトへ行き，何でも手に入れることができる物を持ち帰ってきた．

　そのような中で最も変わった人物の一人は，ロンドンのサーカスで筋骨たくましい「イタリアの巨人」として働いていたイタリア人であった．この男，ベルゾニは，筋肉だけでなく頭脳も持っていた．彼によれば彼はエジプトで使われていたどれよりもはるかにすぐれた水車を発明した．1815年，彼はカイロでそれを展示した．しかし，それを買った人は誰もいなかった．そのかわり彼は石の記念碑をエジプトからイギリスへ輸送した．

　ベルゾニの行動は，墓をこじ開け，神殿をあさり回るというもので，後代の基準から言えば嘆かわしいが，彼は多くの重要な発見をし，古代エジプトが二度と失われることのない社会的関心を獲得することに貢献した．

　また古代遺物の収集家たちや商人たちの

エジプト，ナグハマディでナイル河に太陽が昇っている．

多くが，ベルゾニの例に追随した．しかし，もっと整然と働いた学者たちもいた．リヒャルト・レプシウスに指揮されたドイツのチームは，1843年から1845年まで調査を続け，墓と記念碑の正確な記録を作成した．同時に，ベルリンの博物館のために陳列品を収集した．レプシウスは図画と描写からなる『エジプトの記念碑』12巻を編纂した．それは今もエジプトを知るための基本文献である．

　3名のイギリス人が，破壊され損傷していた絵と碑文のコピーを作るという価値ある仕事をした．彼らの諸発見は有名な1冊の書物を生み出す資料となった．その書物とは3名のうちの一人，ジョン・ウィルキンソン卿の書いた『古代エジプト人の方法と習慣』(最初の出版は1837年)である．

　2，3年後，その地で若いフランス人が行なった仕事は，エジプトの考古学にある程度の秩序をもたらすことになった．彼の名前は，1858年にカイロ博物館を始めたオーギュスト・マリエッテである．彼は，地方の遺物の修理サービスを開設し，エジプトの遺物の輸出をコントロールする法律を導入した．マリエッテは注意深い，重要な発掘を数多く行なった．

　19世紀になってエジプトの発掘は，精力的な英国の考古学者フリンダース・ペトリ卿によって，正規の科学的基礎を与えられた．ペトリは1853年に生まれ，両親によって教育され，収集と整頓とに対する情熱を持っていた．彼の父親は土木技師で，測量の基本を彼に教えた．彼はそれをイギリスで古代の遺跡調査に用いた．

　1880年，彼はピラミッドを測量するためにエジプトへ行った．その仕事のために彼は最良の2年間を費やした．伝説によれば，彼は杖と名刺だけで調査したが，その結果は非常に正確であった．彼は，実に質素な人物で最低の必需品で生活した．

　1883年には「エジプト踏査基金」(The Egypt Exploration Fund)が創設され，翌年エジプトでの発掘のために彼を雇った．1926年まで，彼はほとんどの冬をそこで働き，約30カ所の異なった遺跡を掘り，その発掘が完結すると1年以内に報告書を出版することが慣例となった．

　以前の発掘者たちが大きな建造物と博物館の展示品を求めていたその場所で，ペトリは，正確な記録と細かい品々の比較とに留意した．彼は以前の諸発見をその歴史的文脈の中にはめ込むことができた．また他の人々によって無視された重要な証拠を保存し，また古代エジプトで発見された驚くほど多様な品々を順序正しく研究することができた．

　ペトリがエジプトを去った1926年，小さな土器の破片や投げ捨てられた動物の骨を無視するような考古学者たちは無用の存在となっていた．考古学は固有の，科学的な研究になっていたのである．

19世紀後半に，エジプトでの発掘に正規の科学的基礎を与えたのはウィリアム・フリンダース・ペトリ卿であった．

アッシリアからの骨董品

バビロンの名前は，その場所が荒廃した後にも，人々の心から忘れ去られることはけっしてなかった．聖書の「ヨハネの黙示録」が，この名前を人間の邪悪さの中心地として用いていたために，バビロンは贅沢と不道徳な生活の象徴となっていた．

それが実際はどのようなものであったのかは，誰にもわからなかった．バグダッドへ行った2，3人のヨーロッパ人が，バビルのほこりっぽい小丘を見，そして不思議な文字が書かれたレンガを拾い，骨董品として持ち帰ったことはあった．

最初にその廃墟を調査し記述したのは，非凡な若者クローディアス・ジェームス・リッチであった．20歳の時，彼は英国東インド会社の仕事のためにトルコ，エジプト，中近東を旅行し，ボンベイに着いた．フランス語とイタリア語を話すと同時に，彼はトルコ語，アラビア語，ペルシア語も話し，ヘブル語，シリア語，そしてなんと中国語も少し読むことができた．

1年後，その会社は彼をバグダッドの代表に任命したので，彼は18歳であった花嫁と一緒に，1807年にそこへ出向いた．1811年，彼らはバビロンへ旅行した．リッチは，小丘を巡り歩き，スケッチし，大まかな平面図を描き，碑文の刻まれたレンガ，印章，その他の品々を求めて人々に掘らせた．

彼の著書『バビロン廃墟での思い出』は1813年にウィーンで最初に出版され，1815年，1816年にロンドンで再版され，非常に大きな関心を呼び起こした．彼は1817年に再訪して彼の以前の結果を調べ，1818年ロンドンで『バビロン廃墟での第二の思い出』を出版した．それから2年後，リッチ家は，北イラクの重要な都市モスルを含む地域を長期間旅行した．

モスルの反対側，つまりティグリス河東岸には，アッシリアの以前の首都，ニネベの廃墟があった．リッチはこれらを探索，調査し，碑文の刻まれたレンガと粘土板を収集した．彼は自分の旅行を記録し続けたが，出版しようとはしなかった．1821年にペルセポリスの廃墟に向かう途中，シラズにいたとき，彼は伝染病のコレラにかかり，34歳で亡くなってしまった．

彼の未亡人は，彼より先にボンベイに着いていたが，彼の日記を編集し，1836年にそれを出版した（『クルディスタンの公邸の物語』）．1825年，大英博物館は彼が集め続けてきた印章，碑文，写本を1000ポンドで買い取った．

リッチの著作は，広く読まれた．フランスでは説得された政府が，ニネベの有望な小丘を発掘するために資金を提供することになった．ポール・エミール・ボッタがモスルに派遣され，彼は1842年12月にニネベの廃墟に最初の試掘溝を掘った．彼は6週間の発掘にもかかわらずほとんど何も発見できなかった．その地方の人々が，南22kmのコルサバドと呼ばれる場所では刻まれた石が見つかることを彼に教えたとき，彼は喜んだ．ボッタは，1843年にそこで掘り始め，1845年まで発掘を続けた．

その地表からわずか下のところに大宮殿の城壁があった．レンガの城壁に沿って並んでいるのは絵と楔形文字を刻んだ石板であった．中央の玄関口には，4.8mに及ぶ巨大な有翼雄牛が立っていた．

ボッタは大喜びであった．彼はさらに労働者をかり集め，荷馬車に彫刻物を乗せ，いかだに乗せるためにティグリス河へそれらを運び，バルサの港まで浮かせて川を下らせた．それらを梱包する前に，ボッタは一人の画家にそれを描かせるようにした．こうして彼は損傷が生じる前に，それらを記録したのである．

　それらの石碑がパリに着くや，センセーションが巻き起こった．しかも，その宮殿がイザヤ書20章1節に言及されているアッシリアの王サルゴンのものとわかったとき，一般の関心はさらに高まっていった．サルゴンは，聖書以外から知られていなかったので，それまでその存在が疑われていたのである．

　1839年に22歳になる英国の青年が，友人とともにロンドンからセイロンに向かって出発した．セイロンには親戚の者が彼のために見つけた仕事があった．1840年彼らはモスルへ到着し，そこからいかだでティグリス河をバグダッドまで下った．その後まもなく，彼らは別々に別れてしまった．

　一人は，旅を目的地まで続けた．もう一人のオースティン・ヘンリー・レイヤードは，その地に取り憑かれ，そこに留まったのである．彼は山岳部族の間に住みながら数カ月をペルシアで過ごし，バグダッドへ戻った．彼はそこからイスタンブールにある英国大使館へ政治的伝言をもって派遣された．その途中，彼はモスルにいたボッタに出会った．

　当時，英国大使館は骨董品に関心があったので，レイヤードを外交的な用事のために雇った後，トルコ皇帝の許可を得て，アッシリアでの発掘を始めるために彼に資金を提供した．

　1845年の終わり頃，レイヤードは，ニネベの南方に見えていたニムルドと呼ばれている小丘を掘った．ただちに彼の人夫のシャベルが，部屋の壁に沿って並んでいる石板に触れた．浮き彫りの彫刻，楔形文字の碑文，金属製品，壊れやすそうな象牙細工の彫刻などが現れた．

　レイヤードは，自分がニネベを発見したことを確信した．18カ月間働いた後，彼はベストセラーとなった『ニネベとその遺跡』を執筆するためにロンドンへ帰って行った．

　レイヤードは，1849年にモスルに戻り，本格的にニネベの小丘を掘り始めた．そこで，ボッタは失敗したが，彼はもっと多くの彫像を発見できるのではないかと期待していた．彼は正しかった．1849年から1851年にかけて，彼とその地元の助手ホルム

『図解ロンドン・ニュース』は，オースティン・ヘンリー・レイヤードなどの初期の考古学者たちによる劇的な発見物を出版した．

大きな有翼雄牛（左）がコルサバドのアッシリア王，サルゴンの宮殿を飾っていた．パウロ・エミリ・ボッタは最初にその小丘を発掘した．彼が発見した彫刻物をパリに持ち帰ったとき，センセーションを巻き起こした．

最も有名なアッシリアの彫刻物はアッシュルバニパル王と彼の廷臣たちがライオンを狩り，それを殺している場面である．

ズ・ラッサムは，ほぼ3kmに及ぶ石の彫刻物に沿って数々の部屋が並んでいるのを発見した．これらはセンナケリブ（アッシリア王，前705-681年）の宮殿であり，有名なラキシュ包囲の絵も含まれていた（「アッシリアが下ってきて……」を参照）．

一つの部屋には，楔形文字で覆われた無数の小さな粘土板があり，それは宮殿の図書館の一部であった．これらの彫刻が重要で，刺激的であると同様に，これらの文書はアッシリアの歴史，宗教，社会に関する本当に生き生きとした情報を提供している．これらの宝はすべて，英国の大英博物館へ船で運び出された．レイヤードは，発掘を1851年に終了し，政治家，外交家，美術品収集家となった．

こうして，今やアッシリアとバビロニアは，博物館の陳列棚を満たすための展示品を捜し出す場所となった．南方では，粘土板，金属製品，その他の小さな物品が発見されただけであり，探検家にとってはむしろ失望であった．アッシリアの方では，コルサバドのフランス発掘隊によって，特にニネベのラッサムによって，彫刻を施したフリーズ（小壁）が引き続き発見された．そこで彼はアッシリアの最後の大王アッシュルバニパル（前669-627年）の宮殿を発見した．粘土板の大コレクションがもう一つそこから出てきた．さらに，今や非常に有名になったライオンやその他の野性

沼地のアラブ人たちが，ユーフラテス河を横切りながら，葦の船荷を運んで進んでいる．バビロンの大帝国の南部では，その生活様式は数千年にわたってほとんど変わらなかった．

動物を狩猟する王の壮大な光景が現れた.

クリミア戦争（1853－56年）とその他の諸問題によって発見の速度は遅くなった.学者たちは，発見物を解釈し，出版するために研究をした．粘土板を研究していた大英博物館の助手ジョージ・スミスは，1872年創世記のノアの洪水物語に非常によく似た大洪水の物語を確認した（「バビロニアの洪水物語」参照）．このことは新たなる関心を人々に引き起こし，一流の新聞であった『デイリー・テレグラフ』はニネベでの新しい発掘のために資金を提供した.

さて，より多くのフランスの学者たちがバビロニアでの働きに着手し，前2000年以前のシュメール文化の遺跡を発見した．テローでは前2100年頃の支配者，グデア王子の見事な彫像が見つかった.

ペンシルバニア大学の発掘隊は1887年からシュメール宗教の中心地ニップルを掘り，数千枚の粘土板を発見した．それらは，そこで礼拝されていた多くの神々，女神たちの神話と賛歌を多く含んでいた.

19世紀の終わらんとするとき，ドイツの探検隊がバビロンで活動を開始した．建築家ロベルト・コルドウェイに率いられて，その働きは発掘と記録に関してより正確な新しい基準を作り上げた.

アッシリアとバビロニアの考古学は，宝捜しから過去に関する科学的探求へと変わっていったのである.

ニネベに近いニムルドで，レイヤードは石板に沿って並んだ部屋の数々，石の雄牛によって守られた玄関口を発見した．アラブ人は驚きながら，最初に発掘された物を凝視している.

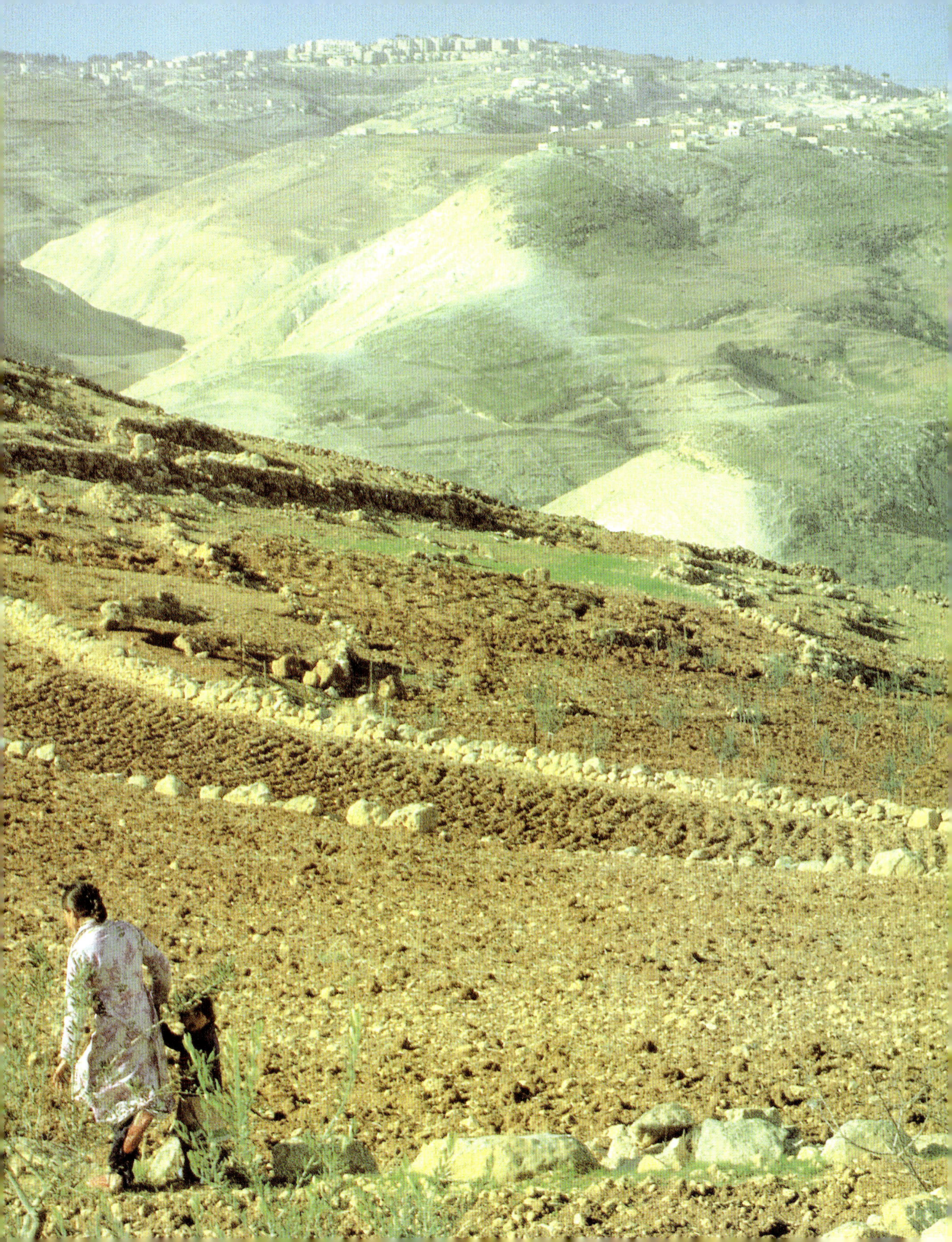

聖書の地において

　アメリカ人エドワード・ロビンソンは，一度も古代の遺跡を掘ったことがなかったし，遺跡を覆っている小丘は自然にできた丘であるとさえ思っていた．しかし，彼はパレスチナにおける考古学の出発点に立っていたのである．

　1848年と1852年のパレスチナ旅行で，ロビンソンと彼の友人であったエリ・スミスとは，その地方を探索し，地形を注意深く研究することによって，それ以前には正しい位置がわからなかった聖書に登場する多くの地名を確定した．この研究は，その地方の記述とともに『パレスチナにおける聖書の調査』（1841）として，さらに『続・聖書の調査』（1856）として出版された．

　その土地の正確な地図を作ることは，大きな課題であった．もう一人のアメリカ人W. F. リンチは，雇い人とともにガリラヤ湖からヨルダン川を2艘の組立式金属ボートに乗って下った．それによって，彼らは非常に重要な貢献をすることになった．その旅行は1週間，1848年4月10日から18日までかかった．彼は蛇行したヨルダン川の最初の詳細な地図を作成し，死海の水面が海面より約390m下がっていることを発見した．

　主な研究であるパレスチナ西方の地理的調査は，1865年にロンドンで設立された「パレスチナ探索基金」によってなされた．英国の陸軍将校たちがエルサレムとその地方の地図を作成するためにこの基金によって派遣された．

　1872年から1878年の間に，C. R. コンダーとH. H. キッチナー（後のカルトゥームのキッチナー卿）とは6000平方マイルにわたる国土の調査を行ない，1万カ所以上の場所を記録した．彼らの地図は近年塗り替えられたが，他のすべての基礎になっている．

　「パレスチナ探索基金」はまた，特にヘロデの神殿の端の周辺で発掘を行なった（「大いなる建造者ヘロデ」を参照）．発掘による成果は，1890年までそれほど多くなかったが，その年フリンダース・ペトリがエジプトから短期の訪問を行なった．

　彼は6週間テル・エル・ヘシと呼ばれる小丘で働いた．そこで彼は，古代遺跡にしばしば眠っていた陶器を，それが見つかったのとは異なった地表に関連づけることの重大性に気づいた．その陶片の相関的な位置から，彼はどのタイプが最古のものであるかを判断することができたので，陶器を年代順に分類することができた．

　こうして彼は，パレスチナにおける後代の陶器の全作品の様式を定めた．碑文も硬貨も発見されないところでは，建造物の中に発見される陶器類によって，その建物の年代にある程度の手がかりを得た．

　パレスチナには，エジプトとアッシリアに見られる巨石の神殿やレンガ造りの大宮殿は一つもない．壮大な成果はより少ないが，考古学者はパレスチナの小丘に対しても多くの関心を払った．観察と記録がきわめて重要であった．ペトリ以後，彼の新しい方法の重要性に他の人々も気がついた．

　ある米国の探検隊は，1909年と1910年にサマリアの遺跡を調査した．ヘロデ王の建造者たちが新しい神殿を建てた時，イスラエルの宮殿の多くを破壊してしまった（「大いなる建造者ヘロデ」を参照）．それ

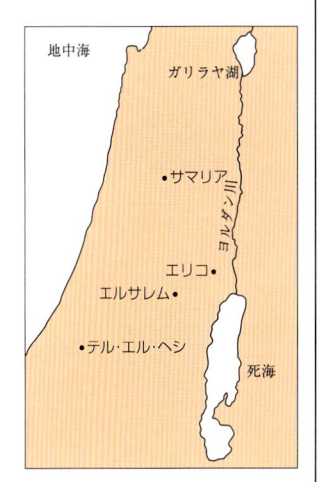

ユダヤの山地とその小さな町々は聖書の多くの記録の背景をなしている．

キャサリン・ケニヨン卿はパレスチナで研究する学者の中で，最も影響力のある考古学者の一人であった．彼女のエリコの発掘は最も有名である．

ペトリは，テル・エル・ヘシでの発掘で発見された陶器類を，それらが安全な博物館に運び出される前にその遺跡で描かせた．

上空からの光景（右上）は雄大な「小丘」あるいはラキシュの町の丘．聖書は，この町が侵略してきたアッシリア人にどのように滅ぼされたかを記録している．

ゆえ，その宮殿の平面図とその歴史をたどることは非常に困難であった．幸いなことに指揮者のG. A. ライズナー（Reisner）はエジプトでの経験を積んだ，細心で慧眼な発掘者であった．彼が，土壌の各層を注意深く記録したため，その成り立ちを解明することができた．ライズナーはパレスチナではそれ以上発掘をしなかったため，彼の方法論は他の発掘者によって無視されたのである．

米国の指導的考古学者W. F. オールブライトは1922年に発掘を始め，陶器に関する彼自身の無比の知識を用いて，ある一つの遺跡から出土した陶器をその他のすべての遺跡から出土した陶器と比べ，そうすることによって陶器の年代順を正確なものにした．

過去50年間パレスチナで発掘を行なった考古学者の中で最も影響力のある一人はキャサリン・ケニヨン卿（1906－1978年）である．1931年に彼女がサマリアでの発掘に参加したとき，彼女は英国でモアタイム・ウィーラー卿とともに行なったときの発掘方法を修得しており，彼女はそれを用いた．エリコでの彼女自身の発掘（1952－1958年）において彼女は発掘と記録についての層位学的方法を応用し，めざましい成果を挙げた．しかし，その成果は聖書の研究にとっては失望に終わった（「そして城壁は倒れた」を参照）．

イスラエルの学者たちの中には少し違ったやり方をした者もいたが，ケニヨンのエリコでの発掘，そして彼女の後のエルサレムでの一連の発掘（1961－1967年）は，それ以来パレスチナで研究する多くの考古学者たちを育て，彼らに影響を与えた．すべての者は初めにその地域の歴史全体を学び，さらに聖書理解のためにその意義を考察しながら，発掘から可能な限り学び取ることを願っている．

古代文字の解読

聖書が書かれた言語であるヘブル語，アラム語，そしてギリシア語は，いつもある種の人々によって理解されてきた．しかし，聖書の時代に生きた人々の他の言語は，ほとんど忘れられてしまった．それらを話す人々が言語を書き残さないなら，しかも石やあるいは長期間存続する素材に書き残すのでないならば，当然，それらは完全に忘れ去られることになる．

このような二つの要因は，古代文字の回復が容易ではないことを意味するが，それらは特定の場所においては確かに相当数生き残ってきたのである．しかし，ある場所とある民族は何の文書も残さなかった．たとえば，ペリシテ人の場合がそれである．他民族の文書に保存された一つか二つの単語と名前（たとえば，聖書に記録されているゴリヤテのようなペリシテ人の名前）を除いては，彼らの言語はわかっていない．

私たちが今日読む古代文書は，偶然に生き残ってきたものである．それらは現代の学者が何か言おうとするならば，選ぶはずのないものであることが多い．サマリアから出土した報告書は，古代イスラエルの行政と税金について語っている．そこには，王の宮廷の経営に関する文書はないし，また犯罪を扱ったもの，バアル神への賛歌，外国の王からの書簡もない．

エジプトやバビロニアのように，文書が広範囲にわたり多様であっても，それはなお選択を経たものであり，それらは不完全で，不均衡な状態にある．ある人物に宛てられた手紙は残っていても，その返信はしばしば失われている．そこで手紙の内容は推測に頼ることになる．

さらに，一括して，あるいは文書保管庫で見つかった諸文書は，普通，その建物に住みその建物を使用していた，最後の世代か最後から2番目の世代の人々に属する．彼らは古い文書が特別な価値を持っていないかぎり（たとえば法律上の証書とか家族の記録のような），古い文書を破棄してしまった．

古代文書を読むことは，文書が破損したり欠損しているので，しばしば困難である．その欠落はいくつかの方法によって補足されるが，その結果，それぞれまったく違った意味になることがある（一例として「イエスと死海文書」を参照）．もしその記録の一部がなくなっているならば，その目的，あるいはその年代は，多分わからないし，またその物語の結末は失われたままである．

聖書の世界の忘れられた言語を読むことは，多くの時間と困難な研究を必要とする．しかし，すべての主要な言語は今日解読されている．以前（200年も遡ることなく）には，それらは神秘であった．エジプト象形文字とバビロニア楔形文字の解読は19世紀の学問の大きな成果であり，その解読の物語は語り継ぐに値するものである．今日，ほとんどの古代文書が正しく解釈されていることについて疑いの余地はない．言語においても，考古学においても，新しい諸発見は，古い見解を照合し確認するのに役立っているのである．

著者は，前1400年頃のヌジから出土した，バビロニアの楔形文字で書かれた粘土板を持っている．

エジプト象形文字の神秘

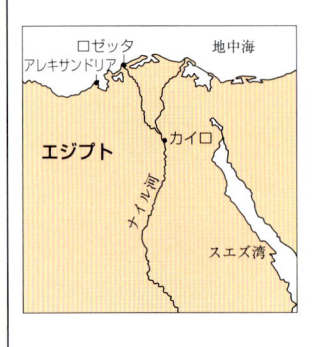

ロゼッタ・ストーンが発見されるまでは、古代エジプトの墓壁と神殿のいたる所に見られた古代象形文字を誰一人読むことができなかった.

　一艘の戦艦がエジプト沿岸から出航して行った．船上には，ナポレオン・ボナパルトと彼の高官たちの小さなグループが乗っていた．1799年8月のことである．

　約1年前，ナポレオンはエジプトを艦隊と大軍勢とで侵略した．しかし，今や，彼は自分の軍隊を置き去りにし，彼の艦隊は英国のネルソン提督によって滅ぼされてしまっていた．ナポレオンはエジプトをフランスの領土とし，さらに，インドにいる英国人を攻撃しようとした．しかし，彼の野心は，一つを除けば，あらゆる点で失敗してしまった．

　彼の軍隊には，175名のフランスの科学者たちが同行していた．彼らは地図を作成して，国土を記述することになっていた．彼らは，その仕事を徹底的に行ない，記録と図面をパリに持ち帰って，24巻からなる『エジプトの記述』（1809−1828年）として最終的に出版した．この作品が現代エジプト学の基礎となったのである．

　ナポレオンの随行者たちが収集した古代エジプトの大量の彫刻群の中に，ナイル河沿岸のロゼッタ付近で見つかった石板があった．その石板自体は，ナポレオン軍が英国に降伏して置き去りにした時，他の収集品と一緒に，戦争の捕獲品としてロンドンに運ばれた．線画と石膏模型の方はすでにパリへ到着していた．ロゼッタ・ストーンはそこで多くの興奮を引き起こした．というのは，それが古代エジプト文字である象形文字の神秘を解く鍵となるように思われたからである．

　その石板の上部にはエジプト象形文字が14行あり，その次には古代エジプト語の草書体であるデモティックが32行あり，そして，最下部にはギリシア文字が44行あった．

　そのギリシア語を読むことは困難ではなかった．それはプトレマイオス5世が前196年に発布した勅令の一部であった．しかし，彼らがエジプト文字を読もうと試みても，2, 3の名前以外，誰一人としてエジプト語の解読を前進させることはできなかった．

　ナポレオンはエジプトを征服することに失敗したが，古代エジプトの文字を解読する戦いにおいて勝利を得たのは，一人のフランス人であった．その人こそジャン・フランソワ・シャンポリオンである．彼は，

1790年に生まれ,英才児として成長し,11歳のときにはラテン語,ギリシア語そしてヘブル語を学んでいた.

それから間もなくして,シャンポリオンはエジプト語の碑文を初めて見た.彼は誰一人それを読むことができないと告げられた時,彼はいつか自分が読むようになることを予告した.それが彼の情熱となった.

彼は全精力を傾けて,古代の未解明の言語を学び,古代エジプトの歴史についてでき得る限りのことを収集した.17歳のとき,さらに研究するために,彼はパリへ行き,貧しさと,荒れ狂うフランスの政治的諸問題に耐えた.23歳のとき,彼は詳細なエジプトの歴史を出版した(『ファラオ治世下のエジプト』1814年).彼は大学からの職務に追われたが,けっして自分の研究を停止しなかった.そしてエジプトの教会で用いられていたコプト語に習熟していった.

1822年の秋,シャンポリオンは,突然その文字の真の解読法を見いだした.それまで,彼は象形文字は,外国の名前を書くためにのみ使われた文字であり,ある種の象徴的意味を持っていると考えていた.しかし今や,複写されたばかりのテキストを見ているうちに,彼はそれらの記号は言葉の表記と同時に音の表記のためにも用いられていることに気がついた.2,3日のうちに彼は多くの王たちの名前を読み解くことに成功し,1822年9月17日にパリにおいて彼の解読を発表した.

数週間後に,新たに発見された碑文の写しが彼のところに送られてきた.彼は自分のシステムをそれにうまく応用することができた.1824年彼は解読の詳細な説明を書物にまとめた.その本が古代エジプトに関する近代的学問を生み出したのである(『古代エジプト象形文字の体系概説』).彼が正確に象形文字を解読していたことはきわめて明らかである.

シャンポリオンは1826年にパリにある新しい王立エジプト博物館の館長に任命され,1828-29年にはエジプト調査団を指揮した.彼は多くの発見をなし,もっと多くの遺物をフランスにもたらした.彼は同僚の仲間から非常に尊敬されたが,1832年に過労から41歳で他界した.

ロゼッタ・ストーンは古代エジプト文字の謎を解く鍵であった.そこには,プトレマイオス5世の勅令が三つの言葉で記録されていた.ギリシア語(最下段),エジプトデモティック文字(中段),そして象形文字(上段).

Ra' - mes - (s) sw

ラーメセース
Ra' - mes - (s)sw

シャンポリオンが古代エジプト語を解読する手がかりとなった象形文字の一つは,ラメセスという名前であった.三番目の文字は厳密には不必要で,単に二番目の音価を表記する助けとなっている.

ベヒストゥーンの岩壁からの秘密

テヘランから西方に向かう旅行者たちは，ペルシアのケルマンシャ（Kermanshah）を通過してイラクに向かうが，そのときベヒストゥーンの岩として知られる巨大な絶壁を通る．

地上から 90 m 上方に，石に刻まれた人々の彫像が見られる．一人の背の高い人物は，立っている 10 人の男たちに向かって手を挙げており，もう二人の人物が彼の背後に立っている．彼らが誰なのか，誰にもわからなかった．キリストと 12 弟子という説から，教師とそのクラスという説まで，さまざまな推測があった．

その彫像部分を除けば，その岩は滑らかに磨かれていた．その近くまで登った者によれば，その岩は矢じりの刻み目で覆われていた．

同じような刻み目は，17 世紀以来，ペルシアの各地を訪れた訪問者たちの注目を引いていた．それを見た数名のヨーロッパ人は，それらを書き写して，彼らの本を読んだ読者たちに興味を抱かせ，難問を投げかけていた．18 世紀にはさらに多くの人々がそこを訪れ，それを解読し始める人々もいた．

それは，ある人々が言っているように，飾りではなくて，一種の文字の形態であることには一致があった．キュネイフォーム（くさび形），これがフランス人や英国人がつけた名前であり，ラテン語に由来している（ドイツ語では，カイルシュリフト）．

先鞭をつけたのは忍耐強い探検家カーステン・ニーバー（Carsten Niebuhr）であった．ペルシアに関する本を読んで彼は大いに好奇心を刺激された．彼はアラビア語を学び，1761 年にデンマークから探検隊を率いて行った．

彼はアラビアを通過してインドへ行き，ボンベイに到着したが，探検隊の唯一の生存者は，彼ともう一人の医者だけだった．彼は大いに失望しながら，ペルシアに向かって出発した．そこで彼は 3 週間をすごし，古代の廃墟となった首都ペルセポリス（「ペルシアの輝き」を参照）で碑文を模写した．彼は見てきたものを研究した後に，1774 年から 1778 年にかけて彼の旅行と碑文との記録を出版した（『アラビアと近郊地の旅行記』）．

ニーバーは彼の模写だけでなく，彼が試みたその文字の翻訳を付加した．彼は 3 種類の違った文字が書かれてあることに気がついていた．最も単純なものはアルファベットであった．彼が判読した 42 文字のうち 32 文字は，その碑文が最終的に解読されたとき，正しかったことがわかった．

ニーバーの努力によって，楔形アルファベットの理解を前進させようとする多くの人々の努力に拍車がかかった．ある人が正しく論じているように，それはペルシア帝国の王たち，キュロス，ダリヨス，彼らの後継者たちによって書かれたものであった．しかし，それは解読できなかった．

成功したのは，ドイツのゲッティンゲンにいた学校教師，ゲオルグ・グロテフェンドだった．彼の趣味はパズルを解くこと，特に言葉を使ったパズルであった．1800 年頃のある日，グロテフェンドとともに飲んでいた友人は，グロテフェンドがペルシア文字を解読することはできない方に賭けた．1802 年グロテフェンドはその文字を

解読したこと，そして，ダリヨスとクセルクセスの名前を「子」と「王」に相当する言葉とともに発見したことを公表した．

不幸なことに，ゲッティンゲン大学はグロテフェンドの研究には興味を示さなかった．そのために，その完全な出版は1805年まで遅れた．彼は自分の研究をそれ以上進めようとはしなかった．それは他の学者によって果たされた．

ベヒストゥーンとその碑文は，現在私たちが古代ペルシア楔形文字と呼んでいるものを完全に解読する手段であった．それは同時に，はるかに複雑なバビロニア楔形文字を解読するきっかけとなった．

ある精力的なイギリス人が，ベヒストゥーンの岩壁の秘密を明らかにした．ヘンリー・ローリンソンは，1827年17歳の時に東インド会社で働くために出かけていった．彼はインドの諸言語とペルシア語を学び，近衛歩兵第一連隊の兵士として働き，

ベヒストゥーンの岩の巨大な彫像群は，絶壁の表面に刻まれた楔形文字碑文の上に位置している．

少将ヘンリー・ローリンソン卿（1810–1895）は，バビロニア楔形文字解読の偉大な先駆者となった一人である．

大英博物館に保存されているローリンソンのノートブックには，彼が解読に到達するためにいかに研究したかが明らかにされている．これはある頁の細部である．

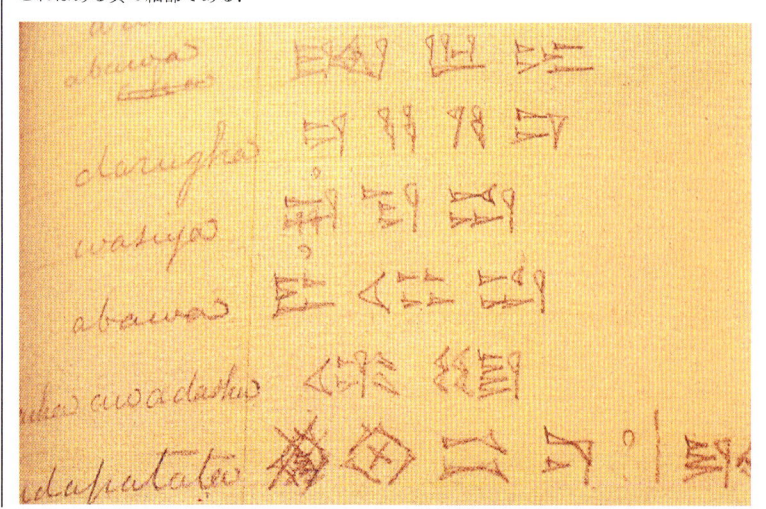

1835年にはケルマンシャの総督シャー兄弟の軍事アドバイザーとしてペルシアへ行った．

町の近くに二つの碑文があった．それらを調べながら，ローリンソンはダリウスとクセルクセスの名前を解き明かした．明らかにグロテフェンドや他の人々がなした成果には気がついていなかった．それから彼はベヒストゥーンの岩壁へ行った．

1835年，彼は複写を開始した．その年の終わりに，彼は病気になり，バグダッドでしばらく過ごした．そこで彼は明らかに英国人駐在事務官と古代碑文について論じている．軍事教練の後，彼はケルマンシャへ戻ったが，そこでグロテフェンドの研究について説明したあの駐在事務官が送った文書を発見した．

その後，1836年と1837年に，そして再度1844年と1847年にローリンソンはベヒストゥーンのテキストを模写した．ある部分は到達するのが容易ではなかった．

彼は絶壁の表面に彫られた作品について述べている．「はしごは不可欠である．……はしごがあっても危険は相当なものである．というのは足を掛ける岩棚は約45 cmと非常に狭く，最も幅の広いところでも60 cmなので，彫像までとどく長いはしごを用いれば，人が登って行くための十分に安全な傾斜を得ることができない．そして安全な傾斜にするために，そのはしごを短くすれば，はしごの最上段に立つことによって碑文の上部だけを模写することができるのみである．左腕で身体を岩にしっかり固定させる以外支えは何もなかった．同時にその左手でノートを持ち，右手で鉛筆を使った．この姿勢で私は碑文の上部をすべて書き写した．この仕事に対する興味が恐怖感を取り除いてくれた」．

他の箇所で，広くて深い裂け目に橋を渡していたはしごが割れて，彼が絶壁に宙づりとなり，友人によって助けられなければならなかった次第について語っている．これが解読の代償であった．

1837年にローリンソンは，200行の碑文を訳し注釈した最初のエッセイをロンドンへ送った．彼の主著『ベヒストゥーン碑文のペルシア語版についての回顧録』は1846年に出版され，1849年に完結した．それによって古代ペルシア語の研究は確固たる基礎を据えられた．

ローリンソンは絶壁にあったもう二種類の楔形文字（それはペルシア語碑文の翻訳であった）が何かを推測した．一つの方には100以上の記号があり，それはアルファベットであるには多すぎる．

グロテフェンドは，数個の記号を解明していた．そして，デンマーク人の学者ニルス・ヴェスターゴールドは，ペルシアの他の場所に見られる同じ碑文の例を用いてさらにいくつかを解明した．

しかし，大きな貢献をしたのは，またしてもローリンソンであった．彼はその碑文テキストの写しを，翻訳と注を付けてロンドンへ送った．それは王立アジア学会のエドウィン・ノリスによって注意深く編集され，改善された後，1855年に出版された．

この第二の楔形文字の言語は，スサ語あるいはエラム語と命名された．なぜならほとんどは，古代エラムの首都スサで発見されたからである（「ペルシアの輝き」を参照）．

三つの言語のうち，二つは解読されたので，ローリンソンは第三番目に向かった．これは最も複雑であるばかりか，ベヒストゥーン碑文の中で最も手が届きにくいも

のであった．1847 年にローリンソンは現地のクルド人の少年を雇い，ロープでつるし，足場を確保するために木のくさびを岩の裂け目に打ち込み，切り立った岩壁の表面によじ登らせた．

少年は岩の右側部分に届いた．そこで少年はロープのかごにぶら下がりながら，刻銘された記号の上に湿った大きな紙を押しつけて，それを写し取った．1 年程でローリンソンは碑文の意味が理解できるようになったのを感じた．彼は 1850 年 1 月にロンドンで彼の研究について講演した．

楔形文字碑文は他にも発見されていた．そして，他の人々がそれらを解読しようと試みていた．静かなアイルランドの牧師館の中で，英国国教会の牧師エドワード・ヒンクスはその謎に生涯取り組んだ．すでに彼は 1847 年に記号の一覧表を出版していた．それには，記号の音価といくつかの単語の意味が付いていた．ローリンソンを除けば，ヒンクスはバビロニア楔形文字の解読において，先駆者として偉大な功績を残した．アッシリアで発見された碑文の意味をレイヤードに告げたのは彼であった（「防衛の値段」参照）．

ヒンクスとローリンソンの研究論文は，興味を持つ学者たちに郵送された．こうして，すべての人々がその研究を共有することができた．ヒンクスはこれらの記号は，単語を表記するものもあるが，おもに音節（ba, ad, gu, im など）を現すと主張していたが，ヒンクスの主張が正しかったことをすべての人々が認めるまで，多くの誤った試みがなされた．

ヒンクスはまた，この記号がもともとアッシリア語とバビロニア語というセム語のためではなく，違った言語を表記するために作られたものであること見抜いていた．

1 ya - ú - a son of

1 khu - um - ri - i.

解読された最初のアッシリア碑文の一つは，黒オベリスクに刻まれている．それには，イスラエルの王の一人「エフー，オムリの子」という王から送られた貢ぎ物の絵がある．

後に，その言語とは，それらとはまったく関連のないシュメール語であることが明らかになった．

はたしてローリンソン，ヒンクス，そして，他の人々は正しいのか．それとも彼らの解読は誤っているのか．

1857 年，ある人物がこの問題に興味をもった．それは写真の先駆者，ヘンリー・フォックス・タルボットであった．彼はテストを提案した．あるテキストが解読者たちにそれぞれ送られ，各自が独立して翻訳する．その結果は一人の独立した審査員に提出される．

ローリンソン，ヒンクス，タルボットそしてフランスの学者ジュール・オッペールが参加した．その翻訳は非常によく似ており，文字の解読が確かであることが確認された．

今や，碑文の出版と翻訳は前進した．アッシリアとバビロニアの記録は，それらが沈黙して以来，2500 年を経て再び語り始めたのである．

過去を掘り起こす

埋もれた宝の話は世界中どこにでもある．家を建て，町や村に居住している限り，人間は先祖たちが失ったり埋葬したりしたものを発見することができる．

普通はそれらは偶然に発見される．そして，ほとんどのものはどうでもよいものであって，投げ捨てられてしまう．人々が保存してきたものは，ただ金銀の製品か，彼らが感心した品々であった．

それは今日でも同じである．畑を耕す農夫たちは，すきで発掘する価値があると考えたものだけを保存し，残りは捨ててしまうのである．海岸や田舎で金属探知機を用いる人々は硬貨や貴重品を発見したがっている．彼らは釘類や半端物を投げ捨てて，彼らの探索を終了する．

考古学者は科学的な宝物探索家である．彼らは金や銀製品や，あるいは美しい工芸品を発見すると喜ぶ．しかし，人々が利用してきた物は何でも，彼らにとっては価値

村人たちは自分たちの村が現在立っている遺跡丘の上を掘って，地層や古代のレンガの城壁を明らかにしてきた．

が高い．

　ある場合には，たった一片の陶器の破片によって考古学者は金輪より多くのことを知ることができる．たとえば，もしその陶器が国外から輸入されたような模様をもっているとすれば，それは交易や戦争を通じて，外国と関係があったことを示すしるしとなる．

　同様に，破壊された建物，家，神殿，宮殿，過去に人々が建てた要塞，そして彼らが死者の埋葬のために掘った墓なども重要である．

　地表から古代の遺物を掘り起こしていくことは，刺激的であり，多くの成果をもたらす．しかし，ただ単に壺や宝石を地から引き出したり，壊れた物を建物の床から片づけてしまうならば，価値ある証拠を破壊してしまことになる．

　それらが正確にどこにあったのか，土壌の違った色や土質，それらは地下でどのような配列になっていたか，それらを観察することが，多くのことを明らかにするのである．

　この鉢は地表の下に埋まっていたのか，それとも地表の上にあったのか．壊れ物の中にあったのか，その上にあったのか．もし第一の場合であれば，それは地表よりも古いものである．もし第二，第三の場合であれば，それは多分，その建物を使っていた人々の所有物である．もしそれが家の上に崩れ落ちた砕石の頂点にあるならば，それはずっと後代に属する可能性を示している．たとえその鉢がその床レベルの下にあったとしても，注意深く検査することによって，その建物が忘れられたずっと後代になって，その鉢はより高い床レベルから掘られた穴の中に置かれたものであることがわかるのである．

　同じように，もし最初の城壁に達している土壌の地層が，第二の城壁の基礎によっ

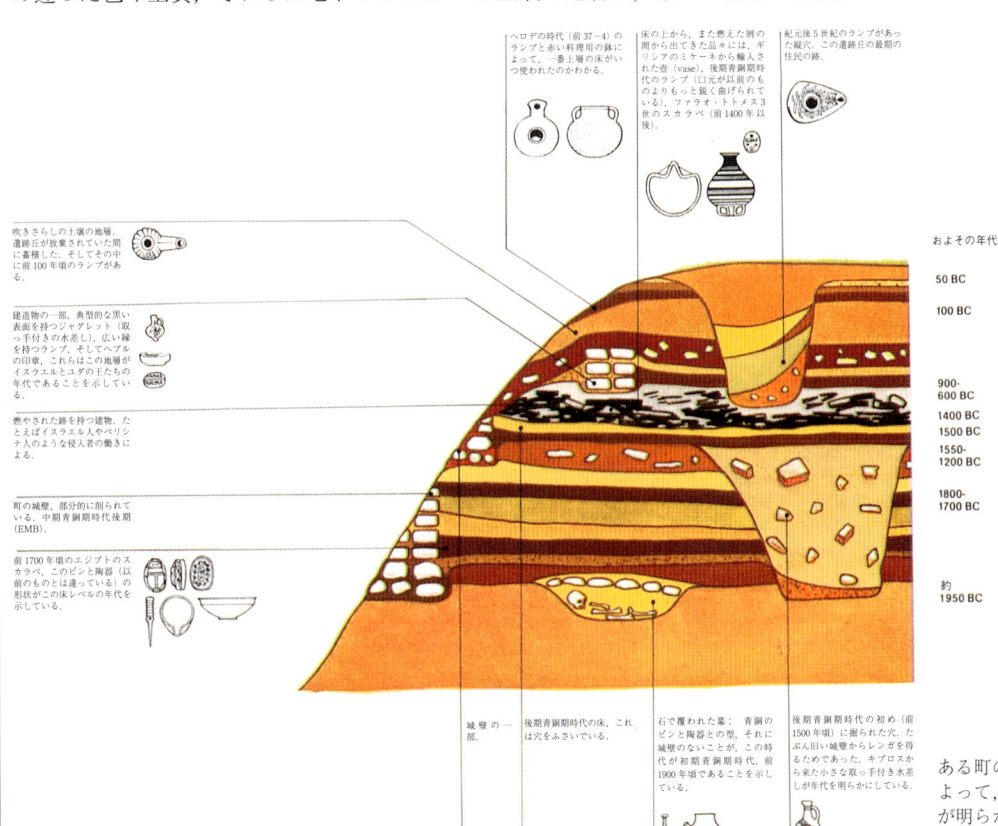

ある町の遺跡丘（テル）の発掘によって，地層と以前の建物の遺物が明らかになった．その埋葬品は年代についての手がかりを提供するかも知れない．

て分断されている場合は，地層の観察に従って，最初の城壁がもうひとつの城壁より早く建てられたことがわかるのである．

考古学者にとって発見した品々と建物を記述すると同様に，これらすべての情報を観察し，ノート，写真，図面に記録することは決定的に重要である．

発掘はすべてを破壊してしまう．土を掘り起こし，それを以前のように復元することは不可能である．考古学者の眼が見逃がせば，それは見失われてしまう．

これらの重要な事柄は過去1世紀半にわたって次第に明らかになってきた．最近あらゆる種類の改善がなされた．そして広範囲の技術が物理学と化学の領域から考古学に取り入れられた．それはすべては，発見されたものから可能な限り多くの情報を引き出すことを目的としている．しかし，最後には考古学者の観察眼がもっとも重要である．

聖書のほとんどの部分が書かれた中近東の地では，人々は7000年以上にわたって石とレンガで家を建ててきた．石はその場所から崩れ落ちてしまったかも知れないが，しかし，しばしば残っている．しかしながら，レンガは日干しした泥からできており，窯で焼かれなかった．そのため地下に埋もれてしまうのでなければ，それらは普通すばやく分解してしまった．

それゆえ，単なる泥レンガの建物の寿命は，壁が崩れ始めるまでの30年そこそこであっただろう．泥レンガが通常の建築材料であったところでは，修復と再建は頻繁に行なわれた．

ひとつの家がそれ以前の家の残存物の上に建てられていく．これが廃墟となった町や村の，大きな遺跡丘ができ上がっていくプロセスである．これは近東全域にみられる（同じプロセスは他の多くの土地にも見いだせる．たとえばヨーロッパの諸都市において，ローマ時代の道は，現在の道路よりも3–7mの地下にある．城壁の基礎部分と中世および後代に破壊された建物の残骸とは高さが違っている）．

いつも発掘を観察し続ける必要があり，見つかったすべてのことを記録する必要があるため，発掘はゆっくりで，多くのことを要求される仕事である．そのため，一つの町全体を発掘することはきわめて希である．発掘はある時期の建物に集中したり，もっと一般的には，選別された地域だけを掘る．

考古学者は，農夫が刻まれた石を発見したり，あるいは探検家たちが城壁の輪郭や大量の陶器を記録したりした場所を選んで掘ることもある．彼らは，たぶん町の最高の区域としていつも重要であった場所か，あるいは太陽と月のために最良の位置にあった場所を掘り当てるかも知れない．逆に彼は，もっと貧しい人々の家について多く

旧い建造物に使われた浮き彫りのある石（たとえば右下の牛の絵のような）は，しばしば後代の建築者によって同じ遺跡か，近くの遺跡に再利用された．

イラクのニムルドで作業員たちが掘り，バスケットを抱えた少年たちは不必要な土を運んでいる．

北イラクにあるシュメール人の墓所にて進行中の発掘.

を学びながら，主要な建物を見逃してしまうかも知れない．

そういうわけで，限定的に発掘された地域からは，人間と自然の雨風によって遺跡の上で数世紀にわたって行なわれてきた破壊の総計ともあわせて，その遺跡の完全な歴史を回復することはとうていできないのである．発見された物は，かつて存在していたもののほんの一例であり，一部分であるにすぎないのである．

これは，考古学の発見にもとづく議論を読むとき，覚えておくべき重要な条件である．その証拠が十分に健全に確立されていないならば，またその時代と地域に関する他の知識との関連の中で検討されていないならば，それは誤った方向へ私たちを導いていくかもしれない．考古学的発見に適用すべきことは，また文書資料にも適用される．それらもまた古代において書かれたあらゆる文書の一つの見本でしかない．何千という文書が現代の博物館にあろうとも，さらに多くの何千という文書は失われてしまったのである．

2，3の建物，2，3の文書，2，3の物品が，遠く数世代にわたって続くように順序よく並べられる．しかし大多数は偶然に生き残り，偶然に発見されたものである．事実発見されたものは，その種のものとしては当時典型的なものではなかったかも知れない．このことは，新しい発見がなされることによって学者たちはそれまでの学説を完全に変えなければならないかも知れないし，それを変更しなければならないかも知れないということを意味する．

一例をあげると，最近の北シリアにおけるエブラでの宮殿の発見は，前2300年頃書かれた数千枚の粘土板を伴っており，歴史と言語の領域において新しい研究が始まった（「大ニュース：失われた都市エブラ」を参照）．

農作と町々は過去数世紀にわたって誰も居住しなかった中近東の各地に広がっており，古代遺跡は滅亡の危険に瀕している．これらの場所の発掘は優先されるべきであろう．他の場所はゆっくりと研究することができる．なすべき多くの仕事が残されている．なすべきさらに多くの発見が残されているのである．

発掘の一日

　外がまだ暗いうちにベッドから起きだし，冷たい水で急いで顔を洗うと，私たちは，泥レンガでできた中庭を横切って，細長い部屋に向かって歩いていく．この部屋は発掘の会合の打ち合わせ場所兼食堂である．テーブルにはお茶とパンとアプリコット・ジャムの缶詰めが置いてある．その日の発掘が始まる前のスナックである．中庭から聞こえてくるおしゃべりや，がやがや言う音によって私たちは作業員たちがシャベルとつるはし，また土を運ぶためのかごを取りに来たことを知る．

　眠そうに，私たちは自分のノート，鉛筆，巻き尺，ラベル，紙袋と木箱を取り上げ，彼らの後を歩いて，小丘を横切り，試掘溝へ行く．太陽が昇ろうとし，丘の東側斜面にバラ色の輝きが差し込む．それから太陽は一気にその地域全体を赤々と照らし出す．

　作業員たちが昨日発掘を止めた後，私たちはどこをもっと深く掘るか，どこを中止するか決めるために進展状況を評価しておいた．そこで，私たちは今日の仕事のために，つるはしを使う二人の穴掘りにその場所を指示する．レンガの壁の一部分が見えており，私たちはそこを床まで掘り下げて行きたかった．それから，試掘溝の地域を横切っている壁の方向をたどって行きたかった．まず最初に，壁から崩れ落ちてきて，乾燥して純粋な，硬い土の塊と化した泥レンガを取り除かなければならない．その作業はかなりきつく，精力を要する．つるはしが振り下ろされ，泥レンガは砕かれ，まもなく，柔らかい土の山ができた．

　二人の男たちは作業を中止し，休みを取った．その場所に4人のシャベルを使う男たちとかごを担いだ少年たちがやってくる．彼らは土をすくい上げ，シャベルいっぱいの土を2杯，3杯とかごに入れる．少年たちはそのかごを肩に担ぎあげて，のろのろと歩き，その丘の端に土をひっくり返す（発掘は，人々が農作業をほとんどする必要がなく，子どもたちが学校の休みに入った，収穫期の後にしばしばなされた）．

　土が崩れてぼろぼろになったレンガだけで，他には何もないことを確認しながら，つるはしが違った色の土壌を掘り返すまで注意深く見守る．崩れ落ちたレンガの下にはがらくたの層がある．多分私たちはその床の近くにいる．私たちが小さなシャベルで土を調べる間，つるはしの人々は待っている．黒ずんだ，灰のような土壌は数インチの厚さで，ある程度の広がりを持っている．さらに深く掘る前に，崩れ落ちたレンガはすべて除去されなければならない．

　つるはしが土を切り刻んでしまう前に，私たちはその変化をノートに記録し，新しい層に番号を付け，試掘溝の番号とその層と日付が記されている袋を準備する．それはあらゆる発見のために準備されているものである．ついに，その不毛の大量のレンガは取り除かれた．その壁は明らかに片側だけを見せて立っていて，細かい泥の壁土はまだそれにこびりついている．

　さて，つるはしを使う男たちは非常に慎重に灰色のレベルを堀る．彼らは，つるはしで掘り起こすときに，その感触と音によって鉄鋼の先端が土の中にある何か堅い物体に当たったことを見抜くことができるように訓練されている．しばしば，その土が緩むとすぐに石あるいは鉢から土が落ちる．その場から陶器の破片がもたらされると，紙袋は一杯になり始める．取り除く土の量が少なければ，かごを担ぐ少年たちはそれほど走る必要はない．

　私たちがその陶器を調べていると，つるはしを使う男が私たちを呼んだ．彼は，一辺が6-7cmの黒い正方形の物に当たった．それは焼け焦げた木片であった．それは唯一の木片か．それは形が整えられているか．あるいは刻まれているか．それは扱うにはもろすぎた．私たちはこてとナイフで泥の中から木片を切り離し，脱脂綿を敷いた台の上に置いた．それは厚紙の箱に入れ，私たちの仮設研究所に持っていかれる．

　それを研究する前に，専門的な処理によってそれを固めることができる．それが単なる木片にすぎなくても，植物学者はその木の正体を明らかにすることができるし，原子物理学者は炭素14の試験によって年代を測定できる（生きた組織はすべて炭素の放射性同位体，すなわち炭素14を規則的な割合で含んでいる．死後，この物質は一定の比率で崩壊し，その結果として半分は5730年後には消えてしまう．物質の中の炭素14の比率を測定することによって，その年代を算出できるのである）．古代人は非常に不注意で，乱雑であったため，大量の陶器の破片がある．二つのバッグは一杯になり，私たちはすべての破片を保存するために一つのかごを用い

ゴラン高原にある，紀元後5世紀のユダヤ人村落の遺跡で，デンマークの考古学専攻の学生が土をふるいに掛けて硬貨を捜している．

なければならない．

もっと多くの木材が掘り出され，屋根か床の梁からもっと大きな木片が現れた．それでさらに多くの標本が採取され，それぞれの位置が測定され，見取り図に記録された．作業員たちはつるはしを脇に置いて，こてとナイフで慎重に掻き取りながら掘る．

陶器と木材だけでなく，地面の1カ所に緑色の斑点が見える．非常にゆっくりとその地面は切り取られる．ひどく腐食しているが，完全な青銅のリングで，エジプトのスカラベを宝石としている．私たちはそれを持ち上げる前に位置を記録した．そうすることで，私たちが発見した場所にそのリングがなぜあったのかを知る手がかりとなるかもしれないからである．これには皆が喜んだ．私たちは有望な「発見」をしたのである．

そのリングをラベルで分類された箱の中に詰め込むことは困難だと思っている時，かごを担ぐ少年が走って戻って来た．彼が荷をひっくり返した時，彼の鋭い目に明るく輝く光が見えた．彼の手のひらには，磨かれた小さな赤いビーズの石が握られていた．それは封筒に入れられ，正式にラベルで分類され，ノートに記録された．少年の名前もその封筒に記録された．彼は良い成績を上げたのである！

忙しい3時間が経過した．朝食の時間である．発掘の家に戻り，ゆで卵かスクランブル・エッグ，パンとさらにアプリコット・ジャムを食べ，紅茶かコーヒーを飲む．30分間は休憩を取り，発見物や進展状況について話し合い，記録係にはおそらくもっと多くの発見があることを予告する．彼の仕事は，この調査隊と国立古代遺物省の記録のために，それらの図を描き，記述することである．

午前中の後半は，正午が近づくにつれ，仕事のペースが落ちる．まもなくその日の発掘の終了時間だ．ところが予期せぬ事態が発生した．仕事が終了する数分前につるはしを使う男が，手のひらの中で何かを大事そうに扱いながら，私たちのところへ来た．彼はそれまで見たことのない物を拾ったのである．

小さな褐色の土製ランプを見るために，周囲に皆が集まってきた．片側には刻印された小さな痕跡が一面にある．それはバビロニアの楔形文字粘土板である．大発見である．書かれた文書は無言の城壁と陶片とは違って，おそらく人名と人物を告げてくれる．しかし，私たちが用心深くそれを彼から受け取ると，縁が2カ所で壊れていることがわかった．他の部分はまだ土の中にあるのか，それとも私たちは皆それらを見失ってしまったのであろうか．

その男は顔をうつむけ，捜すために戻って行く．シャベルを使う男とかごを担ぐ少年は，掘り返された土を移動させる．まもなく彼らはみな満足する．一つの破片は，ゴミ捨て場に運び込まれようとしていたかごの中に，もう一つの破片は，まだ土の中にあった．それらの破片の位置が記録され，全ては慎重に家に運ばれる．そこではすでにこのニュースは広まっていた．

この小丘の反対側から急いでやってきたのは，文字と言語の専門家である碑銘学者（epigraphist）である．彼は研究すべき一片の碑文も発見されず，つまらない3週間を過ごしていた．絵の具のブラシとピンを用いて，彼は，その最初の2行から汚れを取り除いた．みんなが心待ちにしていた．何と書かれてあるのか．それはある王様に宛てられた手紙である．すべての人々がその王の町がこの場所であると信じていた．今や何の疑いもなくなった．

夕食の準備ができている．中断があったが，それはうれしい中断であった．議論は食卓で続いた．他の都市の記録に，この王と彼の同時代人のことが語られている．そこで私たちは彼についての大体の年代を決めることができる．その後，一体どれくらい長い間その粘土板は建物の中に使われずに残っていたのであろうか．私たちが掘り進んでいるのは宮殿であろうか．さらに多くの粘土板やリングが出てくるのであろうか．

遺跡にて，画家が，エジプト王ツタンカーメンの，浅浮き彫りの肖像を注意深く模写している．

夕食後，ほとんどの探検隊は，1-2時間くつろぐ．気分転換され，引き続いて発見物を掃除し，描き，分類し，陶器を修復し，平面図を描き，写真を撮り，粘土板について熟考する．日が落ちて，石油ランプが点灯される．料理人が特別な夜食を用意している．私たちは満足して，月光に照らされた乱雑な中庭を躓きながら横切り，もっと多くの粘土板や鉢，宮殿，リング，そして公文書保管所を夢見るために寝室に戻る．その小丘にはもっと多くの宝が発見されるべく待っているのだ！

この「発掘の一日」は，中近東における伝統的な発掘方法を描いたものである．少人数の発掘の専門家グループとともに一人の指揮者が現地の労働者を用いて発掘する．最近では遺跡で働きたい学生やボランティアを歓迎し，ほとんど完全に現地の労働者を雇わない指揮者たちもいる．

「もちろん，それは洪水よ！」

ウル発掘に従事していた考古学者レオナルド・ウーリーは，作業員に小さな縦穴を掘って，最初の定住者たちが葦の小屋を建てた地表面を発見するように指示した．このことがカルデアの大都市ウルの発祥の地を明らかにすることになったのである．

作業員は掘り進んで，陶器のかけらが含まれていない，混入物のない粘土層に至った．「だんな，これがその底部です」と彼は叫んだ．しかし，ウーリーは確信が持てなかった．

作業員は，なお海抜2m以上のところに立っていた．ウーリーはそれもまた最初の地表面であることを認めた．不承不承その男はさらに掘ることに同意した．彼が掘りつづけ，混ぜ物がないきれいな土壌を2.5m掘ると，さらに陶器が出土し始めた．ついに彼は本当に最初の処女土に突き当たったのである．それは現代の海抜より1m低く，遺跡丘の地表からは約19m下がったところであった．

この分厚い不毛な土壌の層は何なのだろうか．ウーリーは知っていると思ってはいたが，二人の協力者たちが返答できなかったので，彼は妻の方を振り向いた．

「ああ，もちろん，それは洪水よ」と彼女は言った．

その土壌が分析されたとき，それは水によって堆積したシルト沈泥であることがわかった．これを証拠に，またこれに関連した諸発見から，レオナルド・ウーリーは，シュメール，バビロニア，ヘブルの物語が告げている大洪水の物的証拠を発見したと主張した．

あらゆる種類の著作者たちが，ウーリーの発見を取り上げた．ある者は，これを聖書のノアの物語の証拠と考えてこれに飛びついた．他の者は，単にバビロニアの諸都市が被った多くの洪水のひとつの遺物とみなした．

ウルにおける洪水地層のニュースは，もうひとりの発掘者が自分も洪水によって残されたシルト沈泥層を発見したと主張するまでは，ほとんど反論されなかった．この発掘者はウルの北方220kmにあるキシュ

を調査していた．

　こうして，今や，論争が始まった．

　ウルの地層は，前4000年頃に堆積したもので，キシュの地層よりずっと古いものであった．はたしてどちらがその洪水によるものなのか．

　バビロニアにおける他の発掘からもキシュで発見されたような混入物がない地層が出現し，年代も大体キシュと同じ前2800年頃であった．

　他の遺跡のどの地層も，ウルの地層と同じ年代のものはひとつとしてなかった．多くの学者たちが今や，これらの後代の沈殿物こそが洪水の年代を示していると論じていた．

　彼らがそのように考えるのは，その年代がバビロニア伝承に保存されている情報と一致するからである．初期の王名表のいくつかは，神々が王権を確立するところで始まっている．2，3の統治が続いた後，連続性がとぎれ——「それから洪水が来た」——そして，新たなる出発が続いていく．他の王名表は洪水後の最初の王で始まっている．その王の後，その系図の中に，それほど長期間経つことなくある支配者が登場するが，その支配者の碑文は現存している．その碑文が前2600年頃の考古学的資料であるがゆえに，その洪水が起きたのは，その1-2世紀まえに位置づけることができるのである．

　バビロニア文明が続く限り，洪水が人間にとって，悲劇的な大惨事として記憶されていくことは疑いない．種々の書物にこれは時代の区切りとして言及される．それは明らかに，小規模な地域的洪水以上のものであった．この種のことは低地に位置するバビロニアの川沿いの町々には予想できることである．しかし，私たちは，シルトと粘土のこれらの沈殿物が洪水の痕であるのか，いまだに確定はできない．

トルコの東方，雪をかぶったアララテ山の山頂が天に届いている．聖書は，ノアの箱舟が，洪水後たどり着いたのはこのアララテ山脈の上であったと言っている．

ウーリーが認めているように，ウルではそのシルト沈泥が遺跡全体を覆っているわけではない．彼が掘り進んでいった混入物のない土壌の深さは大きく，その遺跡丘の一部に向かっておそらく長期間にわたって流れた流水の結果であるように見える．他のいくつかの沈澱物も，発見されている建物を破壊したり，水浸しにしたりすることはなかったようである．おそらくウーリー夫人は誤っていた．結局，それは単なる洪水であって，ノアの洪水ではなかった．

ウルでの発掘よりだいぶ前に，ノアの洪水にまつわるもう一つの興味深い発見がなされた．1850年代に，ヘンリー・レイヤードはニネベの廃墟から何千枚という粘土板を掘り出した．それらはかつてアッシリアの王アッシュルバニパルの図書館であり，前612年に彼の宮殿が破壊されたとき，壊れて忘れ去られていた．レイヤードは粘土板をロンドンの大英博物館に持ち帰った．年月をかけて，学者たちはそのカタログを作成して各粘土板の内容を明らかにし，書物と学術雑誌に発表してきた．

1872年，ジョージ・スミスは，そのような仕事に忙しかった．彼は，自分の机の上にある粘土板が洪水物語を含んでいることに気がついていた．それは通常の洪水ではなく，また単なる洪水の物語でもなかった．聖書の創世記にあるノアの洪水と顕著な類似性を持っていた．

1956年に出版されたウルでの発掘の記録は，シルトの厚い層を縦に掘った縦穴の断面図を含んでいる．レオナルド・ウーリーはこれを洪水の証拠と主張した．

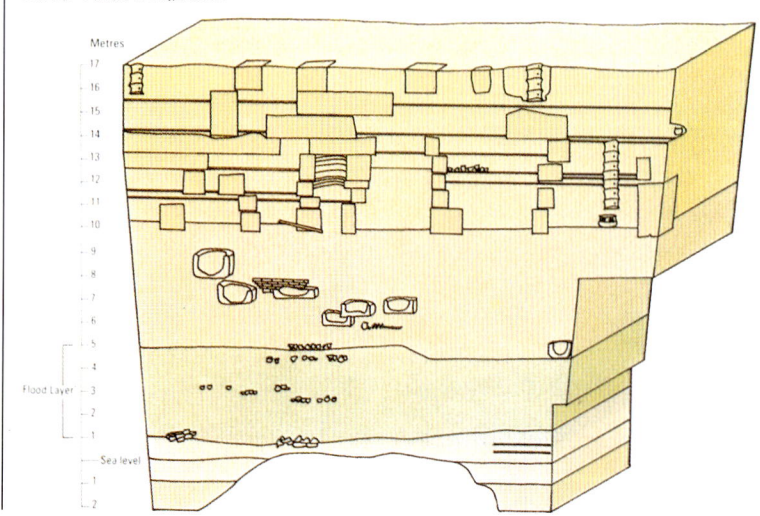

スミスは，彼の発見を聖書考古学会の会合で述べた．そして，それはセンセーションを巻き起こした．

バビロニアのその物語と聖書のそれとは，明らかに多くの共通点を持っており，両者に密接な関連があったことは，疑いようのないことであった．

しかし，その関連はどのようなものであろうか．ヘブルの物語はバビロニアから由来したのであろうか．あるいは，バビロニア物語がヘブルから由来したのであろうか．それとも両者は共通した資料を持っていたのであろうか．その発見が発表されて以来ずっと，最初の可能性が一番大きいと考えられてきた．二番目はありそうもないと考えられた．なぜなら，バビロニアの記事の年代は，ヘブルの洪水が記されたよりはるか以前，少なくとも前1600年まで遡るからである．

少数の学者たちはいつも，その物語は共通の起源を持っているという第三番目の可能性を考えていた．ウルからカナンへのアブラハムの移住によって，その物語は西方にもたらされた．多くの学者たちは，イスラエル人はカナン人からそれを学んだと考えた．

バビロニアの洪水物語とはどのようなものであろうか．創世記の6章から9章は，神と人間の関係についての連続物語の一部分として洪水を語っている．ジョージ・スミスが発見した物語も，長い物語の一部である．それはギルガメシュ叙事詩の第十一番目と最後にある．

この叙事詩は古代の王ギルガメシュが，いかに不死を獲得しようとしたかを語っている．数多くの冒険の後，彼は遠く離れた島にたどり着いた．そこには，不死となったただひとりの男がいた．その男の名はウトゥナピシュティム，バビロニアのノアである．彼はなぜ神々が自分に永遠のいのちを与えたのかを説明するためにギルガメシュに洪水のことを語った．その話が終わって，彼はギルガメシュに不死になる望みはないことを告げ，彼を家に送り返した．

バビロニアの洪水物語が，ギルガメシュ

ユーフラテス河の堤防に立つ葦の建物は，低地に位置する川岸の地域が洪水に見舞われやすいことを思い出させるのに役立つ．

叙事詩の一部分として始まったのではないことは，いくつかの細部と奇異な点によって暗示されている．もう一つのアトラハシス叙事詩の発見のおかげで全体像が明らかになり，この物語が本来占めていた位置に今や置かれるようになった．

創世記のように，アトラハシス叙事詩は人間の創造と，人間が洪水へ至る歴史と，その後に建設された新しい社会を語っている．ギルガメシュ叙事詩にはない洪水の理由はここには明らかである．人間はあまりにも騒々しくて，地上の主神は眠ることができなかった．神々は他の方法では問題を解決することができなかったので，厄介な人間を滅ぼすために洪水を送り，彼らを永久に静かにしたのである．

バビロニアとヘブルの物語の類似は容易に気がつく．しかし注目に値する相違があり，それは見過ごされるべきではない．基本的な相違は，ヘブルの記述は唯一神教を背景としているが，バビロニアの物語では多くの神々が活躍することである．同様に道徳的態度にも違いがある．細部においても，箱舟の形状と大きさ（バビロニアのは正方形で，それは水の上に浮きそうにはない），洪水の期間，鳥を放つことなどが違っている．

二つの物語にある類似性とメソポタミア特有の背景は，両者が共通の起源を持っていることを意味している．バビロニアにある洪水の考古学的証拠と，一つの破滅的な大洪水に関する重大な伝承（旧約聖書）とは，両方の洪水物語をともに考慮する時，歴史の初期において生じた破局的大惨事を指し示しているのである．その事実の解釈の問題になると，聖書の記録は明らかにバビロニアものとは別である．聖書の記録の方は，聖書が単に人間の伝説ではなく，神の啓示であるという聖書自身の主張を立証している．

バビロニアの洪水物語

　バビロニアの洪水物語は，ギルガメシュ叙事詩に語られているように，約200行にわたる詩となっている．以下の抜粋において，この物語の展開とその特質を示す．

　神々は協議して，洪水を送ることを決定した．そして，神エアは人間の創造に責任がある神であったが，人間にそのことを告げないことを神々に誓った．しかしエアは自分を礼拝するウトゥナピシュティムには警告したかった．こうして，彼の家族に告げてしまった．

「葦の小屋よ，葦の小屋よ，壁よ，壁よ！
葦の小屋よ，聞け．壁よ，注意せよ！」

　彼は実はウトゥナピシュティムに呼びかけているのである．

「その家を壊して，船を造れ！
富を捨てて，いのちを求めよ！
生き残るために所有物を拒否せよ．
あらゆる生き物の種をその船に乗せよ．
あなたが造るべき船は
その寸法は互いに等しく，
その幅とその長さは同じである．」

　その後に続くのは，ウトゥナピシュティムがいかに自分の仕事を同胞の市民たちに説明すべきか，そして洪水がいつ来るかをどう知ることができるかについての議論である．その解決は彼らにその事実を知らせず，そして，神々が彼らを祝福していると考えさせることであった．それから，その船の建設が述べられている．それが完成したときウトゥナピシュティムは次のように続けた．

「私が持っているものは何でも，それ（船）に乗せた．
私が持っている銀はどれもそれに乗せた．
私が持っている金はどれもそれに乗せた．
私が持っている生き物はどれも，それに乗せた．
私は私の家族と親族全員をその船に乗せた．
飼い慣らした動物と野性の動物を，

この前7世紀の碑文を刻んだ粘土板，アッシリア版ギルガメシュ叙事詩の第11粘土板は，バビロニアの洪水物語を含んでいる．

すべての職人を私は乗船させた．
定められた時が来た……
私は天気の模様を見た，
天候は見るからに恐ろしかった．
私は船に乗り，そして戸を閉めた……

夜明けの初めの輝きとともに，
黒雲が地平線から昇ってきた．
その中で嵐の神が雷鳴を鳴らしている……
下界の神は堰の支柱を引き裂く．
戦いの神はその水を引いていく．
神々はたいまつをかかげ，
その炎で地に火をつけている．
嵐の神の恐るべき沈黙が天に届いた，
そして，すべての明るいものは，暗くなった．
地の［　］は鉢のようにこなごなになった．
一日の間，嵐は［猛威を振るった］
風が激しく吹き……
戦争のように，神は人々に襲いかかった．
誰も自分の隣人を見ることはできなかった．
人々は天から識別されることはできなかった．
神々は洪水に震えおののいた．
彼らは天の主神のところへ昇って行った．
神々は犬のように臆病になり，戸の外でしゃがみこんだ．
女神イシュタルは分娩中の女のように叫んだ．

神々は彼女とともに泣き……
6日と6夜にわたり，
風，洪水，嵐が地上を吹き荒れた．
7日の夜が来て，嵐と洪水は戦いを止めた．
その中で，彼らは分娩中の女のようにもがいていた．
私は天気を見ると，それは静かであった．
すべての人間は粘土に帰していた．
その地方は，平らな屋根のように平坦であった．
私は窓を開けると，光が私のほおに落ちた．
しゃがみこみ，私は座って泣いた．
ニシル山に船はとどまった．
第7日目が来ると，私は鳩を解き放し，送り出した．
鳩は出ていき，そして戻ってきた．
鳩の休み場所がなかったようだった，それで鳩は戻ってきた．
それから私はツバメを解き放し，送り出した．
ツバメは出ていき，そして戻ってきた．
ツバメの休み場所がなかったようだった，それでツバメは戻ってきた．
それから私はカラスを解き放し，送り出した．
カラスは出ていき，そして水が引いているのを見た．
カラスは食べ，あちらこちらに飛び回り，帰って来なかった．
私はいけにえを持ってきて，それを四つの風に捧げた．
私はその山の頂上で神酒を注いだ．
神々はその甘い香りを嗅いだ．
神々はいけにえの施主のまわりにハエのように群れをなした．」

最後に大女神（イシュタル）が到着した時，彼女を喜ばせるために主神が造っておいた大きなハエ（数珠）を取った．

「ここにいる神々であるあなたがた，
私が自分のラピスラズリの首輪をけっして忘れないように，
私はこれらの日々を覚えていよう．けっして忘れることはない．」

生き残ったものたちについての議論と彼らの罪のために一人一人を処罰するように忠告があって，神々はウトゥナピシュティムと彼の妻に不死を授けた．

聖書の物語は創世記の6章に始まる．その調子と性格はバビロニアのものとはまったく異なっている．

「神は地をご覧になり，そしてそれが邪悪であるのを見た．それはすべての人々が邪悪な生活を送っていたからである．

神はノアに言った．『私は，すべての人間を終わらせることに決めた．私は彼らを完全に滅ぼす．なぜなら世界は彼らの暴虐で満ちているからだ．あなたのために，良い木材で箱舟を造りなさい．その中に部屋を造り，内と外とを木のやにで塗りなさい．長さ133ｍ，幅22ｍ，高さ13ｍに造りなさい．その箱舟に屋根を付け，屋根と側面の間に44ｃｍの隙間を設けなさい．それを3階建てに造りなさい．そして，側面に戸口を設けなさい．すべての生き物を滅ぼすために，私はまもなく洪水を地に送る．地にあるすべてのものは死に絶えよう．しかし，私はあなたと契約を結ぶ．あなたの妻，あなたの息子たち，そして彼らの妻たちを連れて船に入りなさい．あなたと一緒にあらゆる種類の動物，あらゆる種類の鳥の雄と雌を生かしておくために，箱舟に連れて入りなさい．あなたと彼らのために，あらゆる種類の食糧も一緒に入れなさい．』ノアは神が命じたすべてのことをなした．」

「主は地にあるすべての生き物――人間，動物，鳥を滅ぼした．残されたのはただ，ノアと，彼と一緒に箱舟の中にいた人々であった．水は150日の間減り始めることはなかった．

神は，ノアと，彼とともに箱舟の中にいるすべての動物とを忘れてはいなかった．神が風を吹かせると，水は減り始めた．地の下にある水の流出口と空の水門とは閉じられた．雨はやみ，そして水は150日間徐々に減っていった．第7の月の第17日，箱舟はアララテ山脈にあるある山にたどり着いた．水は減り続け第10の月の最初の日に，山々の頂が現れた．」

ウルの王宮からの宝

レオナルド・ウーリー卿は1923年に，ほんの数日間ウルを発掘した．そのとき彼の作業員の一人が金と石の数珠玉の入った小さな貯蔵庫を掘り当てた．作業員たちは新米で，訓練されてはおらず，ウーリーは金の採掘場所が秘密裏に掘られて盗まれてしまうことを恐れた．彼はそこには発見すべきものがまだあることを知っていたが，彼は4年間，つまり1926年までそこでの発掘を中止した．

彼はその作業員が何を発見したかについても不確かであった．このような宝石細工は誰もそれ以前に見たことがなかった．一人の経験豊かな考古学者はそれが中世の時代に属する物であり，500−600年古いものであると識別した．ウーリー自身はそれよりもさらに2000年古いものであり，ペルシア時代かその直前と考えていた．

ウーリーがその場所で作業を再開したところ，驚くべき結果が出てきた．彼らは墓地を発見したのである．そこには，さらに古いゴミ捨て場に数世紀間にわたって掘った数百の墓があった．埋葬のほとんどは，きわめて単純なものであった．それぞれの墓には2，3の壺と，おそらく数個の宝石細工，それに道具と武器があった．

16の遺体の埋葬は非常に豪華であった．大きな穴は地表から約9m下がっており，底のところでは11×5mの空間となっていた．

その底に到達するために，墓の建造者は傾斜した坑道を掘っていた．その床の上に彼らは石かレンガで小さな丸天井の寝室を死者のために作った．しかも，これらの大きな坑道は，一つ以上の遺体を保存しておくことができるように造られていた．発掘者にとって驚きだったのは，何十人もの遺体が坑道の床の上に置かれていたことである．その傾斜道の床近くには，かつて荷車につながれていた牛の骸骨があった．その手綱は腐食していたが，その何本かは，ビーズの中を通っていた．そのビーズは，なおも手綱に沿って並んでいた．

牛のそばにある人間の骸骨は，その飼育係のものとウーリーは断定した．他の遺体は，傾斜道の最下部に置かれている槍と兜とを持った護衛兵たちのものである．さらに多くの遺体は宮廷の従者たちであった．音楽家たちはハープと竪琴（リラ）を持っていた．婦人たちは，金と銀の薄板から切

花と葉の形状の金製の冠は，かつてウルの女王が所有していた．

り抜かれた花と葉の模様の，明るい頭飾りを付けていた．

　すべての遺体は非常に整然と置かれていたので，ウーリーは，人々が傾斜道を歩いて，自分の位置に降りて来て，横になり，小さな杯から毒を飲んだと結論した（いくつかの杯は遺体の近くにあった）．埋葬を行なった人々はその現場をきれいに片付け，牛を殺し，そのうちのいくつかを従者たちの上に，そして左側に横たえた．大いなる儀式とささげ物とともに坑道に土が詰められた．

　古代の墓泥棒たちは，トンネルを掘って墓に入り込み，重要な人物たちの墓を荒らした．彼らは盗める物はすべて盗んだが，ウーリーの雇った人々には，充分な物を残していた．残っていた物から，これらが王たちの墓であることが判明した．王族たちは，地上の生活で彼らが享受していたあらゆる装飾品を墓の中に運び込まなければならなかった．彼らの召使いたちも王たちと一緒に墓へ行かなければならず，そのように選ばれたことはおそらく栄誉であったのであろう．

　腐食の過程で衣類，かご細工類，皮革，木工品は腐ってしまった．しかし，頭のよい，その場で思いついたテクニックで，ウーリーはしばしば腐った木材の跡を保存したり，少なくてもそれらを記録することができた．作業員たちが地に一つの穴を見つけたとき，彼は焼き石膏をその中に流し込んだ．石膏が固まると，何がそこにあったのかを見るために，土を削り落とす．この方法でハープ，竪琴（リラ），槍の柄その他の木工品の形状を復元してきた．

芸術同様，音楽もウルの文化生活の一部であった．竪琴（リラ）の金の雄牛の頭部とモザイク模様だけが（下，左側）発見された．しかし，腐食した木工細工に関するウーリーの注意深い記録によってこのような復元が可能となった．

ウルから出土した最良の秘宝の一つは山羊の像（下）であり，金，銀，ラピスラズリで飾られている．

ウルの王墓からの「スタンダード（王旗）」は貝殻と赤い石灰石と青いラピスラズリのモザイク画である．片側は戦争の場面で，もう一方の場面（ここに描かれている）は，戦勝祝賀と戦利品のパレードである．アブラハムの時代より数百年前に，ウルの職人たちは，高度な技術を用いた作品を生み出すことができた．

金の道具類もウルの王墓からの出土品である．

ウーリーの技術と観察によって前2500年頃のウルの文化については，同時代のどのバビロニアの都市の場合よりも，もっと多くのことがわかっている．ウルの王墓はその都市の繁栄ぶりを伝えている．王や王女たちは金と銀のカップから飲んでいる．人目を引くために王たちは金の刃の短刀を身につけ，王女たちは金と宝石からできている精巧な装身具を付けている．祝宴の時には，弦楽器と管楽器の伴奏で歌う歌い手たちに耳を傾けた．

金属品と宝石はバビロンでは発見されていない．それらは交易か征服によって外国からもたらされた．青いラピスラズリは遠くアフガニスタンからである．その墓のいくつかには所有者の名前と称号とが刻印された石の印章があった．これによってその死者たちをそれぞれの歴史的背景に位置づけることが可能となった．

ウルの宝と聖書とは直接的には何の関係もない．これほど壮観ではない他の多くの諸発見と同様，それらはウルの職人たちの完成度の高い技術を示しているし，またその時代の信仰を暗示している．この場合，自己犠牲の形式はユダヤ教にとってもキリスト教にとっても忌むべきものである．彼らはアブラハムより数世紀前の時代である．このことは，イスラエルの歴史の始まりは，原始時代ではなく，世界が既に高度に文明化された人間世界であったことをわれわれに思い起こさせる．

大ニュース：失われた都市エブラ

　毎週毎週，発掘作業員たちはシリアの暑い太陽のもとで，骨の折れる仕事を続けていた．イタリアの考古学者たちが彼らを毎年2カ月ずつ雇っていたのである．彼らは自分たちと自分の先祖たちがテル・マルディクと呼んでいた小丘を掘っていた．1964年が最初のシーズンであった．それから1965年，1966年，1967年と続いていった．

　明らかに重要な都市がここには隠れて横たわっている．その区域全体を取り囲む高い土手は城壁の印であった．頑丈に造られた出入口は，南西部でその土手と交差している．この地域のある人が，その丘の近くで（それは囲いの中央部にあたるが）刻まれた像を掘り起こした．そして，考古学者たちはさらに多くの，大神殿を飾っている大きな石製水盤を発見した．

　これらの建物はすべて中期青銅期時代すなわち前2000年から前1600年に属する．しかし，この都市の名前は誰にもわからなかった．1968年一つの答えがでた．ペルシア時代（約前500-400年）の建造者たちは，ある古い彫像の一部を発見し，有用な石として持っていった．その上に刻まれていたのは，はるか1000年も前にその彫像を造らせた王の名前であった．王はその像をバビロニアのヴィーナス，愛と戦いの女神，イシュタル神へささげていた．その王の名前と並んで刻まれていたのは「エブラの王」という称号であった．

　エブラは，強大なバビロニアの王，サルゴンとナラムシンとが前2300年と2250年に征服したと主張している都市の名前であった．学者たちはその名前を何年間も探し求めていた．普通は学者間ではそれは，テル・マルディクから160kmのユーフラテス付近と考えられていた．もちろん，ある王様が家から長い距離を旅して，像を立てることは可能である．だからたった一つの像からテル・マルディクがエブラであると結論することはできない．

　1975年にその答えは確かなものとなった．その大神殿の下にある一つの建物の中から無数の楔形文字の粘土板が発見されたのである．その粘土板はこの場所の正体を疑いの余地なく明らかにした．発見されたのはエブラだったのである．

　その粘土板は，中庭の片側にある小部屋の床に山積みになっていた．それは，2-3世代にわたって繁栄し，そして焼け落ちた王宮の公文書保管所であった．炎の熱でレンガ造りの建物も粘土板も焼けたため，両方とも長時間の保存に耐えることができるように補強されていた．

　敵の兵士たちは，名前を残していったわけではないが，サルゴンとナラムシンが征服したことは疑いないことなので，彼らのうちどちらか一方の軍隊がエブラの王宮を略奪したのである．彼らはすばやく戦利品を奪い取ったが，考古学者にとっては貴重な数々の品物を残しておいてくれた．バビロニアの様式を模した石像の一部，金の延べ板の小片，火によって黒焦げになってはいるが複雑な彫刻をした木工品，それらは床の上に落ち，崩れ落ちてきた建物の下敷きとなっていた．

　イタリアの優れた専門家たちが粘土板を研究し始めたとき，エブラは大ニュースとなった．他の諸発見と同様，文字で書か

た文書は，絵の解説をしてくれる．日付，人名，人物描写などは，埃まみれの品々や崩れかかった壁を生き生きとしたものにする．粘土板からもたらされたまず最初のニュースは，興味をそそるものであった．北西シリアで発見された最古の文書に用いられているその言語は，バビロニアよりヘブル語に近いのである．

それから，エブラの人名がいくつか公表された．多くの奇妙な人名の中に，イシュマエル，アダム，ダウド（ダビデ）のような，よく慣れ親しんだ名前があった．「神」を意味する「エル」で終わる名前もあり，ある人名は「ヤ」で終わっていた．これらは「神（エル）のような者は誰か」を意味する「ミカエル」や「主（ヤーウェ）のような者は誰か」を意味する「ミカヤ」（ヤはヤーウェの短縮形）というような聖書の人名と同じ様式の名前なのであろうか．この「ヤ」は本当にイスラエルの神の名前なのであろうか（「印章の彫刻師」を参照）．

その専門家はそうであると断言していた．またそれに同意する学者たちもいた．

彼はさらに踏み込んで言及した．エブラが支配していたか，ある程度影響力を持っていた場所は広範囲に至り，カナンのハツォル，メギド，ラキシュ，さらには死海の平野，ソドムとゴモラにまで及んでいたと．

エブラのある王の名はエブリウム（Ebrium）である．この名前はアブラハムの先祖で創世記10章21節に現れるエベル（Eber），あるいはヘブル（Hebrew）と同じ名前なのか．

ジャーナリストたちはこのニュースに飛びついた．エブラはあらゆる種類の雑誌に特集として取り上げられ，聖書の「証拠」として大いに歓迎された．しかし，粘土板自体に他の学者たちが接触することはできなかった．ただ担当者である一人の人物の報告が伝わっていった．そこで無責任な記者たちは，現代の中近東の政治的偏見が情報の流通を妨げていると考えた．それは偽りの告発である．

エブラの粘土板は1970年代の考古学上の大発見の一つである．悔いが残るのは，その規模とその目新しさのゆえに，イタリアの学者があまりにも早計に行動し，その不思議な言語の取り扱いに充分な注意を払わなかったことである．今や，専門家の国際的チームが，主にイタリアであるが，ベルギー，英国，フランス，ドイツ，イラク，

カタルディ・タソニは，最初にエブラの王宮の発掘箇所を描いた．公文書は五つの柱の右側の小部屋に保存されていた．

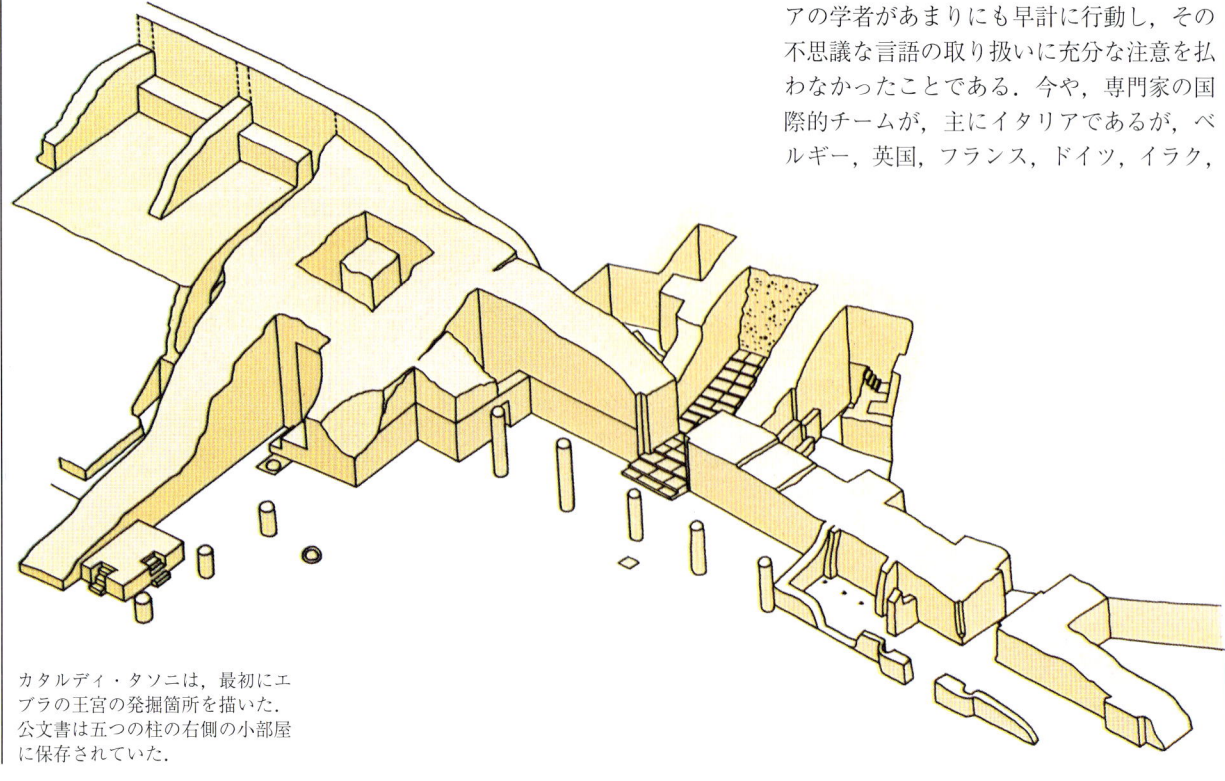

シリア，米国からの代表者たちを交えて，全収集物を責任持って編集することになっている．

彼らはセンセーショナルな主張の大部分を破棄した．

カナンの諸地名はその粘土板にはない．エブラはそれほど南方とは接触を持っていなかったし，もちろん死海の平野部の諸都市とは関係していなかった．

「ヤ（ya）」で終わる名前は，あるいはジミー（Jimmy）やトミー（Tommy）の(-y)のようなものだったかもしれないし，他の方法で説明されるべきかもしれない．エブラには「ヤ」という神はいないし，イスラエルの神とは関係がない．

エブリウムは確かにエブラを支配していた．彼の名前はエベル（Eber）と同じかもしれないが，二人の人物を結び合わせる理由はない．ヘブル（Hebrew）との関連はありそうもない．

エブラ市民は確かにヘブル語と同じ北西セム語に属する言語を話していたが，その粘土板の言語はヘブル語よりもバビロニア方言により近いことがわかってきた．

それ以前には何も知られていなかった場所で書かれた1万枚の粘土板には多くの困難な問題があるかも知れない．それらを解決するためには，長い研究が必要とされよう．一方で，その粘土板はバビロニア文字が前2300年以前に北シリアに広まっていた証拠を示すものとして重要である．同時に行政上のまた法律上のあらゆる諸活動を容易に文書化した証拠としても，また手紙や文学を書き，他言語の辞書を作成した証拠としても，さらには北西セム人がそのような初期の時代に存在したことを示す証拠としても重要である．

最近のエブラでの遺物にはもっと直接的に聖書本文を解説するものがある．

大神殿はソロモンの神殿を思わせる設計で，ポーチ，内広間，聖所を持っている．ただし，比率が違っている．

地方の王族は，同時期（前1800－1650年）の王宮の地下を掘り抜いた墓に埋葬されていた．墓泥棒が埋葬品を盗み出してはいたが，盗まれずに残されていた物もあった．繊細に作られた黄金のビーズは首飾りとして糸が通っていた．そこには金の象形文字でファラオの名前が記された黄金の腕輪と杓があった．

精緻な黄金球で覆われている美しい黄金のリングが婦人の鼻にかかっていた．エリエゼルがハランでリベカに与えたリングはこのようなものかと想像する人もあるであろう．

エブラは族長たちの時代に栄えた都市であった．

大発見というものはしばしば噂が流れるものである．それが誤った希望を抱かせ，人々を誤った方へ導く．やがて時が来て，バランスのとれた判断ができるようになり，何が本当に重要なのかが見えてくる．エブラの場合がそれであった．

最初の報告によって舞い上がったほこりが鎮まるとき，エブラはシリアの初期の歴史にとって鍵となる遺跡であることがわかってくるであろう．それは，族長時代とそれ以前の文化的レベルを洞察するすばらしい手がかりを与えてくれる．粘土板は初期シリア語に関する知識をもっと明確なものにするであろうし，ヘブル語についての私たちの理解を増大してくれるであろう．

それが失われた都市エブラであることを立証したのは，無数の粘土板，王宮の文書保管所の発見であった．

ウル：月の神の都

汽車は夜中を走り続け，旅客は寝台で睡眠をとり，他の人々は堅いシートの上で仮眠をとっていた．急激な振動があって汽車は止まった．ぼんやりとした目つきで窓の外を眺めた．駅名「ウル連結」は現実離れした雰囲気を持っていた．私たちは，地面に下り，休憩室で残された夜の時間を過ごした．翌朝，平坦な平原を2-3km歩いて，廃墟となった都市カルデアのウルに到着した．

その場所は，レンガを積んだ巨大なブロックが特徴で，それは何km も離れた地点から見ることができる．これはウルの人々によって礼拝されていた主神，月の神シンの神殿であった．

その神殿はさらに古いものであるが，今日建っている建物の大部分は，4000年以上前のウルの王によって建てられた．彼はそれを階段状のプラットホームとして建てた．一つのプラットホームの上にはもう一つのプラットホームがあり，それぞれは下段のものより小さくなっている．第3段目のプラットホームには礼拝堂があり，そこに神が生きていると人々は信じていた．

バビロニア人はその塔を「ジグラット」と呼んだ．その意味は「山頂」である．このような神殿は，バビロニアの都市の典型的な特徴である（「栄光，それはバビロン」を参照）．それは平坦な田園地帯にそびえ立ち，神々をたたえ，王の富を誇示するた

月の神の神殿はウルの廃墟の中心的存在である．それは4000年以上も前のもので，階段状のプラットホームとして建てられ，その頂上に神の住まいがあった．聖書の「バベルの塔」はおそらくこのような種類の神殿の塔であった．

めの顕著な記念碑である．その神殿の周囲の都市には，その他の神殿，宮殿，墓，富んだ家族の住まいの廃墟がある．

ウル発掘の担当であった考古学者レオナルド・ウーリー卿が，泥と家々から崩れ落ちたレンガを取り除いたとき，彼は非常に保存状態の良い二つの区域を発見した．バビロンの王は建物のいくつかに火を放って，ウルを前1740年頃に滅ぼした．住民は逃げ出し，わずかな人々が家に住むために再び戻ってきた．ウーリーはそこにあった多くの通路，家々，店，小礼拝堂の平面図を描くことができた．彼の発見から彼はそれらの外観を復元し，その都市での生活を想像することができた．

ある典型的な邸宅では，通りに面した表口は，小さな玄関広間に向って開かれる．そこでおそらく家に着いた人々が足を洗うために水が準備された．一方の玄関口は中庭に通じている．中庭の周囲にその他の部屋があるが，それは貯蔵室，洗面所，そして台所などである．台所には，井戸，レンガ造りのテーブル，オーブン，粉をひく臼があったであろうし，また最後の所有者が残した鉢と皿があった．中央の片側にある長細い部屋は，応接室だったようである．

最近イラクの町々に建てられたアラブ人の住居は，ほとんど同じように設計されている．部屋はどれも1階にある．ウルの家々よりも1000年古いバビロニアの家々も1階建ての住居である．ウルにある家々の中には通常中庭の片方によくできた階段がついている．どの壁も2階があったことを証明するのに十分な高さではないが，2階があったことは，十分に考えられる．

家具は残らなかった．彫刻，石製印章の絵図，それに粘土でできた模型（多分おもちゃ）は，折りたたみのテーブルと椅子，小枝細工，かご細工の容器，木製ベッドの台，それに家を心地よくする敷物を描いている．大邸宅では一部屋を礼拝堂として取り分けることができた．泥レンガの祭壇は丹念にしっくいが塗られ，一角に立っている．その近くに暖炉の火床のような設備が

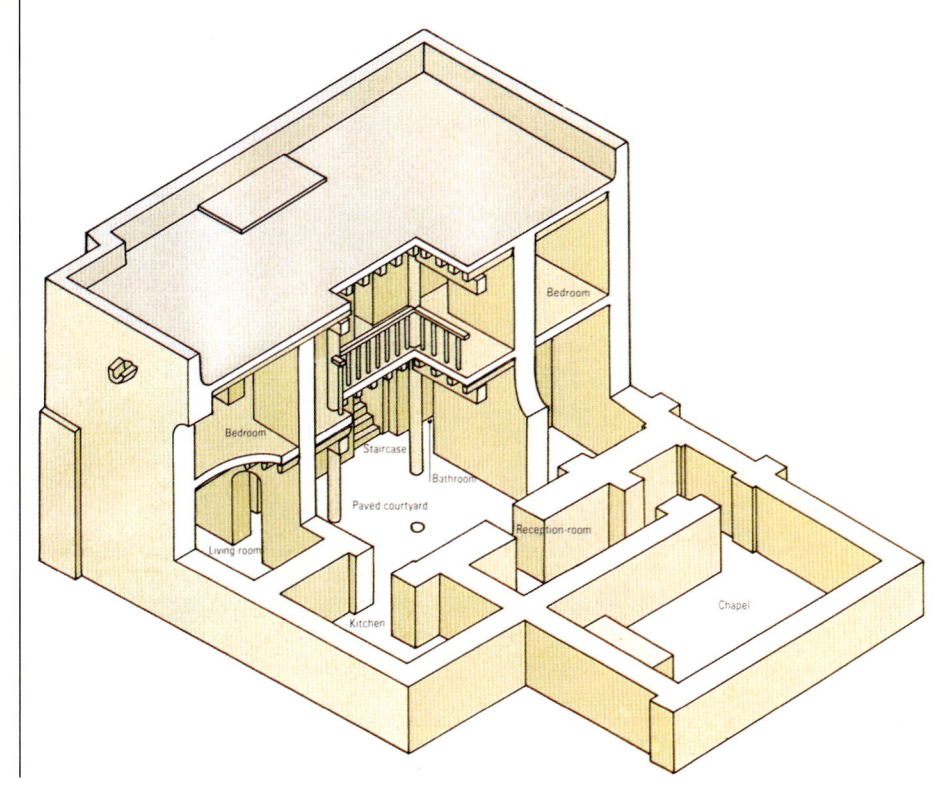

アブラハムの時代，ウルの裕福な市民たちの中には，このようなスタイルの2階建ての家に住んでいた者もいた．中央には舗装された中庭があり，その周囲には，風呂場，台所，礼拝室，その他の部屋があった．

あり，天井に届く小煙突が付いている．それはおそらく香をたくためである．そして泥レンガのベンチは飲み物用カップと食物皿を置くテーブルの役目を果たしている．その家の中で行なわれていた礼拝を明らかにするものは何もない．しかし，おそらく所有者はいけにえを捧げ，家族の神々に祈りを捧げ，彼らの先祖を奉っていた．家族意識は発掘された69軒のうち20軒の家に見られる．その床の下の部屋は円筒型天井をもつ埋葬用の部屋である．そこには10体か12体の遺骨があったであろう．先の埋葬は後の埋葬の場所を確保するためにわきへ押しやられている．バビロニア人が信じていたふさわしい埋葬とは，死者が生きている者に取りつかないようにすることであった．

家に残された粘土板（数枚が小さな文書保管室にあった）は，家の居住者が何をしていたかを教えてくれる．ある者は商人であり，彼らは南はペルシア湾まで，東はペルシア，北西はユーフラテス河上流のシリアまで通商していた．そこには地方の実業家，祭司，神殿に奉仕する人々がいた．彼らの記録は家と土地の売買，奴隷と商品を扱っている．また養子縁組，結婚，相続，さらには多忙な都市の業務全体にわたっている．

2，3の家には多数の異なった種類の粘土板があった．粘土の丸いボールを菓子パ

美しい黄金の皿はウルの王墓から発見された宝の一つである．

神殿の最初の平面に登って行く連続した大階段．

ン（bun）の形状に平らにし，その上に生徒は教師のお手本を練習で模写した．それは楔形文字の記号をいかに組み立てるかを習うためである．次の段階は，昔の王たちの碑文，あるいは神々と女神たちにささげる賛美と祈り，あるいは遠い昔の神話と伝説を模写することである．

　私たちは，シュメールとバビロニアの文学に関する知識を，これらの教師とその生徒たちの活動に負っている．彼らは古シュメール語を習うためにその動詞表を持っていたし，算術のために平方根と立方根，逆数の一覧表を持っていた．前18世紀のバビロニアの町から出てきた粘土板には「ピタゴラスの定理」を正しく理解していたことを示すものがある．ピタゴラスがそれを定理化する1200年も前のことである．

　前2100年から前1740年までの間，ウルの市民たちは，繁栄した都市の中できわめて高い水準の生活を享受していた．それゆえ，彼らが，ユーフラテス河によって灌漑された地域を越えた半砂漠地帯に住む遊牧民よりも自分たちが優れていると感じたとしても，少しも驚くべきことではない．定住地を持たず，生の肉を食べ，死者をきちんと埋葬しない人々は人間とはほとんどいえない者であった．

　遊牧民はアモリ人と呼ばれ，シリアから来たようである．彼らは非常に大人数でやって来たため，ウルの王たちは彼らを追い返すためにバビロニアを横断する壁を建設した．

　さらに大勢のアモリ人がやって来て，その城壁を越えて侵略し，前2000年頃にバビロニアにおけるウルの支配を終わらせた．徐々に，新しい移住者たちは都市生活を採用し，最初の住民たちと一緒に，ウルのような場所に住んだ．これらアモリ人たちは，バビロニア語よりもヘブル語に近い言語を話したが，バビロニア語の方が重んじられていたので，その書記たちはなおもバビロニア語を書いた．有名なバビロンの王ハムラビ（「ハムラビ王の法典……」参照）は，アモリ人の家系に属する．

　アブラハムと彼の家族の名前は，非常にアモリ人的である．聖書の記録はアブラハムの生涯が前2000年頃かあるいはその少し前後の年代であることを指している．創世記の11章によれば，カルデアのウルが彼の生誕地である．そういうわけで，もう一度，彼の生涯の初期をこの背景の中に置くことができる．

　彼は，どれほどの大きな生活の変化を経験したことであろうか．神の命令に従ってアブラハムは，軽べつされていた遊牧民となるために，都市の与える保証と快適な生活を捨て，高度に発達した都市を去ったのである．

　新約聖書のヘブル人への手紙(11章)は，彼の驚くべき応答を的確に指摘している．

　「神が彼に与えると約束した地に出て行くように召したとき，アブラハムがこれに従ったのは信仰によることです．彼はどこに行くかを知らないで，自分の国を出発しました．信仰によって，彼は約束された地に他国人のようにして住みました．同じ約束を神から受けたイサクやヤコブとともに，彼は天幕生活をしました．というのはアブラハムは，神が設計し建設された都，永遠の基礎の上に建てられた都を待ち望んでいたからです．」

マリの王たちの宮殿

　遊牧民族は，彼らの実在についての証拠を考古学者にほとんど残さない．ひとたび彼らが天幕の杭を抜いて，移動してしまえば，黒こげになった円形の石が，彼らが残すすべてである．それゆえ遊牧民について何かを学ぶことができるのは，彼らと接触を持った定住牧民か都市住民からだけである．彼らの意見はおそらく偏見を含んだものである．しかしながら，前1800年頃のメソポタミアの遊牧民については直接的な情報を伝えている発見が一つある．

　1933年アラブ人の一団が，墓を造るためにユーフラテス河の近くの丘を発掘した．彼らは石の彫像を掘り当てた．彼らは自分たちの発見を届け出た．そしてその年が終わる前にフランスの考古学者のチームが研究を開始した．彼らはまもなくさらに多くの彫像を掘り出し，そしてその中の一つにバビロニア語で刻まれたマリという都市の名前を見つけた．他の記録によれば，マリは重要な都市の名前であるが，この時までそれは発見されていなかった．発掘はいくつかの中断を挟みながら，その廃墟の中で今日まで続いている．

　神殿，宮殿，彫像，碑文そして埋葬された宝の壺，すべては前2500年頃の年代であり，ウルの王たちが壮麗な儀式と一緒に埋葬された当時において，マリの重要性を示す印である．この繁栄のずっと後で，マリはもう一度短期間の支配的勢力をもった．前1850年頃あるアモリ人の首領がその都市を奪い取り，それを王国の中心地にした．その王国はバビロニアとシリアとの間のユーフラテス河沿いでの貿易を支配していた．この貿易の税収入と，その他の商業，農業活動から来る収入によって，マリの王たちは，巨大な宮殿を建設することができた．これは近東における主要な発見の一つと数えられている．

　マリの宮殿は敷地が2.5ヘクタール以上あり，260以上の部屋と中庭と通路を持っていた．敵軍は，くまなく漁ってから火を付けた．それから砂漠の砂が部屋を満たし，完全に被ってしまった．たとえば，考古学者たちが掘っていくと，その城壁は今も立っており，5mかそれ以上の高さがある．今は城壁を守るために，宮殿を被う屋根が部分的に付けられた．その結果，訪問者は非常に印象的な古代の建造物の中を歩くことができる．

　何トンもの砂を各部屋から運び出すと，発掘者は大きな報酬を得ることを期待する．からの部屋もあるが貯蔵室もある．そこには油，ぶどう酒，穀物のために準備された大きな壺が立ち並んでいる．居住区もある．王と王妃たち，そして家族のためには広々とした部分が，官吏やしもべたちのためにはもっと狭い区域がある．私たちは仕事場の工芸職人，役所の事務官，台所のパン職人たちがどれくらい忙しかったか想像できる．そこには王の外国人来客を楽しませるために練習している歌手の少女たちさえいた．

　いつものように，最も多くの情報をもたらす発見は文書である．粘土板はいろいろな部屋の床に散らばっていた．特に一つの部屋は文書を貯蔵する保管所であった．全部で2万枚以上の楔形文字文書がマリの宮殿で考古学者たちを待っていた．

　書記たちは宮殿の生活のあらゆる細部に

至るまで目を注いだ.粘土板は宮殿に入ってくる食糧,穀物,そしてあらゆる種類の野菜の総数を記録している.そして,平和条約があるグループと結ばれ,そのグループはマリの領土の一地域に住むことが認められた.これはメソポタミアの歴史を通して繰り返されてきた光景の一例である.

手紙類はいくつかの部族名を告げている.すべては包括的な名称である「アモリ人」に分類される.最初学者たちがこれらのテキストを研究したとき,一つの名前が「ベンジャミン」であることで興奮した.これはイスラエルの部族名か,それともその祖先か.その後の研究によって,それは実際は「南方の人」を意味する「ヤミン人」(南アラビアのイエメン人のように)であることが判明した.もう一つの名前は「北方の人」を意味する.そしてそれらは両方とも部族の起源と関係があるようである.そして,ここには聖書との関連は何も見い

前18世紀の,マリで発見されたあごひげをはやした男の彫像で,「マリの王イシュトゥピルム(Ishutupilum)」と刻まれている.

だせない．

同様に，発見の初期の意気込みから，マリの時代に「ダビデ」という名前が「首領」を意味する称号として使われていたという主張がなされた．おまけに，ダビデという名前は元はそうではなく，「ダビデ」は彼が王となったときに借用されたものであるという諸説が立てられた．

長年にわたる一つの問題が，この方法によって解決される．第一サムエル記17章によれば，ダビデはゴリヤテを殺した．他方第二サムエル記21章19節によれば，その巨人を殺したのはエルハナンである．もし「ダビデ」が称号であれば，ダビデとエルハナンは同一人物でありうる．しかし今やマリのその言葉は称号ではないし，ダビデとも関係ないことが明らかになった（それは「負かす」を意味する言葉である）．それゆえこの解決手段は消えた（困難は残っているが，最も単純な回答は，ペリシテ

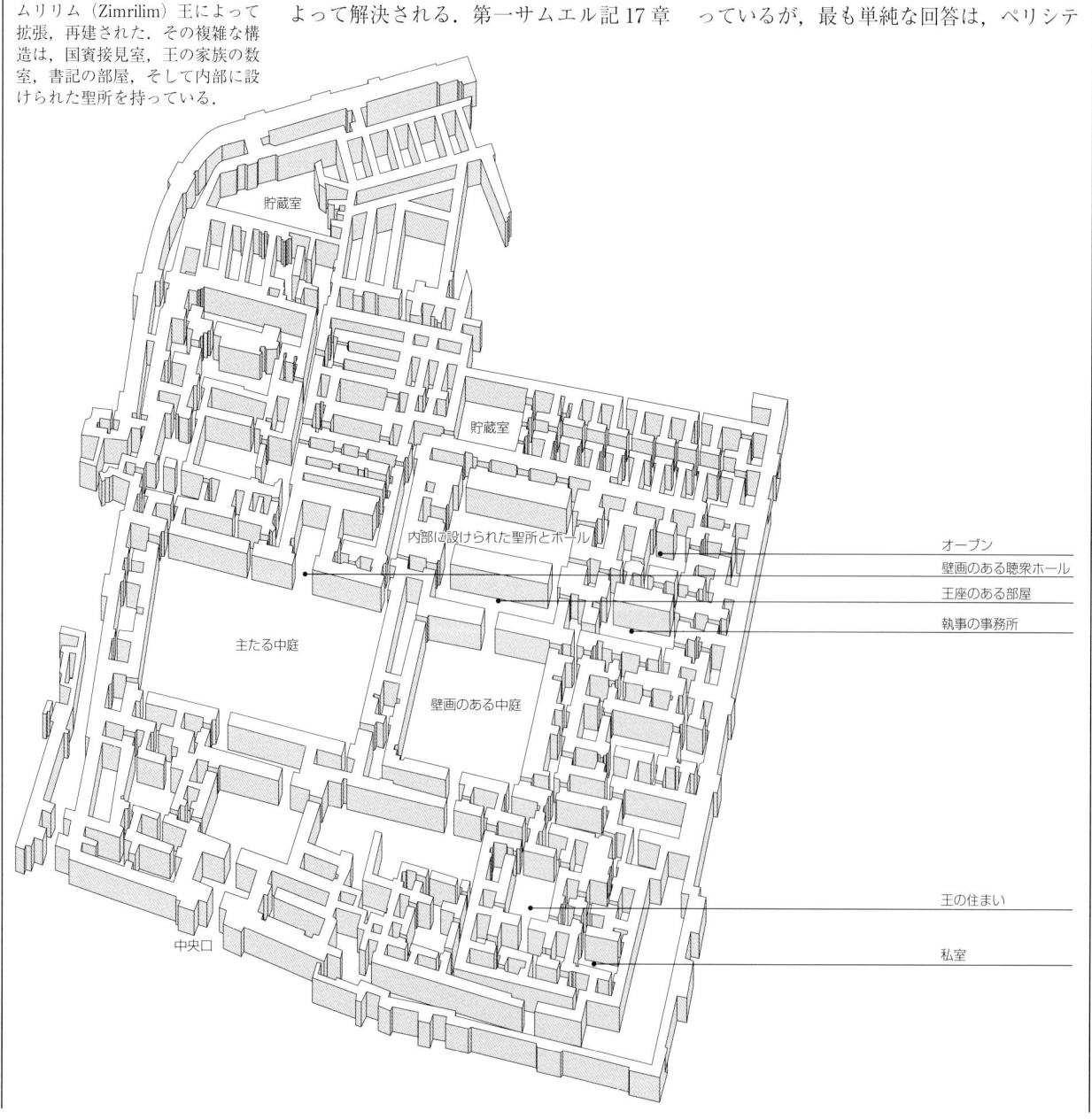

マリの大宮殿は，前18世紀にジムリリム（Zimrilim）王によって拡張，再建された．その複雑な構造は，国賓接見室，王の家族の数室，書記の部屋，そして内部に設けられた聖所を持っている．

人にはゴリヤテと呼ばれる闘士が2人以上いたと考えることである）〔訳注：邦訳の中には「ガテ人ゴリヤテ［の兄弟ラフミ］を打ち殺した」と補って訳しているものもある〕.

　ダビデ以外にもマリ文書には数百のアモリ人の名前が記されている．ヘブル人名との類似点は多く，特に族長時代の人名に顕著である．時にはイシュマエルのように同一の人名がある．しかし，これは同一人物に言及していることを意味しない（「大ニュース：失われた都市エブラ」を参照），単純にその名前が平凡であり，おそらく当時流行していたということなのであろう.

　マリの大宮殿は組織化され，小規模ではあるが強力な国家の官僚制度を示している．その文書保管所は，前18世紀における遊牧民の生活について予想外の知識を豊かに与えている．他の王や部族と外交的同盟を結んでいたにもかかわらず，前1760年の直後にマリはバビロンのハムラビの力に屈した．他の町々もその地域にときどき栄えたが，今日に一番近いのはアブ・ケマルである．しかし，どれもマリのように偉大ではなかった．

マリでの諸発見の中にあった，ある女神の実物大の影像である．彼女は水を注ぐかめを持っている．そして彼女の丈の長い服は，魚が泳いでいる水流の描写で飾られている．この影像は前18世紀の年代である．

族長たち：沈黙からの議論

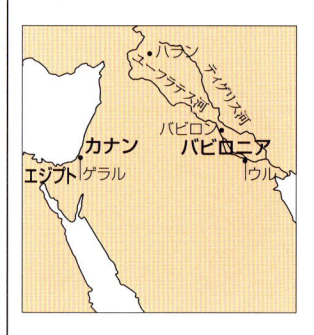

アブラハムとその父テラは、メソポタミアの南ウルとメソポタミアの北方ハランに住んでいた．これら二つの都市にも，バビロニアの他のどの都市にも彼らの名前は現れなかった．ハランは発掘されていない．初期の地表面（レベル）は中世の城とモスクの下である．ウルからは，私たちが見てきたように，何百という文書が発見されている．

メソポタミアからひとたび出ると，族長たちの物語はカナンを背景としている．そこでは，創世記21章が記録しているように，アブラハムは水の権利を巡ってゲゼルの王と争っている．その争いは平和契約によって終了した．アブラハムの息子イサクは同じ問題を経験し，同じ解決に到達した．今日私たちはさまざまな古代の契約を読むことができるが，聖書を除いては，このことについて何も記録されていないのは驚くべきことではないか．カナンの諸都市からはアブラハムが実在した証拠は何も現れてきてはいないのである．

ある時，アブラハムはエジプトへ行った．ファラオ（パロ）は，彼の妻サラを彼から取り上げたが，神の反対によって，彼女を戻した．そのときファラオはアブラハムに高価な贈り物をしている（この出来事は創世記の12章にある）．その後，イサクの孫，ヨセフは，エジプトの奴隷から出世して，ファラオの右腕になった．彼はエジプトで一緒に住むために，父ヤコブとその家族を呼び寄せた．エジプトの象形文字はこれらの出来事について何かを言っているべきではないか．しかし，

答えはやはり「何もない」のであった．

族長たちについて，聖書以外のあらゆる資料から何も言及がないので，族長たちは実在していなかったと結論する学者がいた．族長たちとは捕囚されたユダヤ人愛国者の作り話であり，彼らは国家の歴史を創造したのであると考えられた．あるいは，彼らは伝説上の人物であり，まったく実在したことのない民間伝承の人物であると考えられた．このような観点からの議論はいくつかの分野に別れていく．上記のような結論のために考古学を根拠として用いる人々は，証拠を正しく評価することに失敗している．

たとえば，アブラハムとゲラルの王との契約を発見するためには，考古学者はゲラルにある宮殿の位置を確定し，その王の統治を記録した文書を発見する必要がある．

その契約を発見するためには，第一に，それが文書化されていなければならない．さらに，それは永続的な材質，石か粘土板に記録されていなければならない．しかしゲラルはエジプトの近く，カナンの南に位置している．それゆえ，そこにいた書記たちは，エジプトの方法で書いた可能性が高い．すなわちパピルスの上にである．それはバビロニアにおいて粘土板に書かれるよりははるかに腐りやすかった．

この事実に加えて，考古学者が正しい記録を発見できる可能性は少ない．マリでのように，一つの王宮が発掘された時，その王宮の中で発見されたものは，それが放棄される前に王宮に住んでいた最後の2人か3人の王の治世に普通属する．したがってアブラハムの契約相手はゲラルの歴史において最後の段階あたりである必要がある．

これらすべての必要条件が満たされたとしても，文書保管所に埋葬された全文書が手つかずで，判読可能な状態で残るという保証はない．つまり，風雨にさらされ，湿気，崩れていくレンガの建造物，不注意な発掘作業などによって，粘土板に刻まれた文字は全部破壊されてしまう．

あのような契約が発見される可能性はごくわずかである．現時点では，あってもそれは偶然で，予期しない発見である．なぜなら，誰もゲゼルがどこであるのか確かなことはまったくわからないからである．

エジプトにおいてはパピルスが腐敗してしまうということは歴史家にとっていつも重大な問題を提起してきた（「モーセの痕跡はあるのか」参照）．紀元前2000年から前1500年の500年間では，神殿と墓に刻まれた記念物とその家臣たちの記念碑とがほとんど唯一の情報源であった．ごくわずかなパピルス文書が湿気による腐敗を免れている．一つの断片はエジプト南部における状況を報告している．他のものはある一つの町の事情を扱っている．

もう一度，エジプトでアブラハムとヨセフについての記録が見つかることはほとんどありえない．ほかの高官たちと違って，ヨセフは自分の生涯の重要な出来事を色彩豊かに刻みつける墓をエジプトで持たなかった．創世記の50章にあるように，彼は自分のミイラ化された遺体をカナンの地に連れ戻すように命じたのである．

考古学は族長たちに関して直接的な言及をなんら提示することができなくても，考古学は，族長たちの生活の背景の研究に関して，助けをだすことができる．聖書によれば，彼らは前2000年から前1500年に属するが，その期間について私たちが知っていることと族長たちの出来事は矛盾するか，あるいは彼らは他の時代を示唆する特徴を持っているか．

もしそれが前1000年期の中頃に書かれたのなら，それはアッシリアやバビロニア帝国を，ダマスコのアラム人を，鉄と馬の一般的使用を含んでいたであろう．しかし，実際には，エジプトにおけるヨセフの戦車（多分馬が牽いた）を除けば，これらへの言及はない．

他の諸事実は最も適合する年代として，前2000年期前半を指している．その頃エジプトはカナンから流入してくるアモリ人や他の民族をうけいれていた．そして，その中にはファラオ（パロ）に仕えて高官になるものがいた．ついにはこれらの外国人たちがしばらくエジプトを支配したこともあった（ヒクソスの諸王）．ヨセフの経歴と彼の家族の移住は，この時代によく当てはまる．

遊牧民の生活様式は（マリ文書の粘土板が語る）広範囲に及び，一時代以上にわたり共通したものであるが，それは確かに族長たちの年代を前2000年から前1500年に位置づけることを可能にしている．古代エジプトの書記たちは，宮廷から逃げ出し，カナンの地で大活躍し，ついにはエジプトに帰って栄誉を受け，故国の墓にふさわしく埋葬された一人のエジプト人の物語を書き写してきた．その写本の年代は前1800年から前1000年に属する．その物語は最古の写本より150年前に位置づけられる．エジプト学者たちは，それが事実にもとづいたものであり，それが描写する時期と一致していると断定している．その物語の英雄シヌヘは，どんな国家的地位も持っていない．彼の話は冒険談としてポピュラーであったようだ．

創世記においてヘブル人の作者たちは，民族的起源の物語を述べている．考古学は彼らの背景に光を当てることができる．それらが本当であるという証拠を与えることはできない．考古学が示すことができるのは，類似した物語が語られていたということ，そしてそれが信頼できそうな報告であるということである．

あるエジプト貴族は，前1900年頃，一群の外国人をエジプトの宮廷にみちびいたことで，その日を誇りに思っていた．彼はベニ・ハサンの自分の墓の壁にその日の光景を描かせた．褐色の皮膚をしたエジプト人書記（ここにある図の右側）はプラカードを掲げ，シュウトの地から来たアジア人としてその訪問者を告げた．彼らはエジプト人が好む目に塗る黒塗料の方鉛鉱を持ってきた．そのリーダーは「外国人の長アブシャル」という名で呼ばれている．シナイ半島か南カナンからのこのグループは，族長たちがどのような様子で現れたのかを視覚的に描写している．

再発見された民族：ヒッタイト人とは誰か？

「見よ，イスラエルの王は，私たちを攻撃するために，ヒッタイト人の王とエジプト人の王を雇っている」

この疑念はダマスコの軍隊にパニックを引き起こさせるに十分であった．軍隊は，サマリアの住民を飢餓状態にまで追い詰めていた包囲を解いて，逃げ出した（第二列王記7章）．

古代エジプト人は人類に非常に深く痕跡を残したので，忘れ去られてしまうことはない．しかし，ヒッタイト人とは誰なのか．1世紀前まで，誰もこの疑問に答えることはできなかった．彼らがかつて存在していたならば，ヒッタイト人は，旧約聖書がその名を記録しているヒビ人，ペリジ人，ギルガシ人，その他の民族とともに，消えてしまったのであった．

しかし，ヒッタイト人はしばしば，カナン（イスラエルが約束の地を征服したとき滅ぼすはずの諸国）を占拠していた国々の一つとして述べられているだけであるが，上記の出来事や，その他にもソロモンが馬を「ヒッタイトのすべての王たちとシリアのすべての王たちに売った」と語っていることなどから，彼らはもっと重要な民族であったことが示唆されている．

にもかかわらず，彼らが知られていなかったことと，しばしばその他の未知の民族グループと一緒にあることから，注解者の中にはそれを誤りに違いないと信じる人々がいた．少なくとも第二列王記7章においては聖書の歴史家はアッシリア人を意味していると考えた．

しかしながら，1876年にA. H. セイス（Sayce）の研究によって，ヒッタイト人の再発見が開始された．英国の学者セイスは彼の生涯の大半をエジプトと近東における旅行に費やした．毎年春になると彼は，ナイル河に浮かぶ彼の屋形船から彼の講義の責任を果たすためにオックスフォードに

19世紀の終わりまで，聖書以外では，ヒッタイト人について何も知られてはいなかった．彼らの再発見は考古学の最も顕著な功績の一つである．この彫像は前18世紀のもので，後代のヒッタイト王のものである．

戻った．セイスは，ハマとアレッポにある中世の建物の中で再利用されている石ブロックの上に絵文字があり，それがトルコの岩の上に刻まれている文字と同じものであることに気がついた．1876年，彼はこれらの文字を旧約聖書のヒッタイト人，そしてエジプト文書で「ヘタ（Kheta）人」と呼ばれている人々と関連づけた．

エジプト人の言及から，ヘタ人が大勢力であったことは疑いもなかった．ヘタ人のある王は，ファラオ・ラメセス2世と対等の条約を結んだ．アナトリアを歩き回っていた探検家たちは今や，これらの彫刻類とトルコ平原に散らばっている古い都市の廃墟とにもっと関心を払い始めた．

最大の廃墟は，アンカラの真東，約16 kmにあるボガズキョイと呼ばれる場所であった．その地域の人々は，そこで発見した粘土板の破片を外国人訪問者に売っていた．その粘土板の文字はバビロニア文字であったが，言語はそうではなかった．同じ言語で書かれたもう二つの粘土板が1887年にエジプトで発見された．バビロニア文字で書かれ，一つはヒッタイト王からのものであった（「ヘブル人の親戚なのか」を参照）．しかし，数年間学者たちはその言語を解読できなかった．

ボガズキョイはヒッタイト人についてもっと研究するには際だった場所であった．1906年，H. ヴィンクラー（Winckler）に

約3500年前の石のライオンが，トルコのボガズキョイの近くにある古代ヒッタイトの首都ハットゥシャの入口通路を守っている．

率いられたドイツの調査隊がその廃墟を掘り始めた．成果はすぐに現れた．貯蔵室の並ぶ焼けた廃墟に，火で焼かれて堅くなった1万枚以上の楔形文字粘土板があった．最も驚いたのは，その文書の一つがラメセス2世とヒッタイト王との間に結ばれた条約のバビロニア語版であったことである．これは，他のバビロニア語文書とともに，ボガズキョイが強力な王国の首都であることを立証することになった．その古代の名前はハットゥシャであった．

その歴史の概略と，前1400年から前1200年の期間の王の名前とは，そのバビロニア語粘土板からただちに明らかになった．ヒッタイトの書記たちは国家の記録と国際間の通信のためにはこの言語を用いたのである．彼らは有能な人々であり，その中には翻訳の専門家たちもいた．バビロニア語に加えて，楔形文字粘土板には他に六つの言語が用いられていた．最も重要なのは，今日ヒッタイト語と呼ばれている言語である．それは国家文書の中にアッカド語とともに書かれているし，宗教的文書と行政上の記録に広く用いられていた．

ヴィンクラーの発見後，10年以内に，チェコスロバキア人の学者ベドルシフ・フロズニー（Bedrich Hrozný）はその粘土板を研究して，そのヒッタイトの言語はギリシア・ラテン語，フランス語，ドイツ語，英語と同類であり，印欧語族の一つであるという結論を発表した．もう一人の学者が数年前に，エジプトで発見された二つの粘土板に関して同じことを示唆していた．誰も彼の言うことを信じなかった．そして，人々はフロズニーを信じることに躊躇していた．しかし，研究が進み彼の正しさが証明された．ヒッタイトは今や印欧言語研究とそれを話した人々の歴史研究の中心的位置を占めている．

ボガズキョイの粘土板で用いられていた他の諸言語は，一つはヒッタイト人以前の住民たちが話していた言語，二つはヒッタイト語と関連した言語（そのうちの一つはルウィ語で非常に広範囲に用いられた），そして，東トルコと北メソポタミアで話されたフリ語である．フリ語を話す人々は，ヒッタイト王国の中で大きな役割を果たした．2，3の慣用句だけしか残っていない七番目の言語は，サンスクリット語に関連している．

内容と言語との多様性においてボガズキョイの粘土板に優るものはない．その都市における他の諸発見は，ヒッタイト人の文化と技術をさまざまな形で明らかにしている（ヴィンクラーによる発掘は1906年から1912年まで続いた．それは1931年にK．ビッテルのもとで再開され，1939年に中断されたが，1952年以来ずっと継続されている）．

その都市ハットゥシャは120ヘクタール以上に及ぶ．頑丈に積み上げられた石とレンガの城壁がその町を守っている．歩哨に対する訓令が文書保管所の文書にあった．東側には補強された砦となっている高い岩壁がある．

市街地には，五つの神殿が発見された．最大の神殿（64×42 m）は立ち並ぶ貯蔵庫に囲まれている．それらは疑いもなく神に捧げられた奉納物を蓄えておくためであった．相当な組織を維持するために職員を配置する必要があった．文書には祭司たちが行なった祭儀と式典の詳細が書かれてある．儀式に王が参加することもあった．新しい神殿を清めるために，あるいは罪の汚れから人を浄化すめるために，長い凝った礼拝が行なわれた．

旧約聖書学者の間では，出エジプト記，レビ記，民数記，申命記のヘブルの法典はあまりにも進歩していて複雑すぎるので，前1250年以前のモーセの時代としては早すぎると主張するのが普通であった．しかし，ボガズキョイ文書，エジプトからの文書，それに最近ユーフラテス沿岸のエマルでフランスの発掘から出てきた文書はこれらの主張に対して明らかに異論を唱えている．すなわち，イスラエルの律法が記述している儀式は前2000年期後期の世界において異質の物ではないのである．

その都市の入口のそばに，敵を中に入れないための魔術的肖像である石に刻まれた

ライオンが立っている．その近くにある狭い峡谷に，一つの神殿が造られているが，それは岩壁にその像が刻まれている神々と女神たちのためであった．岩壁に刻まれた他の彫刻類と石の彫像は，ヒッタイトがアナトリアの数カ所を支配していたことを主張している．

　ヒッタイト人は，彼らの覇権を前1750年以来確立していた．前1380年頃から前1200年までヒッタイトの支配者は，東はエーゲ海，南はダマスコまで，数多くの諸王の上に君臨する「大王」であった．この広範囲に及ぶ帝国によって，ヒッタイト人の名前は古代において有名であった．ヒッタイトの君主たちは，自分の家臣たちをコントロールするために，属国の諸王たちと契約を結んだ．このような契約が，完全なもの，部分的なものを含めて，ボガズキョイの粘土板の中から24個つなぎ合わされた．1931年に行なわれたその分析によって，契約の基本的構造が明らかになった．そして，これは旧約聖書における契約を研究するための実り豊かな基礎を提供することになった（「条約と契約」参照）．

　ヒッタイトの彫刻の上に，また粘土板に押された印章の上に，私たちはヒッタイト象形文字として知られる絵文字の型を見ることができる．これらの象形文字はエジプトの象形文字に似ているように見える．そして，ヒッタイト人はエジプト人からその考えを借用したのかもしれない．しかし，その文字は同じではない．2，3の例において，そのほとんどは王の印章においてであるが，象形文字は王の名前と称号を書くために，バビロニアの楔形文字と並記されている．

　バビロニアの文字を鍵として用いることによって，その象形文字の記号の音価がいくつか明らかになってきた．1947年にカラテペと呼ばれる場所でヒッタイト語とフェニキア語が並記された，もっとずっと長い文書が発見され，象形文字の理解は確かな足がかりを得ることになった．

　ハットゥシャおよびヒッタイト帝国は前1200年以後，東地中海の多くの地域を苦しめた騒動によって，急速に終わりを遂げた（「ペリシテ人」を参照）．ヒッタイトの伝統は長く続いた．アナトリアと北シリアの小国家では地域の王たちが，引き続きヒッタイト象形文字とルウィ語でその碑文を前700年（カラテペ碑文の年代）まで書かせた．これらの王たちの中には，その祖先をヒッタイト帝国まで遡ることができる者もいる．ある者は全然ヒッタイトとは関係ない．しかし，他の古代の諸国にとって，アッシリア人とヘブル人にとって，彼らはなおヒッタイト人であった．

　ダマスコの軍隊がサマリアから逃げ出した当時，その少し北方，オロンテス川のハマに強力な「ヒッタイト」の王がいた．彼ならばダマスコを脅かすことができた．特に彼が他の王たちと同盟を結んでいたならば．これが聖書の歴史的記録の背後にある現実である．

　ヒッタイト人の再発見は近東の考古学の注目すべき結果の一つである．

前18世紀のヒッタイト人の中心地カルケミシュから出てきた浅浮き彫りが示しているのは，赤ん坊の王子が乳母の腕に抱かれているところで，近くにヤギがいるのはおそらくミルクを与えるためであろう．ヒッタイト象形文字はその王子の名前と称号を記している．

条約と契約

　古代の王たちは，自分たちの隣国をいつも信用していなかった．彼らは王国を奪取するために攻撃をしてくるのではないか．あるいは，彼らはもっと遠距離の敵による攻撃を受けやすいのではないか．安全を確保する一つの方法は隣国と仲の良い間柄であること，そして境界と相手の利害とを侵さないことであった．強力な王たちであれば「同等の条約」によって互いに対等に条約を結ぶかもしれない．相手が弱小の王たちなら，彼らを説得あるいは強制して，「宗主権条約」によって彼らに自分を支配者として認めさせるかもしれない．

　ボガズキョイにある廃墟となったヒッタイトの首都から発見された粘土板によるならば，少なくとも24の条約文書がある．そのいくつかは保存状態が非常に悪い．その一つは前1259年にエジプトのラメセス2世とヒッタイトのハトゥシリ3世の間で結ばれた有名な条約である．これは対等の条約である．王たちは仲間であった．彼らは互いの利益を尊重し，互いに戦わず，共通の敵に対して互いに助け合い，亡命者を送り返した．

　この条約と対になるエジプト側文書は，カルナク神殿の城壁に象形文字で刻まれていた．エジプト版では銀の碑銘板の詳細な記述を含んでいた．そこには条約の条件が刻まれ，その上に王の印章が付されていた．人間はけっして互いを十分に信頼することはできない．そこで，将来条約の条件を破るエジプトとヒッタイトの将来のどの王の上にも正式ののろいが宣言された．両国の神々がその証人として，またその保障として呼び出されている．

　宗主権条約はもっと一般的である．大王が保証を与える見返りに，下級の王たちは，大王の敵たちとまた大王の知らない諸外国といかなる取り引きもしないという忠誠を約束する．もし大王が戦争に行くなら，下級の王は大王の軍隊のために人的支援をし，そして，毎年彼は大王に税を納めた．また彼は大王の領土からの亡命者を送り返すことが求められた．しかし，大王の方は彼の領土からの亡命者を保護することができた．

　この条約は1931年に注意深く分析された．すべてが同じ基本的形式に従っていた．序文の後，この条約を結ぶに至った出来事が記録され，それから，条約の要求事項，その保管，公けの朗読についての取り決め，証人たちの名前，それを守るすべての者に対する祝福，そして，それを破る者に対する恐るべきのろい．これは厳格な形式ではない．ある要素は取り除くことができたし，また違った順序で置かれることもある．しかし，明らかにこれが通常の配列である．1954年に至るまで，旧約聖書学者G. E. メンデンホールはこの条約の形式が旧約聖書にもあることに気がつかなかった．条約自体はそこで引用されていないが，それは長々と報告されている．神がイスラエルと結んで，民を神の保護のもとにある国として確立した条約あるいは契約の記事は，特に広範囲にわたる．部分的には出エジプト記20章から31章にある．そして，申命記には完全な契約の更新がある．ヨシュア記24章にも条約の基本的形式が見られ，それらは創世記31章43節から54節，その他の聖書箇所に見られる．

　ヒッタイト文書とヘブル語聖書とにこの形式が現れることの重要な意義は，年代に関してである．前1200年後まもなく，ヒッタイト帝国は終焉を告げた．その他の条約（それらは前8世紀以降のアッシリア語とアラム語文書に現れる）を私たちが研究できるようになったとき，その形式は変化していた．その頃になると序文は証人の名前の後に来ている．それから要求事項が，そしてのろいが続く．順序に関しては多様である．条約を結ぶに至った出来事は省略されている（非常に保存状態の悪い一つの粘土板条約にはそれがあるかもしれない），そして，祝福は全部欠如している．

　それを攻撃するさまざまな試みにもかかわらず，ヒッタイト条約と聖書の最初のモーセ五書に現れる条約との比較は説得力を保っている．このことは，モーセ五書がみなヒッタイト条約と同時期に書かれたことを立証しないまでも，その可能性が高いことを示している．多くの注解者たちがしているように，もし聖書の本文が現在の形で存在するようになったのは，モーセより600年も後代であると仮定するならば，イスラエルの中に古い形式の残存物を要求することになる．その形式はイスラエルとユダの王たちが，ダマスコのアラムの王たち，アッシリアとバビロンの王たちと結んだ条約の形式とは違ったものである．この問題には年代に関して，また形式と言語の比較に関してさらに研究が必要である．

ヘブル人の親戚なのか

あるエジプト農夫の妻は，1887年，村の近くの小丘をせっせと掘り返していた．彼女は畑を肥やすのに都合が良い泥灰土を探していたのである．泥灰土とは古い町から出たゴミとレンガの腐食したものである．

時々，村人がその小丘を掘ると廃墟に残された品物を発見することがあった．彼らはそれを数ペンスで古物商に売ることができ，古物商はヨーロッパの収集家たちに売るためにカイロに持っていった．彼らが好んだのは，石に刻まれた彫刻，装飾のあるガラス製品，金属の彫像，小さなカブト虫型のお守り「スカラベ」である．

その女性が掘って行くと，彼女は堅い粘土製のランプに数多く出合った．それらは彼女にとっては無用である．彼女はこのような物を以前見たことがなかった．その隣人が彼女から数ペンスでそれを買った．

粘土のランプは，実際は楔形文字粘土板であった．そして，400枚あるいはそれ以上あった．いくつかがカイロへ持っていかれた．しかし，そこにいる誰もが，それが本当に古い物かどうか確信がなかった．いかなる楔形文字の粘土板もエジプトでは以前見つかったことがなかった．それで半信半疑と疑いは当然のことであった．

2－3週間，エジプトのディーラーたちは，高く売るために，その粘土板のうわさを国内で触れ回った．1887年の末にウォーリス・バッジが大英博物館から到着した．彼は，博物館の収集に加えるべきであると彼が考えた物は何でも買うことができる指令を携えていた．彼は，パピルスと珍しい粘土板との新しい発見のうわさを聞いて，カイロから汽車で南下し，さらにアシュートで蒸気船に乗り換え，ナイル河を上ってルクソールまで行った．

そこで，あるディーラーが彼のところへ数枚の粘土板を持ってきた．バッジはそれらが彼のよく知っているアッシリアとバビロニアの粘土板とは違っていることに気がついた．しかし，彼はそれらが偽物ではないことを確信していた．もう一組が彼のもとに届いたとき，彼はそれらが前14世紀にエジプトの王へ宛てられた手紙であることに気がついた．

彼はその82枚を購入した．それは，エジプト中を密輸されて現在ロンドンにある．199枚の粘土板はベル

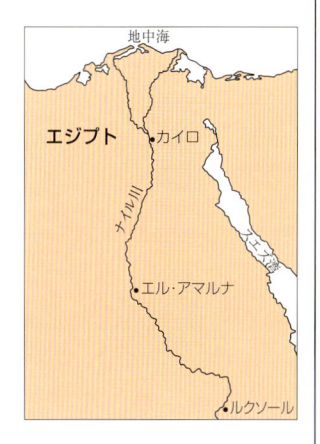

エジプトのエル・アマルナで文書記録と同時に絵記録が発見された．

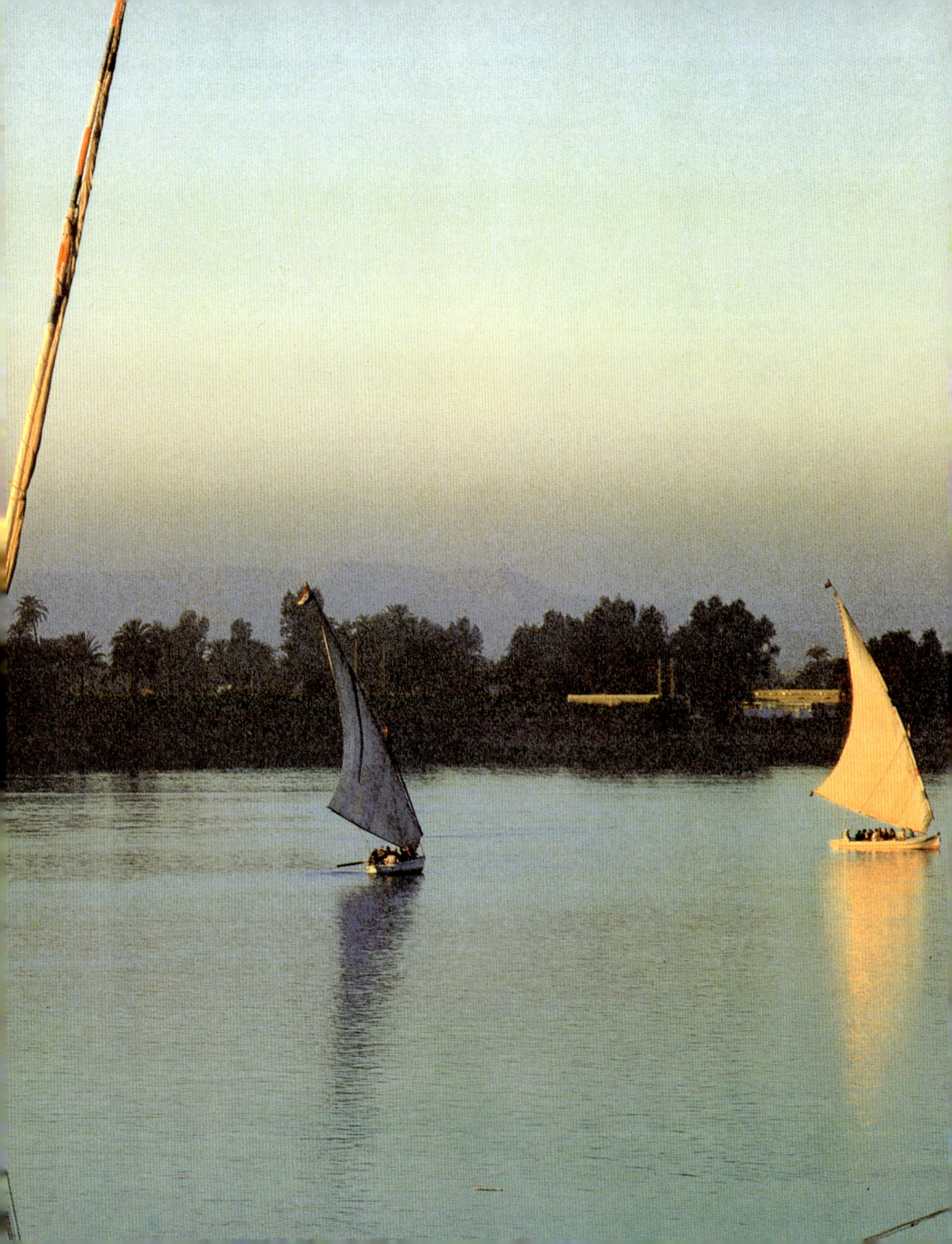

リンの国立博物館へ移され，50枚はカイロに留まった．20枚くらいは他のコレクションの中で眠っている．現在知られている総数は378枚である．

農夫の妻の発見からこれらの博物館に納められるまでの間に，いくらかの損傷が起きた．そして失われた粘土板の数は未知である．ある大きな粘土板に関しては一つの物語がある．その所有者はそれをカイロに持っていった．彼は汽車に乗るとき，その粘土板を洋服の下に隠していた．彼は，滑って転び，粘土板は地に落下して砕けてしまった．彼はほとんどの破片を拾い集めた．それは現在ベルリンにある．それは，外国の王女がファラオと結婚するために持って行った貴重な品々のリストである．

その発見があった遺跡エル・アマルナで行なわれた発掘によってさらにいくつかの壊れた粘土板が発見された．ファラオ・ツタンカーメンのもとでエジプトの政府が古都に戻ったとき，その粘土板はみな取り残された．明らかにそれらは外務省から不必要とされた書類であった．

近東全域の王たち，王子たちはみなファラオに手紙を書いた．そして彼は時々バビロニア語で返事を出した．アッシリアとバビロニアの王たちが書き，シリアとカナンの王子たち，ツロとベイルート，ハツォル，ゲゼル，そしてエルサレムのような諸都市の支配者たちが書いた．それは国際関係，地域的諸問題，カナンの王たちの忠誠を語っていた．ファラオに対する忠実さを主張する者は，最も厳しくその隣国の不忠実なことを告発していた！

これらの支配者たちが直面していた一つの問題は，町々を襲い，周辺地方を暴れ回っていた外国人の脅威であった．彼らは山賊，犯罪集団，あらゆる種類の逃亡者であった．彼らは羊を飼う普通の遊牧民族ではなかった．その手紙の筆者たちは彼らのことをハビル（Habir）と呼んでいた．この語がアマルナ粘土板の中に見つかったとき，今も決着がついていない論争が始まった．カナン人と戦っているこのハビルとは，旧約聖書のヘブル人のことなのか？

多くの人々が考えているように，もしイスラエル人が，前13世紀にカナンへと移動したのであれば，アマルナ粘土板のハビルは彼らではありえない．なぜなら，その粘土板は1世紀前のものだからである．他方，もしエジプト脱出の年代が前1440年頃に置かれるのであれば，ある人が好むように，ハビルはヘブル人と同一でありうるであろう．

その手紙に言及されている事件と民族とが，旧約聖書のそれとなんらかの関係があったということは何も確立されていない．その場所はよく知られているが，それぞれの資料に登場する王たち，王子たちは違っている．その背景も違っている．というのは，パレスチナからの手紙はすべてエジプトの属国の支配者からであり，それはヨシュア記と士師記の背景ではないからである．

アマルナ粘土板がハビルを有名にしたことによって，ハビルに言及しているもっと多くの文書が現れた．ハビルはエジプト，ヒッタイト，ウガリト（「征服されたカナンの諸都市」を参照），バビロニアの記録に現れる．彼らは大勢で脅威であった．個々人としては彼らは重要ではない．エジプトの将軍たちは，彼らをカナンで捕虜にし，彼らはエジプトで奴隷として石を運んだり，食卓でぶどう酒を給仕したりした．バビロニアでは彼らは食糧と庇護の引き換えに進んで奴隷となった．

彼らは前1500年と前1200年との間に書かれた文書に最もよく登場する．しかし，彼らはバビロニアでは200-300年前に現れる．これらの文書をすべて結び合わせると，ハビルとは家なき人々，難民を指す名称となったことを示している．

アブラハムと彼の子孫はその範疇にはいる．ヘブルという名前はおもにイスラエルの歴史の初期の時代で使われ，サウルの治世まで続いた．ハビルはヘブル人ではないが，彼らはヘブル人が何者であったかを説明する助けになる．

カナンの王たちによってエジプト・ファラオに宛てられたエル・アマルナの粘土板は，うろついている外国人の一団，ハビルが攻撃してくる問題を述べている．彼らは旧約聖書のヘブル人なのか．

最初期の時代からナイル河はエジプトの大高速道路であり，左右に展開する砂漠を通過する回廊地帯を成している．

ツタンカーメンの秘宝

　カーナヴォン卿は，巨万の富を持っていた．しかし，彼はすでに2000トンのエジプトの砂と石を移動させるために代金を支払っていた．そして，6カ月の発掘が過ぎたが，何も見つからなかった．それは価値のない徒労の連続であった．彼は，その仕事を止める決心をしたことをハワード・カーターに告げるために，彼を本国に呼び戻した．その発掘を提案し指揮していたのは，ハワード・カーターであった．なぜなら彼は王家の谷に，まだ発見されていない王墓がひとつあることを確信していたからである．歴史が伝えるすべての支配者たちの墓が，そこにはある．ただ一人の例外を除いて．それがツタンカーメンである．

　カーターは，彼のパトロンが最後の試みを支援してくれるように説得した．その谷底の多くの部分が瓦礫を取り除かないで残されているわけではなかった．ちょうどひとつの地区だけが，いまだ調査されずにそのまま残されていた．その場所は放置されていたので，旅行者たちはすぐ他の墓を訪ねた．確かにそこを発掘するのは，価値のあることだったのである．そこで，1922年11月にハワード・カーターは彼の仕事に戻った．すなわち彼の勝利に向かって．

　作業員たちは，石と，他の墓の建築者たちが造った小屋の廃墟を取り除いた．それらの下に，岩を掘り抜いた下降階段があった．階段を16段降りていくと，そこには封印された出入口があった．封印のいくつかはツタンカーメンの名前を持っていた．大昔に墓泥棒たちが侵入していたが，王家の墓地管理者たちは，彼らが造った穴を塞いでしまっていたのである．はたして，泥棒たちは何か価値あるものを残したであろうか．入口の向こう側に約9mの通路があった．そして，もう一つの封印された出入口があった．

　11月26日にカーターが，塞がれた部分に一つの穴を開け，そしてローソクで内側を照らした時，カーナヴォン卿，彼の娘，そして一人の助手はカーターに見せてくれるようにせがんだ．彼は何を見たのであろうか．

　「驚くべき品々だ」と彼は答えた．

　カーターは，四つの地下室のうちの最も広い部屋を見ていた．3部屋は品物（王が死後の生活において必要とする諸道具）で詰まっていることがわかった．4つ目の部屋は王の遺体を収容していた．

　墓泥棒のあけた穴と，墓から運び出せる貴重品を探し回った泥棒の騒動とによって，ツタンカーメンのほとんどの秘宝が，何世紀も前に，埋葬の直後に，どのように

1922年11月ハワード・カーターは，封印されていた入口，彼と最も高価な秘宝とを隔てていた入口を貫通させた．過ぎ去った世紀の墓泥棒たちはエジプトの王ツタンカーメンの埋葬室を発見することができなかった．入口でロウソクを持ちながらカーターはその中の「驚くべき品々」を見ることができた．それはこれまで手つかずで発見された唯一のファラオの墓であった．

破壊されてしまったかがわかる．寝ずの番をしていた古代の見張人たちはその裏をかいた．まもなくその入口は谷底のがれきの下に消えた．そして，その後の労働者たちの小屋がそれを完全に隠してしまった．エジプトの偉大な王たちのすべての墓が略奪の被害を受けたが，それほど重要ではないファラオの墓が略奪を逃れた方法はこのようなものであった．

ツタンカーメンの墓は，国家の隆盛期に，

卵からかえった雛鳥もツタンカーメンの墓から出てきた宝の一つである．

前14世紀のエジプトの若きファラオ・ツタンカーメン王は，王のミイラ（墓からの宝の一つである）のために造られた壮麗な黄金マスクによって今日有名である．

犬は「ミイラ化」と「再生」の神である．エジプト神アヌビスを象徴しており，ツタンカーメンの墓の入口を守っていた．

エジプトの王たちが享受していた栄光の輝きをかいま見させてくれる．戦利品，あるいは貢ぎ物として外国からまたエジプトの南部の金鉱からやってきた，黄金がその秘宝の中に溢れていた．ツタンカーメンの墓は，王に栄誉を与えるために黄金がどのように用いられたかを教えてくれる．

カーターが最初に見たものは，金色の木製のベッド，金色の彫像であり，その他黄金で飾られた家具類であっただろう．それらが徐々に運び出されるにつれて，考古学者たちは，発見された品数の多様さ，技量の高さ，高い芸術性に絶えず驚かされた．

たとえば木製の王座である．その足先にはライオンのかぎ爪が付いており，正面最上部はライオンの頭を戴き，全体は黄金で被われている．そのひじ掛けは王を守っている有翼の蛇のように曲がっている．黄金の板金で被われた背もたれは，座した王に寄り添う王妃を描いている．その黄金の光沢は，銀とガラス（それは青，緑，赤みがかった褐色で彩色されている）で飾られた細部によって引き立っていた．

装備を取り外された二輪戦車4台が，墓の中におかれていた．木製の車体の一つは，黄金に包まれている．その黄金は打ち延ばされ，エジプトの敵がひと束にされた光景が彫られている．この死んだ王は，黄金と半宝石でできた，多くのすばらしい装身具類も持っていた．また黄金の塊である短剣，当時として稀有な鉄の刃を持ったもっと実用的な短剣も持っていた．29本の弓が墓に眠っていた．そのいくつかは束ねられ，黄金で被われていた．貴重品のカタログは果てしなく続いていた．

すべての中で最も驚くべきもの，最も有名なものは，全体が黄金の棺とファラオの遺体を包んでいた黄金のマスクである．4番目の部屋の内側（「ツタンカーメン，幕屋，契約の箱」を参照）には黄色の石棺があった．この石棺の中にはミイラの形をした，金箔で被われた木製の棺がもうひとつあった．その二番目の木製金張りの棺は最初の石棺の中にぴったり収まっていた．そしてそれがあけられたとき，驚嘆すべき黄金の棺が出現した．その金属板は厚さ2.5 mmから3 mm，人体の形に打ち延ばされ，第二番目の棺と同じように，彩色ガラスと貴石がはめ込まれていた．遺体はミイラ化され，その上に，注意深く巻かれた包帯の層の間に，何ダースもの魔除けと貴金属にはめ込まれた宝石とがある．

要するに王の墓には王が必要とした，あるいは彼がその生涯で用いたすべてのものが備えつけられていた．それは彼の霊が，次の世界においても同じ生活様式を維持できるためであった．その霊の幸福を確保するために種々の魔術文書が墓に刻まれ，神々と女神たちの肖像がその中に彫られた．すべて適切で，死者ツタンカーメンを益するすべてのことが細心の注意を払って行なわれた．

彼は前1350年，モーセの生涯の100年間に死んだ．それゆえ，私たちは彼の墓の中にモーセが教育を受けたエジプトの宮廷の生活様式と，彼を取り囲んでいた贅沢品を見ることができる．一般的エジプト人はこのような豊かさとは無縁であったが，さまざまな発見により，相当数の王室高官，兵士，行政官たちがそのような豊かさにあずかっていたことは明らかである．

イスラエル人が，10番目の災いの後エジプトを去った時，主にこのような人々から取った金銀を「拝借」したのではないかと私たちは推測する．

出エジプト記12章は記録している．「イスラエル人はモーセが言った通りに行なった．エジプト人に金銀の宝石，それに着物を要求した．主はエジプト人が民を敬うようにしたので，エジプトは彼らが要求したものを彼らに与えた．こうしてイスラエル人はエジプト人の富を持ち去った」．

出エジプト記38章によれば，後にイスラエル人は荒野で約30タラントの金を幕屋の装飾のために（「ツタンカーメン，幕屋，契約の箱」を参照），そして備品造りのために捧げた．タラントを約30 kgとすると，これは合計約900 kgとなる．

この数量の大きさを疑う人々がいる．しかし，ツタンカーメンの秘宝と比べてみる

ツタンカーメン王の背もたれの内側には王と王妃が描かれている．王座は木製で，きらきら輝く金，銀，青いファイアンス陶器，方解石，ガラスが埋め込まれている．これはエジプトの最も豪華な秘宝の一つである．

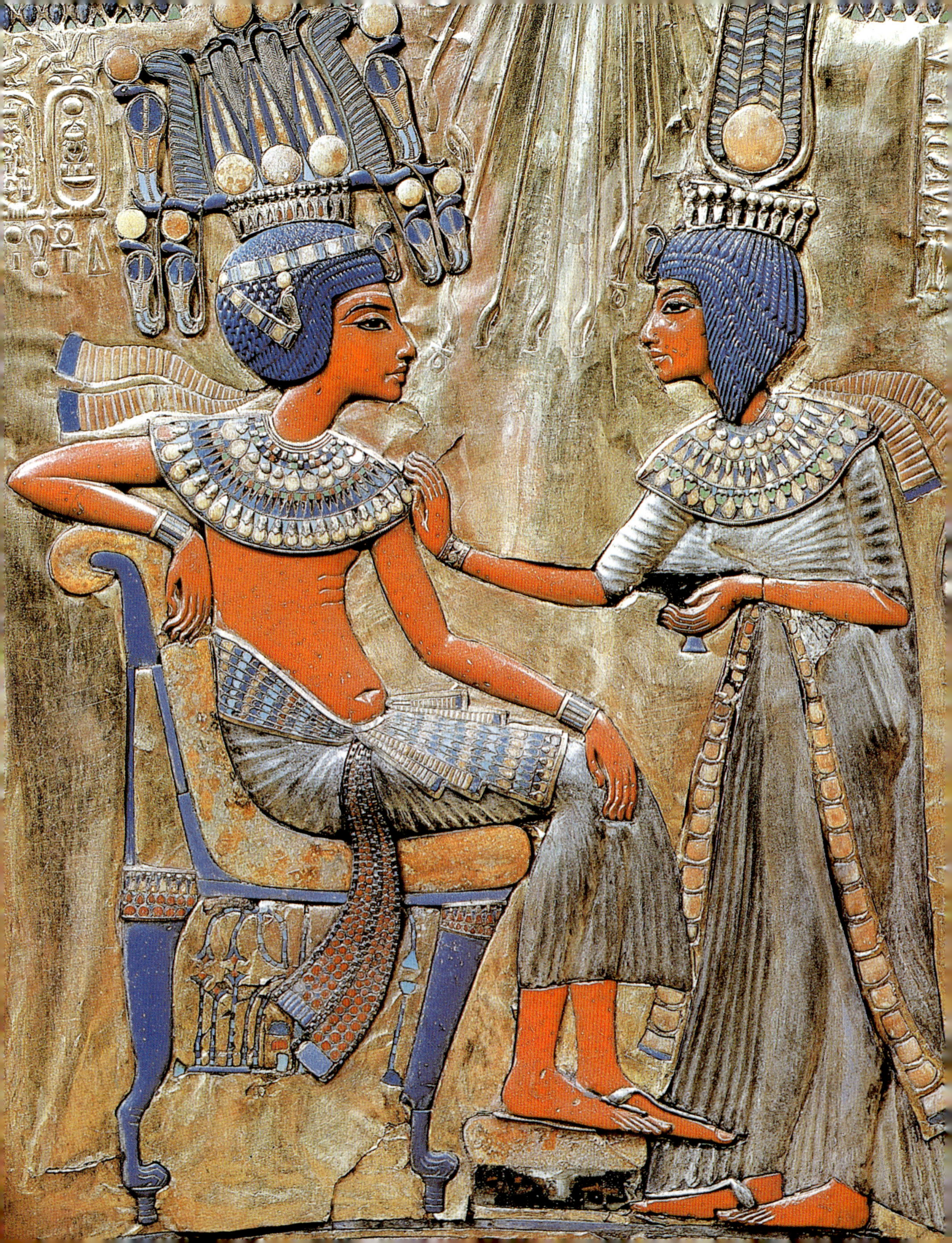

テーベにあるツタンカーメン王の墓から出てきた木箱には，生涯の情景が描かれている．戦車上の王は彼の敵に向かって馬を駆り立てている．そのふたには猟をしている王が描かれている．

と，けっしてありえないことではない．その黄金の内棺は重さ約110 kgであり，3.5タラントよりも幾分多い．そして彼の墓には数多くの金製品や金のはめ込まれた品々がある．その金箔の重さを測ることは不可能であるが，もし180 kgが墓の中の金の総量としては適当な推測であれば，それはイスラエル人が持ち去った総計の1/5に相当する．

ツタンカーメンの秘宝は，すべての考古学的発見の中で最も壮麗なものである．この発見と旧約聖書との直接的な関連がなくても，それはエジプトの富とエジプト脱出物語の背景を説明している．それはまた入手可能な金の数量と，それがいかに使用されたかを論証している．

ツタンカーメン，幕屋，契約の箱

　ツタンカーメンの秘宝は，聖書に書いてある二つの事柄をもっとはっきりと理解する助けとなる．両者とも出エジプト記の年代，すなわちツタンカーメンの埋葬から100年以内のものである．

　一つは「幕屋」，すなわち神が臨在する聖所である．これは組立式の構造で，分解して，ある場所から他の場所へその部品を運搬し，再び組み立てることができた．その壁面は一連の木板であり，その木板は横棒によって結合され，横棒はリングによって縦柱に結び合わされていた．

　木材部分はすべて金で被われ，柱は銀の台座の上に立っている．10枚組の幕は，鮮やかに刺しゅうされ，その側面に垂れ下がり，骨組みの上部を覆っている．

　雨に耐えられるように，皮革製のカバーが全体を被っていた．

　エジプトの工芸職人たちは，組立式のポータブル・テントと聖所を何世紀間も造っていた．その一つは，埋葬が行なわれた前2500年頃から発掘された後1925年まで，ある王妃の墓の中にあった．金張りの木製骨組みは，王妃が旅行するとき幕を張った宿泊所となった．

　ツタンカーメンの墓の中には金張りの木製聖所が四つあり，王の遺体を守っていた．最も大きい物は，長さ5m，幅3.3m，高さ2.3mである．二番目の聖所は最初の聖所の内側に，三番目は二番目の内側に，四番目は三番目の内側にはまっていた．側面はそれぞれ木製の枠に，金張りの彫刻板がはまっていた．

　請負人は，1.6mの広さの墓の入口通路に沿って，各部品をばらばらに持ち込んだのである．そして埋葬室で組み立てた．急いだために，部品が全部ぴったりあっているわけではない．

　第二の聖所を被っているのは亜麻布のベールで，金めっきした青銅のヒナギクで飾られていた．それは星空を象徴している．二つの聖所は非常に古い古代の屋根の様式をよみがえらせてくれた．それらは金で被われた木材で造られているが，ずっと以前，エジプトの歴史の初めにおいて，主たる女神の神殿の屋根は，優美な木製の骨格を動物の皮で被ったものであった．そして，その二つの神殿をもっと優れた材質でよみがえらせたのがこれであった．

　これらはどれもイスラエルの幕屋と同じではないが，幕屋のアイデア自体，またそれを造るにあたり用いられた組み立ての方法が，出エジプトの時代にエジプトにおいてすでによく知られていたことを示している．

　ツタンカーメンの墓が説明してくれる第二番目のことは，契約の箱である．これはイスラエルの憲法の基本的契約書，民が従うことを約束した神の律法を納めている箱であり，それは幕屋の内殿に保存されていた．金のリングが四隅につけられ，そこを担ぎ棒が通っている．

　またツタンカーメンの所有品の中には，見事な指物類の木箱があった．それには，担ぐための棒が付いている．多分，それは重たい王の衣装のために造られたのであろう．担ぎ棒が片側に2本ずつ，計4本付いている．その箱が静止しているときは，その棒が突出しないように箱の下のリングの中に押し込むことができる．各棒は末端部に留め具をもっていて，箱の底部から棒が引き抜けないようになっている．これは契約の箱よりもう少し複雑ではあるが，構造はよく似ていることを示している．

ツタンカーメンの墓で発見されたリングと担ぎ棒の付いた木箱．それは，神の律法が運ばれた聖なる箱，聖書の「契約の箱」を例証している．

ツタンカーメン王の墓の中では，四つの，金張りの聖所がミイラとなった遺体を守っていた．それぞれが他の聖所の内側にはまるようになっており，そして分解できるように作られていた——イスラエルの幕屋のように．

エジプトのレンガ野原にて

エジプトの訪問者たちは，カイロ近郊の巨大なピラミッドの前で驚いて立ちすくむ．それからナイル河に沿って322 km以上南下して，カルナクの大神殿を見る．これらの巨大な建造物は石で建てられている．組織化された労働者の集団が，ナイル流域の端にある丘で石を切り出していた．そして，彼らはソリと船によってその石を建設現場まで運んだ．そこで石工たちが資材とするために形を整えた．

その石造建築は今なお旅行者を圧倒しているが（昔からそれらを訪れる旅行者たちがいた．スフィンクスとピラミッドは，すでにモーセの時代に人々を引きつけていた），古代エジプトにおける一般的な建築材料はレンガであった．

毎年，ナイル河の水位は約7.5 m上昇し，その流域に洪水をもたらした．洪水は6月に始まり，10月の終わりから水量が徐々に減る．その河は，エチオピアの山脈から勢いよく流れ出る時，大量の泥を水中に含んで運んでくる．水がゆっくりとエジプトを横切るとき，この肥沃な黒土が地面の上に留まり，この国土に大きな豊作をもたらす新しい土の堆積を残していくのである．彼らの周囲にどこにでもある土をエジプト人が建築に用いたのは自然であった．

彼らの最初期の小屋は単に葦を編んで土を塗ったものにすぎなかったであろう．この種の建物は，人々がレンガの長所を発見する前3000年頃まで，長い期間にわたって造られた．レンガの考案は，バビロニアのように，レンガがずっと早い時期に一般的であったシリアかパレスチナからエジプトにもたらされたのであろう．

レンガの作り方は単純である．労働者たちは適当な泥を掘り，それを庭に運んでいく．そこで彼らはそれを水と混ぜ合わせ，ちょうど良い濃さになるように踏みつけ，鍬でひっくり返す．泥だけでレンガになるが，刻んだわらを加えることで強く，また砕けにくくなる．1 m^{3}の土に，今日で約20 kgのわらが必要とされた．おまけに砂を混ぜた．

混ぜ合わせ，こねた後で，労働者はレンガ用泥をレンガ作りのところへ持って行く．労働者は，その泥を長四角形の木枠に詰め込み，地面にぺったりとつけ，それからその木枠を持ち上げて外し，レンガを乾かすために放置する．暑い日差しのもとで2-3日するとレンガは堅くなり建築に利用できるようになる．

その仕事はレンガが乾いたとしても，汚い．古代エジプトの書記は自分の専門職を他の何よりも優って誇っていた．労働者が惨めな時間を過ごしていることを次のように言っている．「卑しい建築者は土を運ぶ．……彼は自分の土を踏む豚よりも汚い．彼の衣類は粘土で堅くなっている」．

エジプトのレンガは，その組織の中にしばしばわらの小片を含んでいる．まだレンガが柔らかい段階で，特別な建造物に定められたレンガには刻印が付けられたかもしれない．ファラオか高官の名前と称号が木板に刻印された（「栄光，それはバビロン」を参照）．家を造るためのレンガは23×11.5×7.5 cmの大きさである．大きな建物のためには，最大40×20×15 cmまでの大きなものが用いられた．

いくつかの記録には公的建物を目的とし

古代の墓で見つかったこの模型は，前2000年頃レンガを作っているエジプト人を表している．

たレンガ作りが載っている．それは，一人のかしらの下にいる12名の労働者の名簿を記載している．あるケースでは，602名が3万9118個のレンガを作った．それでは一人がわずか65個である．現代の比率では，男4名のグループで一日3000個である．もう一つの記録には，さまざまなサイズの大量のレンガが載っている．5手幅のサイズが2万3603個，6手幅のサイズのレンガが9万2908個，合計11万6511個のレンガである．前13世紀の詳細な記録では男子40名が各々2000個のレンガを目標としていたことが記載されている．そして，実際に配達した数が記入されている．ひとつは「合計1360個で，370個の不足」である．達成できなかった罰が何であったかはわからない．

これらの記述のすべては，聖書が出エジプト記（1章と5章）で，イスラエル人が脱出の前にファラオ（パロ）のためにレンガ作りをしたことを述べているのと同じ状況である．

「エジプト人は，彼らを苦役で苦しめるために，彼らの上に労務の係長を置いた．イスラエル人は，王の倉庫の中心地としてピトムとラメセスの町を建てた．しかし，エジプト人がイスラエル人を苦しめれば苦しめるほど，彼らはますます多くなり，地にふえ広がった．エジプト人はイスラエル人を恐れるようになり，彼らに過酷な労働を強いることによって彼らの生活を悲惨なものにしようとした．彼らは建築計画に，畑仕事に彼らを酷使し，あわれみを示さなかった．

モーセとアロンは，エジプトの王のところへ行って，言った．『イスラエルの神，主はこう言われる．「私の民を行かせ，荒野で私のための祭をさせよ」』．『主とは何者か』と王は要求した．『なぜ私がその声を聞いて，イスラエルを行かせなければならないのか．私は主を知らない．私はイスラエルを行かせはしない』．モーセとアロンは答えて言った．『ヘブル人の神が私たちに現れてくださったのです．どうか私たちを荒野へ三日の道のりの旅をさせ，私たちの神主にいけにえをささげさせてください．もし私たちがそうしないと，彼は私たちを疫病か戦争で殺すでしょう』．王はモーセとアロンに言った．『なぜ民に仕事を

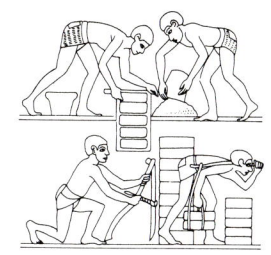

泥レンガの上面にファラオ・ラメセス2世の刻印が捺されている．彼の大建造物の計画にイスラエル人が奴隷として働いた可能性は大きい．

古代エジプトの墓の壁にレンガ作りの場面が描かれている．泥とわらの混合物が木製の枠に入れられる．太陽で乾かされ，建築現場に運ばれる．レンガ作りは汚い仕事であり，あきらかに奴隷の仕事であった．

カイロの郊外にある現代のレンガ「工場」では，今なお伝統的な手法と材質を用いている．すなわちナイル河の泥と，レンガを干す暑い日差しである．

さぼらせようとするのか．これらの奴隷たちを仕事に戻せ．お前の民はエジプト人よりも多くなっている．そして今やお前は仕事をやめさせようとしているのだ』．

その日，王はエジプトの労務の係長たちとイスラエルの人夫頭たちに命じた．『レンガを作るためにわらを民に与えてはならない．自分でわらを集めに行かせよ．しかし，これまでと同じ量のレンガを作らせるのだ．レンガを一つでも減らしてはならない．彼らはなすべき仕事が十分ないので，行かせて彼らの神にいけにえをささげさせてくださいと私に求め続けるのだ．これらの労働者の労役をさらに重くし，忙しくさせよ．そうすれば彼らは偽りの言葉に耳を傾けることはないだろう』．

労務の係長たちとイスラエルの人夫頭たちは出て行って，イスラエル人に言った．『王は，おまえたちにもうわらを与えないと言っている．お前たちが何処へでも出て行って，自分でわらを探さなければならない．しかし，お前たちは引き続き同数のレンガを作らなければならない』と．

そこで，民はエジプト全土に行ってわらを探し求めた．労務の係長たちは彼らが以前わらを与えられて作っていたのと同数のレンガを毎日作らせようとした．エジプトの労務の係長はその仕事の担当者であるイスラエルの人夫頭を打ちたたいた．彼らは要求して言った．『なぜお前たちは以前作っていたのと同数のレンガを作らないのか』と．

そこで，人夫頭たちは王のところへ行き，苦情を言った．『王様．なぜあなたはこのようなことを私たちになさるのですか．私たちにはわらが与えられていません．それなのに私たちはレンガを作れと命じられているのです．しかも今や私たちは打ちたたかれています．その責任はあなたの側にあります』．王は答えた．『お前たちは怠け者で働きたくないのだ．だから私たちの主にいけにえをささげるために行かせてくださいと求めるのだ．さあ，仕事に戻れ．わらは与えないが，お前たちは以前と同数のレンガを作らなければならない』．人夫頭たちは，以前彼らが作っていたのと同数のレンガを毎日作らなければならないと言われたとき，彼らの状況が悪化していることに気がついた．」

ここに泥とわら，型，人夫頭と労務の係長，それに日々の割り当てが出てくる．聖書の記述はエジプトの絵画や彫刻に残された建築・人物の背後に人間の苦難と厳しい労働の現実があったことを例証している．イスラエル民族が逃亡を願ったのは，少しも驚くことではない．

彼らの要求は彼らの神を礼拝するために出かけていく許可であった．それは普通のことであった．王家の谷でファラオの墓を掘っている労働者たちについての記述によれば，多くの労働者が宗教的な祭りと礼拝のために休みを取っていることが報告されている．

レンガを強固にするわらに関して言えば，イスラエル人の労働者たちは，ファラオに嘆願した後，自分で探さなければならなかった．遠隔地の国境部署の地位にある一人のエジプト人の役人が「レンガを作る労働者がいない，この地にはわらがない」と不平を漏らしている．

何千年にもわたって，労働者たちはエジプトでレンガを作ってきた．出エジプト記の記録とエジプトの資料とは前2000年期においてなされてきたそのプロセスと困苦を生き生きと描いている．

ファラオ・ラメセス2世の倉庫の町

エジプトの王たちが大建造物によって神々を讃えたいと願い，自分たちの名声を残そうとしたときは，彼らはいつも石材を用いた．なぜなら泥レンガの建物はそれほど長く持たなかったからである．石材は山から切り出され，町に運びこまれた．

このことは，彼らが北エジプトのナイル・デルタ地帯に建造物を建てようとするとき非常に高価な事業になった．そこで，前900年頃，国家の衰退期に支配したファラオがデルタに二つの町を建設しようとしたが，彼には新しい石材を用意する余裕がなかった．その代わりに彼の家臣たちは必要な石材を以前建てられた宮殿と神殿の廃墟から運んできた．

新しい建物はタニスとブバスティスに建てられた．タニス（現在のサン・エル・ハガル）の発掘によってオソルコン2世（前874−850頃）の建物から多量の，彫刻された石造物が発見された．その多くの石材には400年前に支配した大ファラオ・ラメセス2世の名前と称号がある．

それらが最初に発見された時，発掘者はラメセス自身がこれらの重要な神殿と宮殿を建てたと早合点した．ラメセスが自分の名前にちなんだピ・ラメセスという新しい都市をデルタに建設したことは知られていたし，イスラエル民族がそれを建てるために重労働に服したと考えられていた（出エジプト記1章11節を参照．もう一つの町ピトムがどこかは不明である）．

ラメセスの名前を刻んだ石ブロックはタニスに移送され，そこで再利用された．それは考古学者がファラオの倉庫の町の遺跡を特定するにあたって混乱を招いた．

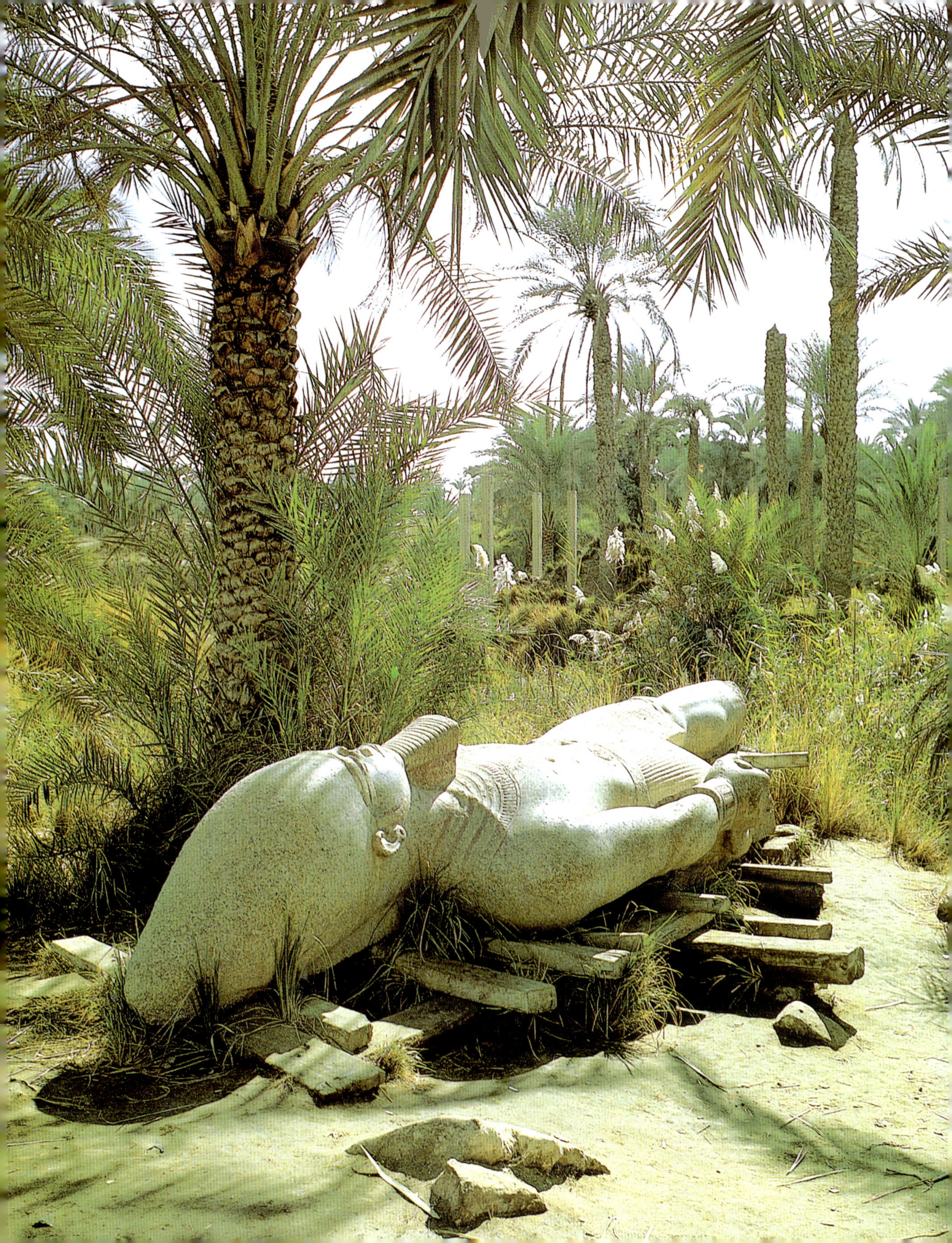

しかし，タニスにあるラメセスの石造物は明らかに初めからそこにあったものではない．いくつかの碑文は城壁の中で上下逆さまになっているか，あるいは，その城壁の内側に向いている．タニスの敷地にはラメセス2世が建てた建造物の基礎はどこにも見つかっていないし，適所に配置されている石材ブロックもないのである．

タニスでの発掘以来，もう一つの発掘が30km南下した場所（現在のカンティル）で行なわれていた．今日ではその地表にはほとんど何も見あたらない．

ときどき，上塗りされてつやつやしたレンガとタイルがその地域の発掘から見つかっていた．その一部は，ラメセスの父，セティ1世が建造した夏の宮殿を飾っていたが，そのほとんどは，ラメセスの夏の宮殿の再建に使われていた．彼の名前と称号は，白地に青で，青地に白で，浮き彫りになっている．それらは，彼の勝利を他の色彩で描いた背景場面とともに，また王座の階段の上に倒れている外国人とともに現れる．

これは明らかに華麗な宮殿であった．それは，さらに南方にある宮殿が特徴としている彫刻された石材がないために，装飾用レンガで造られていた．

研究によって，カンティルの宮殿は，ある都市の一部，すなわちピ・ラメセスと呼ばれる都市の一部であることがわかってきた．そこには主神のための複数の神殿があり，ひとつはカナンの女神アシュタルテのためであった．それから行政官たちのための住まいと役所があり，軍隊の兵舎があった．小さな家々と仕事場が大勢の家来，職人，労働者を収容していた．

一本の運河によって，ナイル河の一方の支流とナイル河の他方の支流がつながっていた．その結果，その町は島の上に立っていた．地中海からの船はその運河に造られた港まで容易に航海できた．倉庫は輸出入された品々を貯蔵し，ファラオの税関が厳しく取り立てた税を貯めておくために建てられていた．

これらすべてはラメセスの業績である．あるものは突貫工事であった．古代の町，アヴァリスは新しい町の近くにあった．そこでラメセスは，彼の新しい神殿を造るために柱石を古い神殿からそこに運ばせた．ちょうど，後の王が，今度はラメセスの石ブロックと柱石とをタニスにある自分の建物のために運び去ったように．

ピ・ラメセスは疑いもなく商業の中心地であった．またそれは軍事的にも有利な位置を占める拠点であった．ラメセス2世の治下でエジプトは，カナンとレバノンの一部を支配していた．シリア・パレスチナでの20年間の戦争の後に，ラメセスは，ダマスコまで進軍してきたヒッタイト王と平和条約を結んだ（前1259年）．

ピ・ラメセスからは，カナンにいるエジプト総督と陸路と海路によって簡単に連絡をとることができた．そしてナイル河はエジプトを縦断しており，メンフィスとテーベにある古い首都にも，さらに上流にも容易に到達することができた．

ピ・ラメセスの建設について，エジプトの記録がないのは周知のことである．広範囲で，集中的な労働を必要とする工事には，大集団の作業員が敷地を整備し，レンガを作り，城壁を建て上げる必要があった．近隣に住んでいた外国人の大集団は不可欠の人的資源であったに違いない．それこそまさに出エジプト記が記述していることである．

エジプトから労働力についての正確な詳細がなくても，私たちは，ピ・ラメセスの発見がいかに聖書の記録に光明を与え，かつ裏書きしてくれるかを知っている．抑圧されたイスラエル民族は，国境を越えてシナイ半島に逃げ込むためにピ・ラメセスからそれほど遠くに逃げる必要はなかったのである．

ファラオ・ラメセス2世の頭部．彼の彫像は古代エジプトの大遺跡の非常に多くの個所で見られる．

ラメセス2世の巨大な彫像がメンフィスの椰子の木の間に横たわっている．

モーセの痕跡はあるのか

聖書の中で最も重要な出来事のひとつは，イスラエルのエジプト脱出である．それがなければイスラエルという国家も，聖書も存在しなかったであろう．また彼らを導き，励ます偉大な指導者がいなければ逃亡した奴隷たちが一丸となって砂漠を生き延び，他の国へ向かっていくことはなかったであろう．

出エジプト記が語るモーセは，エジプトの王家でひとりのエジプト人として成長し，ヘブル人を打ち叩いていたエジプト人を殺害した後で，その国から逃亡した．

長い不在の後，彼は戻って来て，民の指導者となり，エジプトのファラオ（パロ）にヘブル人をその国から去らせるように説得した．

ファラオが拒否すると，神の代理人としてのモーセは十の災害をもたらし，その第10番目の災いは，エジプトのすべての家の長子を殺した．ファラオは気が弱くなり，ヘブル人を行かせた．しかし彼らがエジプトの領土からまだ脱していない時，彼は気が変わり彼らを阻止するために軍隊を送った．

二輪戦車が水平線上に現れた時，紅海の水は分かれた．ヘブル民族は安全にわたったが，敵が彼らを追いかけて，海底を横切ろうとした時，水は戻り，エジプト人たちをおぼれさせた．

私たちは，このようなセンセーショナルな出来事であれば考古学的証拠となる目印を残しているのではないかと期待するかもしれない．1世紀以上の間，人々はそれを探し求めていた．彼らはさまざまな主張をした．

あるファラオの遺体は塩で覆われているが，それは海でおぼれ死んだ結果であると言われた．しかし，これは間もなく，ファラオの遺体をミイラにする過程で生じた化学塩分であることがわかった．

大レンガの建造物は，ヘブル人がエジプトを脱出する前に造った「倉庫の町」だと盛んに同一視された．しかし，そのレンガが他の労働者ではなくて，イスラエル人によるものであると証明するものは何も見つからなかった．

長子によって王位が継承されていないということで，さまざまなファラオがイスラエルの迫害者として提唱された．しかし，多くの赤ん坊が死んだ時代に，長子が父の前に死ぬのは珍しいことではなかった．その結果，出エジプトのファラオを特定することはできない．

私たちが残存している無数のエジプト碑文に情報を求めても，モーセと出エジプトに関連していると言いうるものは何も見いだせない．

エジプトのようによく富み，よく知られている国が，聖書のできごとと明確に関連していることを何も提示することができないので，それは歴史的できごとではなかったのであろうと考える人々もいる．そのような大災害がエジプト人のようなよく組織化された人々を打ち，彼らがそれについて何の記録も残さないということは，考えられないのではないか，と思われた．

大ファラオは神殿の城壁に自分の行動を彫り，しもべたちは自分の伝記を墓壁に描いた．家令と出納官は宮廷と神殿の収入と支出を記録した．書記官は労働者のリストを作り，彼らの労働日数，休日，病気を記録している．だからエジプトのどこにも出エジプトについての記録が現存していないのは確かに初めは奇妙に思える．

しかし，証拠がないのは聖書の出来事に根拠がないからであるといきなり結論するのは間違っている．事実は，この国の歴史についていかにわずかなことしか知らないかということ，いかにわずかな分量の古代文書しか現存していないかということである．

王たちは自分の称号，征服した敵のリスト，勝利を収めた戦争を石に刻ませた．これらのいくつかは今も立っているが，多くは後代の王たちによって倒されてしまった．

これは，ファラオ・ラメセス2世がナイル・デルタの西部カンティルに建てた大宮殿の運命であった（「ファラオ・ラメセス2世の倉庫の町」を参照）．

非常に多くの王の碑文はこのようにして消え去った．しかし，たとえ私たちがすべての記録を発見しても，それらの中に，いかにエジプトの軍隊が海中でおぼれ死んでしまったかを読むことは期待できないであろう．驚くことではないが，ファラオは，自分が敗北した記録を家臣や後継者に残すことはなかった．

もし王の記念碑が役に立たないなら，天災や労働力の喪失によって受けたエジプトの混乱は行政的変化になったであろう．どの中央集権的国家もそうであるように，エジプトの政府は膨大な量の紙，パピルスを消費していた．そして文書の多くは蓄えられた．だが，これも役に立たない．すでに考えたように，文書は事実上すべて腐敗してしまい，エジプトにおけるモーセやイスラエル人の事件を述べた文書が回復される可能性は，ほとんどない．

私たちがその理由を理解したなら，エジプトのテキストからモーセと彼の民のことが完全に欠如していても驚くことではない．それは彼が実在しなかったという議論にいかなる根拠も与えない．

事実，多くの民族の歴史の初期において有名なリーダーたちは，モーセのように，ただ国家的伝承として伝えられてきた文書によってのみ知られている．しかし，歴史家たちは，ますます彼らを注目に値する人物として扱っている．以前からの非常に懐疑的な態度は変化し，彼らに対する考古学的なサポートがあってもなくても，伝承が語ることにもっと積極的なアプローチをするようになっている．

ハムラビ王の法典とモーセの律法

1901年から1902年にペルシア西部の古代都市スサを発掘していたフランスの考古学者たちは驚くべき発見をした．前2000年期の終わりに破棄された建物の廃墟の中に，何百年も前に作られたもので，繊細に彫られた石の記念碑を発見したのである．それらはエラム地方の彫刻ではない．それらはバビロンの有名な王たちが自分の町に建てた記念碑である．

一時的勝利の中でスサの王はバビロニアを急襲し，これらの記念碑を戦利品として持ち去った．彼は自分の碑文の中にその勝利を語り，分捕り品の中に自分の名前を書き記した．その石碑は船でパリへ運ばれ，現在ルーブル博物館を飾っている．

これらの記念碑の中で中心的なのは，黒い石柱である．高さ2.25mで，その上部60cmは彫刻である．その他の部分には楔形文字が何百行も細かく刻まれている．この発見の詳細とテキストの翻訳は一年以内に出版され，こうしてハムラビ法典は世界に知られるようになった．

大きな興奮があった．なぜなら，そこには多くの点で「モーセの律法」に非常によく似た一連の法律があったからである．以下は，出エジプト記21章から23章の中で，ハムラビ法典と最もよく類似している段落の翻訳である．

「もし息子が彼の父を打つならば，彼らは彼の手を切り落とさなければならない」（第195条）

「自分の父または母を打つ者は誰でも，殺されなければならない」（出エジプト記21：

バビロンのハムラビの石碑には，王の法律が刻まれている．彼はモーセより数百年以前に生きていた人物だが，二つの法典は比較に値する．相違点もまた類似点と同じくらい顕著である．

15)

「もし市民が市民の子どもをさらったならば，彼は殺されなければならない」（第14条）

「人をさらった者は誰でも，その人を売っていても，自分の手もとに奴隷として置いていても，殺されなければならない」（出エジプト記21：16）

「もし市民が市民を口論で打ち，彼に傷を負わせたならば，その市民は『私は彼を意図的に打ったのではない』と誓い，彼は医者に支払いをしなければならない」（第206条）

「もし争いあり，人が相手を石かこぶしで打ち，しかし，彼を殺さないならば彼は罰せられない．もし打たれた人が床につき，しかし後に起き上がり，杖によって外を歩くことができるようになった場合，打った男は彼が休んだ分を弁償し，彼が良くなるまで面倒を見なければならない」（出エジプト記21：18，19）

「もし市民が市民の娘を打ち，彼女が流産したならば，彼は彼女の流産のために銀10シェケルを支払わなければならない．もしその結果その女性が死んだならば，彼らは彼の娘を殺さなければならない」（第209，210条）

「もし人が争っていて，みごもった女に突き当たり，流産させるが，殺傷事故が何もない場合，彼女を打った者はその女の夫が負わせるだけの罰金を払わなければならない．その支払いは裁定に従う．しかし，その女を殺傷していれば，その罰はいのちにはいのち，目には目，歯には歯，手には手，足には足，やけどにはやけど，傷には傷，打ち傷には打ち傷でなければならない」（出エジプト記21：22-25）

「もし市民が市民の目をえぐり出すなら，彼らは彼の目をえぐり出さなければならない．もし市民が市民の骨を折るなら，彼らは彼の骨を折らなければならない．もし市民が彼と対等の人の歯を打ち砕くならば，彼らは彼の歯を打ち砕かなければならない」（第196，197，200条）

「目には目，歯には歯，手には手，足には足」（出エジプト記21：24）

「もし牛が道を前進して行って，市民を突き刺し，それが理由で死んだなら，この場合何の罪もない．もしその牛が当局者によってあらかじめ人を突き刺す危険性があることを指摘されている人の所有物で，彼が角を取り除かず，あるいは制御せず，そしてその牛がある市民を突き殺してしまったなら，彼は銀半ミナ（30シェケル）を支払わなければならない」（第250，251条）

「もし牛が誰かを突き殺した場合，その牛は石で打ち殺さなければならない．その肉を食べてはならない．しかし，その所有者を罰してはならない．しかし，もしその牛が以前から突く癖があり，その所有者が注意されていても，それを監視せず，それでもしその牛が誰かを突き殺した場合，その牛は石で打ち殺し，その所有者も殺されなければならない．しかしながら，もしその所有者が自分の命を救うため罰金を支払うことが認められる場合，彼は課せられた全額を払わなければならない．もしその牛が男の子か女の子を殺した場合でも同じ規定が適用される．もしその牛が男奴隷か女奴隷を殺した場合，その所有者は奴隷の所有者に銀30シェケルを支払わなければならない．そして，牛は石で打ち殺されなければならない」（出エジプト記21：28-32）

「もしある市民が牛，羊，山羊，豚，船を盗む場合，それが，神殿か宮殿の所有であるならば，彼は30倍を返済しなければならない．しかし，もしそれが，奴隷の所有であれば，10倍を返済する．もし泥棒が返済できないなら，彼は殺されなければならない．もし市民が強盗をし，捕まえられたら，彼は殺されなければならない」（第8，22条）

「もし牛とか羊を盗み，これを殺したり，売ったりした場合，彼は牛1頭を牛5頭

で，羊1頭を羊4頭で償わなければならない．彼は盗んだ物を償わなければならない．もし彼が何も持っていないなら，盗んだ物のために，彼自身が奴隷として売られなければならない．もし盗まれた家畜が，牛でも，ロバでも，羊でも，生きたままで彼の手の中にあるのが見つかったなら，それを2倍にして償わなければならない．もし泥棒が穴を掘って夜押し入るところを見つけられ，殺された場合，彼を殺した者に殺人の罪はない．しかし，もしそれが昼間に起きたのであれば，彼には殺人の罪がある」（出エジプト記22：1－4）

ハムラビは，モーセの時代より数百年前の，前1750年頃のバビロンの王である．彼の法律は同類の犯罪を多く扱っている．なぜなら，バビロニア人はイスラエル人と同様，ほとんどが小さな町に住む農夫であったからである．いくつかの類似点は非常に顕著であって，ヘブル人の律法が広く知られていた慣例を参考にしたことはほとんど疑いの余地がない．

これは危険な牛に関する法律において最もはっきりとしている．ハムラビ法典より少し古いバビロニアのもう一つの法律集には，ハムラビ法典には含まれていないが聖書の命令に近い次の裁定が含まれている．「もし牛がもう一人の人の牛を突き殺した場合，その牛の所有者たちは，自分たちの間で，生きている牛の値段を分けあい，死んだ牛の肉も分けあわなければならない」（エシュンナの法典第53条）
「ある人の牛がもう一人の人の牛を突いて殺した場合，両者は生きている牛を売ってその金を分け，また死んだ牛の肉も分けなければならない」（出エジプト記22：35）

これらのバビロニアの法律と聖書のそれとの相違点は，類似点と同様顕著である．

バビロニアの法律においては財産と所有物は人間と同等に重要である．どちらに対する犯罪も刑罰の範囲は同じである．

聖書の法律では，ただ人間に対する犯罪だけに身体上の罰則が適用される．所有物に対する犯罪ではお金か物品による罰則が科せられる．

ハムラビ法典のもとでは，償うことができない泥棒の結末は死である．一方，出エジプト記22章1節から4節は彼に自分を奴隷として売ることを要求している．ヘブルの法律では，バビロニアの場合より人間により高い価値が置かれている．

ハムラビの法典は，知られている限り，けっしてそのまま実施されなかった．バビロニアの書記たちは，ハムラビ後，1000年以上にわたり，ネブカデネザルの時代に至ってもなおそれらを複写しているが，バビロニアの訴訟事件の記録の中で，これに言及しているものは何もない．その影響は実際的であるより原則的であったのかもしれない．

興味深いことに，この点でもそれは旧約聖書の律法に近い．それはモーセによって与えられたように記されているが，一般的に学者たちはサムエル記と列王記の歴史書にそれが用いられた形跡はほとんどないと主張している．ハムラビ法典のように，それらは数世紀にわたって存続することができたのであろう．

この有名な記念碑は，ヘブルの法律がより古いバビロニアの法律と多くの関心を共有していることを示している．ヘブルの法律は特定の問題の解決をバビロニア人から受け取ったのかもしれない．その比較はまた，人間のいのちと価値の概念において根底的相違を指摘している．それは，現代の文明社会になお影響を与えているヘブルの思想の一つの側面に注意を向けさせてくれるのである．

耕作地の下に：埋もれた都市ウガリト

ある農夫が自分の畑を耕していると，大きな石に打ち当たった．彼がそれを持ち上げてみたところ，地下室へつながっている通路を発見した．それは古代の墓であり，その中にはまだ死者の所有物が残っていた．農夫はそれらを取り出し，骨董屋に売った．

その発見のニュースが漏れて，古代遺跡を担当する政府の役人の耳に入った．彼はその墓を検査するために職員をひとり派遣した．彼の報告とその地域の古い研究と，かつてこの地には大都市が立っていたという地元の伝説とによって発掘の決断が下された．

これは考古学的大発見がなされる古典的道筋であるが，はたしてそれはその通りであった．

その国とはシリアである．その遺跡は地中海沿岸，ラタキア港の北にある．発見の年は1928年であった．その当時，フランスがシリアを支配していたので，クロード・シェッフェルの指揮でフランス隊が1929年に発掘を開始した．1939年から1948年までの中断を挟んで，作業はほぼ毎年行なわれ，今も続いている．

農夫の畑の下に広がっていたのは港湾都市の廃墟であった．そこには商人たちの家屋と仕事場があり，その床の下には彼らの墓があり，多忙な港湾の工場と貯蔵倉庫があった．その中に何百という陶製椀，深い鉢，壺が置いてあり，その中にはキプロス，クレテ，ギリシアの島々から輸入された外国製品も混じっていた．エジプトと交流があったことは青銅の斧と象牙の化粧箱の模様から明らかである．その場所全体は突然破棄され，建物は数世紀にわたってぼろぼろに崩れ，約10 cmの土によって隠されていたのである．陶器の模様からシェッフェルはその港湾が使われていた年代を前1400年から前1200年の間と決めることができた．

この遺跡には発見され研究されるべきものが多くあったが，わずか5週間の発掘後に，シェッフェルは，内陸へ1200 m入った遺跡丘に作業員たちを連れていった．それは港を見下ろすように立っていた．そこでは地元の人々が彼にかつて金製の品物と小さな石の彫り物が見つかったと話してくれた．その遺跡丘は，高さ18 m，広さ20ヘクタールにわたる大きな丘であった．その現代の名前はラス・シャムラである．

丘の一番高いところから掘り始めていくと，すぐに大きな建物の壁が現れてきた．入念に削られた石のブロックがその壁を作っている．その内部には石の彫像の断片があった．その一つにはエジプト・ファラオの名前があり，もう一つにはエジプト語で書かれた献辞が付いていて，それは「ツァフォンのバアル」という神へ捧げられたものである．その建物の近くには，嵐の神であるバアルの絵を刻んだ石板が立っていた．これらの品物はその建物の平面図とともに，それが家屋や宮殿ではなく，おそらくバアル礼拝のための神殿であったことを意味している．

東へ少し離れたところに，もう一つの建物の壁と柱がある．これは見事な家屋で，中央の中庭には屋根がなく，そこから舗装された部屋につながっている．石の階段は部屋が上にもあったことを示唆している．

この家の戸口の上り段の下にあったのは，74個の青銅の道具，武器，剣，矢じり，斧，ザクロの飾りの付いた三脚台で，そのザクロは各々が輪穴からぶら下がっていた（ちょうど出エジプト記28章33節，34節に記されている，イスラエルの大祭司の装束の飾りのようにである）．

　シェッフェルが1929年に最も重要な発見をしたのはこの家の部屋の中であった．床の上に転がっていたのは楔形文字が刻まれた多数の粘土板であった．幸いなことに古代遺跡部門の責任者はバビロニアの専門家シャルル・ヴィロローであった．彼はこの粘土板のうちの何枚かがバビロニア語の学校に所属する語彙のリストであることをただちに見分けることができた．しかし全部の粘土板がバビロニア語で書かれていたわけではなかった．

　そのうち48枚に刻まれていた楔形文字は未知のものであった．ヴィロローはそれをすばやく書き写し，発見後1年以内に出版した．そこで他の学者たちもそれに知恵を絞ることができた．新たに発見された文字の解読の栄誉は，ヴィロローともう一人のフランス人専門家エドアール・ドルム，そしてドイツ人ハンス・バウアーのものである．

　彼らの間では独立して研究が進んだが，二人の成果を受け取っていたヴィロローとは協力関係を保ちつつ，彼らは文書に用い

シリアの沿岸にある港湾都市ウガリトは「出エジプト」の直前まで栄えていたが，それは突然破棄され，完全に失われた．クロード・シェッフェルが発掘を始め，多くの驚くべき発見をした．その中には野牛狩りを描いた黄金の鉢（左）があった．

ウガリト出土の座した女神は，青銅で型どられており，その年代は前14世紀頃である．

ウガリトにある宮殿入口の残存部分は，以前の栄光の規模を知る手掛かりとなっている．王たちは，象牙の彫刻をはめ込んだ美しい家具を使いながらここで豪勢に暮していた．その家具は外国の王妃たちが持参金の一部として持ち込んだものである．

粘土板（下）が示しているのは，ウガリト文字のアルファベットである．この文字を用いている粘土板が現在まで1500枚発見されている．

られている30文字の音価を確定することができた．彼らはその言語がセム語の一つであると考えた．そこで，彼らはヘブル語のような西セム語の中で各単語の最初と最後に最も頻繁に現れる文字をえり分けた．彼らの試みは意味をなす訳文を生み出すようになり（解読の確かな証拠！），後に発見された他の粘土板文書にも通用するものであった．

ヴィロローはその粘土板の責任を負っていた．彼は，粘土板が発見されるとすばやくそれらを翻訳した．それらが保存していた言語はウガリト語である．粘土板がその都市の名前がウガリトであることを教えてくれたからである．発掘のたびごとに，ほとんど毎年，新たなる粘土板が見つかった．その結果，現在このウガリト文字と言語で書かれた粘土板は1500枚以上あり，また多数のバビロニア語のものがある（「カナンの神話と伝説」を参照）．

文書の出現によって，その都市の歴史と文化がよみがえり始めた．熱心にもシェッフェルはその丘の他の地域にも試掘溝を掘り始めた．どこにでも廃墟となった建物が地表のすぐ下にあった．

ある場所には，織工，石工，鍛冶屋，宝石細工の家屋と仕事場が多くの道具や製品と一緒にあった．それらは敵がこの都市に火を付けたとき，所有者が捨てたちょうどその場所に残されていた．他の場所では，ウガリトの富豪の大邸宅がいくつもあった．そのなかには自分で楔形文字粘土板の保管所を備え付けているものもある．

地元の伝統的秘宝も現実となった．金銀の宝石類，金めっきか金装飾を持っている神々あるいは女神類の青銅の小像，そのようなものはいくつかの家に隠されていた．1933年に掘った試掘溝からは黄金の皿と鉢が出てきた．それらは，細かい図案を打ちたたいて浮き彫りにしたものである．金

銀の鉢類も1960年に行なわれた発掘から現れた．

　ウガリトでこれまで最も見事な建物は，王の宮殿である．この都市の他の部分と同様，それは焼き払われていた．木材は風化していても，石の城壁はなお2m以上も地の上に立っている．

　まぐさを2本の柱で支えている階段状の入口は，控えの間に通じ，それから広い中庭に続いていた．そこには井戸によって水が供給されており，訪問者は王の前に出る前に手足を洗うことができた．洗う水を掛けてもらうために，床にはめ込まれている石板のところに彼らは立った．水は下水管によって排水された．

　王たちは2世紀ほどの間に，次々と新しい中庭と数室からなる住居区域を付け足した．その中に宮殿は存在していた．考古学者たちは建物が12の段階に分けられることを見抜いた．この過程のずっと後の段階で，ある庭園が一つの中庭に造られた．そしてもう一つの中庭には，魚が飼育されていたと思われる広く浅い池が据えられた．いくつかの部屋は宮殿の記録を保管する部屋であった．

　バビロニア語とウガリト語の楔形文字粘土板は日常の行政事務を明らかにしてくれる．それは，外交的事務，近隣諸王との条約，ヒッタイトからの課税，たぶん不倫のために処刑された，ウガリトの王と結婚した外国人王妃の事件などを報告している．

　外国人王妃たちは，ある粘土板に正しくリストされているように，豊かな持参金をもたらした．その粘土板が記述する家具のいくつかは王宮の中にあった．寝台には象牙の頭板が付いており，そこには動物と狩りの場面が彫られ，また王と王妃が抱き合い，若い二人の神々に授乳する母なる女神の像のわきに立っている場面が彫られている．丸いテーブルには風変わりな動物，スフィンクス，有翼ライオンを彫った象牙の精巧なはめ込みがついている．

　その他の家具には，ライオンの足と鉤爪を型どった象牙の脚とつま先部分がついている．非常に例外的なのは，家具の支柱として裁断され，おそらくウガリトの王と王妃の似姿である人間の頭が彫られた象牙の彫刻である．

　ウガリトの富は貿易によるものであった．その都市はユーフラテス河上流，バビロニアからの通路の終わりに位置し，地中海に向かって横切っている．船はウガリトからキプロスとクレテに向かい，トルコの南沿岸を航海し，カナンの沿岸を下って，エジプトへ至る．ウガリトの芸術と文化の中にこれらの地域の影響が見られるのは驚くべきことではない．

　このことは文字において最も顕著である．バビロニア語とウガリト語の他に，ヒッタイト語，フリ語が楔形文字で書かれ，金属と石にはエジプト語が現れる（そしてパピルスの上ではこれらの諸言語はもっと頻繁であった）．ヒッタイトの象形文字とキプロスからの文節文字もウガリトから発見されている．

　あの農夫の耕作がウガリトの廃墟にある無尽蔵の宝の倉庫を開いたのである．その都市はカナンの境界の外側にあるが，イスラエル人たちが到着する以前にカナンに栄えていた豊かな生活の模様を明らかにしている．それは，王と宮廷と小百姓の主人を擁する富んだ国土の社会であった．

カナンの神話と伝説

人々が読む書物そして歌う詩歌の中には，しばしば彼らの希望と信仰が表現されている．聖書の時代では，ごく一部の人々の考えだけが記録され，そして生き残ったものは，さらにわずかである．

イスラエル人以前にカナンの地に住んでいた人々からこのような情報を得ることはほとんどなかった．それは，おそらく彼らが書く素材としてパピルスを使っていたからであろう（「アルファベット」を参照）．

北のウガリトでは粘土板がもっと一般的であった．多くの粘土板が残っており，その中に神々と英雄たちについての物語，神殿礼拝の儀式と祈りを含んでいるものもある．ウガリトはカナンの境界の外であるが，そこの人々はカナンと同じ神々と女神たちを礼拝していた．彼らの信仰に地域的相違があったとしても，一般的には同類であると考えても差し支えない．

主神エル（その意味は単に「神」である）は一人の年老いた人間と考えられていた．彼は，ある時には無力な酔っぱらいであり，彼の精力的で活動的な神としての立場はバアルによって奪い取られてしまった．バアルは雨と嵐の神であった．彼には二人のライバルがいた．

一人は海の神ヤムである．ヤムは宮殿を持っていた．しかし，バアルにはなかった．神話の一つは，多分バアルがヤムを打ち倒して後，彼がどのようにして見事な宮殿を手に入れたかを説明している．

バアルの妹アナトが彼の主な支援者であった．ある場面で彼女は二つの町の人々を虐殺した．

「見よ．アナトはその谷間で戦い，
彼女は二つの町の間で戦った．
彼女は沿岸付近（？）の群衆を打ち，
彼女は東の人々を沈黙させた．
彼女の足もとには人頭がボールのようであり，
手首は彼女の周囲のイナゴのようであり，
兵士の手首は穀物（？）の山のようであった．
彼女はその人頭を腰にぶら下げ，
彼女は手首を彼女のベルトに縛りつけた．
彼女は勇士たちの血の中に膝まで自分を沈め，
彼女のスカートの縁は，兵士たちの血のりの中にあった．
彼女は棍棒で老人たちを追払い，
彼女の弓の弦で……
……
彼女は激しく戦い，そして周囲を眺めた．
アナトは打ち，そして笑い，
彼女の心は喜びで満たされた……」

バアルはカナンの雨と嵐の神であった．主神エルと対照的に，彼は精力的な活動家であり，妹アナトの助けを借りて，ライバルの神々に挑戦していく．

ウガリト文字の粘土板は，蛇に魔力をかけるための一連の呪文を含んでいる．

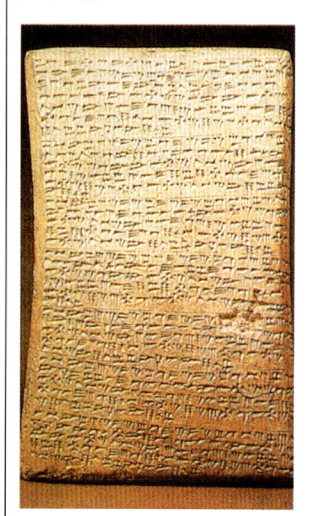

彼女が戦いを終えたとき，アナトはエルを威嚇して，バアルが正式に即位できる宮殿を持つことをエルに認めさせたのである．

バアルが対決すべきもう一人の敵はモート「死の神」である．ある破損した粘土板はモートがいかにバアルを支配し，バアルが死者の世界に入ったかを物語っている．アナトは彼女の兄弟のために嘆き悲しみ，兄の殺害者であるモートを探し，彼を穀物のようにひいて粉にして焼き，彼を地に散らした．一方，エルの妻，女神アシェラは，他の神がバアルの王座を継ぐことを提案した．彼はそうしたが，彼がそこに正式に座るには小さすぎた．

バアルは，死者の世界の入口ですぐにも男の子を生もうとしていた雌牛と結合した．そしてモートが死んだとき，バアルは再生し，アシェラの息子を殺し，自分の王座を奪い返した．

7年後，モートは再生して別の戦いを始めた．エルが彼らを止めたため，モートは勝つこともなく，バアルは王として留まった．

これらの神々が，今日の人々を引きつけることはない．しかし，イスラエル人に関する限り，彼らは唯一の神から関心をそらさせる危険な神々であった．カナンの神々は道徳的概念をまったく持っていなかった．彼らは欲望のおもむくままに行動し活動したのである．

バアルの追従者たちは彼から好意を得るためにあらゆる儀式を行なった．通常は犠牲を捧げることである．危険にあったときの祈りが一つの粘土板に残っている．

「もし力ある敵があなたの門を攻撃するなら，
もし勇者があなたの城壁を攻撃するなら，
あなたの目をバアルに向けて上げなさい．
『おお，バアルよ，力ある者を私たちの門から追い払ってください．
勇者を私たちの城壁から．
私たちは，あなたに雄牛をささげます，おお，バアルよ．
私たちは，あなたにささげます，おお，バアルよ，私たちが誓ったものを．
私たちは，あなたに去勢牛をささげます，おお，バアルよ．
私たちは，いけにえをささげます，おお，バアルよ．
私たちは，お神酒をそそぎます，おお，バアルよ．
私たちは，バアルの家に向かう小道を行きます．』
こうすれば，バアルはあなたの祈りを聞いてくださる．
彼はあなたの門から力ある者を追払い，
勇者をあなたの城壁から．」

ウガリトの諸伝説に登場する古い英雄たちのなかに，ケレト王がいる．彼が妻と家族を失い，嘆き悲しんでいたときに，神エル「人類の父」が，問題の解決のために夢の中で彼のところに来た．

ケレトは，軍隊を集め，美しい娘を持つある王の町へ進軍し，彼女に求婚しなければならなかった．長旅と長い協議の末，結婚式の取り決めがなされた．やがて王妃は多くの息子と娘を産んだ．

しかし，すべてが順調であったのではない．ケレトは病にかかり，彼の国は早魃に見舞われた．ついに，エルは彼を癒すために再び介入した．あるいは少なくとも彼に長寿を与えた．

ケレトの息子は王になることを望んだので，彼は父が退位するように説得を試みた．なぜなら，彼はもはや統治することができなかったからである．「あなたはやもめの事件を裁いてはいません．虐げられている人々に正義をなしてもいません．」しかし，ケレトは彼の息子を呪う気迫を持っており，彼は自分の王座を維持した．

これらの物語や，その他のいくつかの物語は，人生の諸問題を表現している．バアルとヤム，そしてモートは，自然の力を人格化したものである．バアルの死は，毎年夏のひでりで雨と水がなくなり，秋の雨によって戻ることを意味している．

その粘土板上の使用法は，これがバアルが戻ってくることを確実にするためにおそらく毎年の祭りの中で朗読されたこと示す証拠である．

ケレトの物語は，神がいかに王を助けるか，その国の繁栄がどれほど王の健康と成功にかかっていたかを示している．家族の争いと老齢の問題もある程度の役割を演じている．ただし，その物語の終末部（そこでこれらの問題がいかに解決されるのかを語っているのかもしれないが）は失われている．

この要約はカナン文学の味わいを少し示しただけである．現存しているすべてを読んだとしても，ほんの部分的知識を得るにすぎないであろう．というのは，多くの粘土板は古代において破壊されたからである．そして，多くの物語は，けっして書かれることはなく，ただ口伝えによってのみ生き続けていたのである．

それでも，イスラエル人がカナンで出会った信仰がどのようなものであったかを，私たちが知るには十分なものがある．

生き残った記録は，別の分野でもヘブル文化の研究のために価値がある．彼らの言語はヘブル語とよく似ており，それは，私たちがさらに明瞭に旧約聖書の語彙や章句を理解するのに役立っている．

詩の行が並行している詩文の形式（すなわち，2行目がほとんど1行目の反復であること）は，両方の文学において共通している．それはヘブルの詩人たちが神のために詩篇や賛美を書いたとき，彼らがよく知られていた詩のスタイルをいかに用いたかを示している．

このバアル像は，青銅で作られた前1400年から前1200年頃のものである．

アルファベット

今日，世界中で書かれている言語は，大半がアルファベットを使用している．ただ中国語と日本語の文字，あるいはそれらに類似するものだけが，アルファベットを用いていない．一目見ただけでは，ローマ語アルファベット，ヘブル語アルファベット，アラビア語アルファベット，エチオピア語アルファベットが関連しているとは考え難い．しかし，これらはどれも同じ祖先に由来する．パレスチナとシリアにおける考古学の貢献の一つは，アルファベットの初期の歴史を発見したことである．

シナイ砂漠の南西方面の丘に，古代エジプト人は鉱山を持っていた．そこから彼らは装飾品の宝石に用いる青石，トルコ石を掘り出していた（それは今日なお「邪悪な目」を撃退する「幸運の石」として愛されている）．トルコ石が生産される原因になったのはエジプト人である．鉱山での労働者は，その地域の遊牧民か，あるいはカナンから連れてこられた男たちであった．監督官たちも労働者たちも母なる女神や他の神々に奉納物をささげていた．彼らは特別な記念日には石に碑文を刻んで記念した．

エジプトの碑文は，標準的形式に従っていた．1905年にフリンダース・ペトリ卿が発見したとき，そのような標準的なものとは別に，誰もまったく理解することができない物があった．それらの碑文の中に約30の記号があり，一つ一つはエジプト語の象形文字のようであったが，象形文字と同じではなかった．

数年後に，著名な英国のエジプト学者アラン・ガーディナー卿は，これらの文字が一種のアルファベットであることに気がついた．彼は，それぞれの記号はその名前の最初の音を表示していると想定して，さらに研究を前進させることができた．アルファベットを勉強している子どもたちは「AはAppleを表し，DはDogを表す」と言う．ガーディナーは，研究している記号がそれとは逆の原則の上に成り立っているのではないかと推測した．つまり「AppleはAを表し，DogはDを表す」と考えた．

1915年，ガーディナーは諸記号のうち九つの音価を発見したと発表した．不用意な学者たちは先走り，ある者はその碑文はモーセと関係があると主張した．その碑文全体を解読しようとした非常に著名な専門家がいたが，その解読の結果は，大いなる疑義を持ってしか受け入れられなかった．その文字が何を言っているのか，解読することはいまだに不可能である．その主な理由は，碑文が非常に短いことである．それは明らかにその女神に対する献呈の辞であり，またその他の宗教的記録である．

シナイ砂漠でこれらの碑文が約30発見されたのは，考古学上の偶然であった．その鉱山が廃棄された後は，風雨と訪問者によって荒らされるままになっていた．同種の碑文がカナン自体で使用されていたことは，十分とはいえないが，一握りの実例によって確認できる．一つか二つはこのシナイからの碑文より古いものだが，その他はやや後代に属する．そのようなわずかな資料から，少なくとも概括的な言葉でアルファベットの初期の歴史をさかのぼることができる．

前2000年から前1500年の間に，強固な諸都市がシリアとカナンの一帯に勃興した．それらは通常前3000年期後期に破壊された諸都市の廃墟の上に建てられた．それらの諸都市とともに，多くの異なる言語を話す諸民族間に回復された交流のゆえに，中近東全体にわたる貿易が発達していった．国家間のコミュニケーションのための文書には通常のバビロニア楔形文字とエジプト象形文字とが用いられた．この両者は複雑な言語で，数百の文字を持ち，一つ以上の意味を持つものもあった．

これらの言語がすべて交差する場所は，シリアとパレスチナの沿岸である．アルファベットのアイデアが，ある書記の頭に浮かんできたのはそこであった（おそらく活気に満ちた港町ビブロスであっただろう）．その書記は天才的で，非常に単純で，融通性に富む書き方を思いついた．彼の発明は，また自分の言語に

シナイ砂漠から発見された石のスフィンクスの上に刻まれた碑文は初期アルファベットの例である．

(1)	(2)	(3)	名前	（意味）	音価
			アレフ	牛	'
			ベート	家	b
			レシュ	頭	r
			アイン	目	'

シナイ鉱山において発見された形の記号（1）と前13世紀と12世紀のカナン文字の記号（2と3）

(1)	(2)	(3)	セム語の音価	ギリシア名	ギリシア語音価
			'	アルファ	a
			b	ベータ	b
			r	ロー	r
			'	オミクロン	o

前1000年頃フェニキアにおいて発見された文字（1），モアブ語で発見された文字（2，メシャ碑文については「宝は隠されていなかった」を参照），前700年頃の初期ギリシア文字（3）

「ゲゼル・カレンダー」は，イスラエルの地において発見され，アルファベットで書かれた最古の長いテキストである．それはたぶんソロモン王の年代に位置するものである．

対する進歩的態度を示している．バビロニアの書記たちは自分の言語を分析し，音節のリストと動詞の型とを作り上げた．アルファベットを最初に考え出した知られざる人物は，自分の言語が持っている個々の違った音（音声）をそれぞれ分離した．そこで彼はその言語のために「dog（犬）はDを表す」という形式で記述することができた．

彼の言語とは，西セム語の一つで，多分カナン語の形態をとり，フェニキア語へと発展した．その言語では，母音で始まる言葉がなかった．そこで彼は母音を表記する記号を必要としなかった．母音は子音の後で，読む者が意味にもとづいて補わなければならなかった．そのようなアルファベットの子孫である二つの言語においては今もそうである．すなわち，アラビア語とヘブル語とにおいては，今も母音は表記されないか，あるいは，文字の上下に付加される余分な記号によって表記される．

もしここに描いたことが正しければ，この利口な書記はパピルスにペンとインクでエジプト語を記すことにもすでに熟達した人物であったという蓋然性は高い．このことはなぜ新しい文字が右から左に書かれるようになったのか，その理由を説明する．すなわちそれはエジプト語の書き方であった（それはなおもアラビア語とヘブル語の書き方でもある）．このことは，また最初期におけるアルファベットの実例が，なぜわずかしか残存していないのかを説明する．それらはほとんどすべてパピルスに書かれた．そのパピルスは，カナンの廃墟となった建物の中に残され，腐食してしまったのである．

ウガリトでは，粘土板に書かれるバビロニア方式が一般的であった．パピルスはエジプトから輸入しなければならなかった．それは粘土板よりずっと高価であった．初期アルファベットに関する知識が広まったとき，バビロニアの伝統で訓練されたある書記はアルファベットの優れた性質を見抜き，粘土の上に楔形の線を用いて，アルファベットの類似品を作り出した．今日まで生き残っているウガリトの粘土板は，書記たちがあらゆる種類の記録にこのような楔形アルファベットをどのように使用していたかを示す証拠となっている．そうであれば最初のアルファベットが同じようにカナンにおいて，その南部にまで，自由に用いられていたことを疑う理由はどこにもない．

イスラエルがカナンを支配するようになると，アルファベットは決まった形をとるようになり，その結果，それが用いられているところでは，どこであれ理解されるようになった．前1600-1200年に属する非常に短いものは別として，最古の文書はフェニキア語文書である．それらはダビデとソロモンがイスラエルを支配している頃に，ビブロスで石板，彫像，石棺に刻まれたものである．そのとき以来，石，金属，陶器類に書かれた多数の碑文によって，アルファベットの各地域での発展の跡をたどることができる．すなわちアラム語，ヘブル語，モアブ語，フェニキア語である．

アルファベットの出現によって，すべての人に読み書き能力がもたらされたわけではないが，それは確かに読み書きをずっと容易なものにし，楔形文字やエジプト語を用いた専門の書記たちの範囲を越えて，はるかに多くの人々に読み書きを可能にした．

前1000年以後の数世紀間に，ギリシア人がフェニキア語のアルファベットを採用した．ギリシア語は，母音で始まる単語を多く持っていたので，子音だけでなく母音を表記する必要があった．それでギリシア人は自分たちが必要でなかったフェニキアの文字記号を取り出し，それを自分たちが必要としていた母音の表記に利用した（たとえばフェニキア語のぐいっと飲み込む音，すなわちアインは，「オー[O]」を表記するために使われた）．

このギリシア語アルファベットからローマ人のアルファベットを経て，今日西洋諸国で用いられている現代ローマ文字が現れたのである．

征服されたカナンの諸都市

考古学者たちは，パレスチナの廃墟となった小丘を掘る時，火によって滅ぼされた建物の地表面にぶつかってきた．彼らの報告はどの遺跡でも同じで，次のようであった．「その地表面を示す灰の厚い層は，大火によって前13世紀が終わる以前に破壊された」．あるいは「その要塞は，火によって完全に倒壊した．破壊された層の厚さは1.5mであった．その町は，明らかに前13世紀後半に破壊された」．

同時期に多くの都市が破壊されたということは，広範囲にわたる敵の攻撃を指し示している．その時期は，イスラエルがカナンに入った時期に最もよく符合するようである．多くの人々が，そこからもっともな結論を引き出した．すなわちイスラエルの兵士たちがこれらの場所を焼き払ったのだ，と．

考古学者にとって残念だったのは，敵の軍隊が煙る廃墟を捨てて移って行ってしまったことである．彼らは「われわれイスラエルは，ベテルと呼ばれるこの町を滅ぼした」というような記録や記念碑をほとんど残さなかった．それで，これらの廃墟がヨシュアの率いる部族民によって引き起こされたのかどうかは，確認のしようがない．さらにもう一つ複雑な要素がある．イスラエル人の外に，ペリシテ人がいる．彼らは海岸線からカナンの支配権を握ろうとしていたし，また北のシリアからはアラム人が支配権を得ようとしていた．これらの民族のどれかがカナン人の町と都市を攻撃したのかもしれない．またエジプト人も忘れられてはならない．ファラオ・メルネプタハの軍隊は前13世紀の終わりには活発に活動していた（「勝利の記録」参照）．文字による証拠がない状況で，私たちは，一つのグループにだけ原因を帰するということはできない．

陶器類の様式とエジプト王名が刻まれた2，3の品は，この破壊がいつ頃のものであったかを解く手がかりである．それによって正確な年代が分かるわけではない．というのは，様式の流行というのは，ある場所においては，他の場所より長続きするからであり，またある種の証拠は，失われてしまったかもしれないからである．

現在明らかな状況は，カナン人に対するいくつかの攻撃である．同時にいくつかの町を破壊しているのもあるし，時折，数年の間隔をおいて起きているものもある．これは聖書の士師記が語る破壊の年代と一致している．イスラエル人，ペリシテ人，その他の民族が侵入し，あちこちの町々を焼き払ったのであろう．

イスラエル人は，その最初の侵略のときに，カナンの町々を大規模に焼き払わなかった．彼ら自身がそこに住まなければならなかったからである．聖書によればエリコとアイとハツォルだけが焼き払われた．

灰と瓦礫の中で，所有者が捨てたところには多くの所持品が横たわっていた．その中で最もありふれていたのは陶器類であった．カナン人の陶器師たちは，さまざまなおわん，皿，カップなどを造りだしていた．前13世紀まで彼らの造った器類は，それより数世紀前の器類ほど良質ではなかったにもかかわらず，陶器師たちは，自分の造った破片の上に動物や鳥を描くことを楽しんでいた．

二つの取っ手のついた型のつぼ（高さは約 57 cm）は，カナン人の油とワインを輸出するために使われていた．これらのつぼは貿易で，あるいは貢ぎ物としてエジプトにもたらされた．また遠くギリシアのミケーネやアテネにももたらされた．その代わりにこれらの諸国から典型的な陶器がカナンにもたらされた．

　それらの中で最もめだつのは，ギリシア人によって生み出されたもので，赤と褐色の水平の縞模様で彩色した鉢である．これは裕福なカナン人の間で流行した．そこで地元の陶器師たちは，下層階級の人々のためにむしろ二流の模造品を造った．この輸入されたミケーネ陶器に残された模様は，それらが発見された場所の年代を決める主要な手がかりである．なぜなら，ある模様から他の模様への推移は，ある特定のファラオと結びつけられるからである．

　カナンの職人は，金属を鋳造したり彫ったりすること，すなわち金銀を装身具に，銅や青銅を道具や武器や他の用具にすることが上手であった．ウガリトの場合のように，非常に巧みに象牙を彫ったりする者がいたし，印章として石を刻む者も多少はいた．その芸術のなかに，カナン人の寄せ集め的性質，エジプトとバビロニアから，トルコとシリアから，混合した趣向が現れている．

　地元と外国の趣向が入り交じった同様な混合は，カナンの宗教にも見られる．神々の小さな像が，エジプトの王冠をかぶっていることもあるし，女神たちがエジプトの母なる女神，ハトホルの巻き毛（カール）を持っていることもある．同時にカナンの祭司たちは，いけにえとして捧げた動物の肝臓を見ながら，バビロニア的方法で未来を告げようとした．そのやり方を教えるために用いられた，粘土製の肝臓のモデルが発見されている．

　いけにえが捧げられた神殿とそこで礼拝された神々が，いくつかの遺跡で発掘されている．ラキシュでは，城壁の外側で小さな神殿が三度建て直された．それぞれの新しい神殿は古い神殿とその中に残されていた物を埋めてしまった．その神殿の周囲や内部にある多数のボール（鉢）には，ささげものが残されている．それは，おそらく近くにあるかまどでパンとして焼かれた小麦粉のささげものであっただろう．祭壇の左にある置場には，たくさんの動物の骨が詰まっていた．神や祭司に捧げられたいけにえである．そのほとんどすべては，羊か山羊の右前足の骨であった．その肩肉は，イスラエルの和解のいけにえでは，祭司の受ける分であった（レビ記 7：32 に述べられている）．この神殿と町とは，おそらく前 1200 年から数年経った頃に燃やされてしまった．

　敵によって燃やされたもう一つのカナンの町は，ハツォルであった．その破壊はおそらくもう少し前であったと思われる．1955 年から 1958 年にかけてのイガエル・ヤディンの発掘によって，後期青銅期時代に使用され，手荒く破壊されたいくつかの神殿が明らかになった．その一つは，一つの部屋とその入口の反対側にある奥まった

ラキシュでは小さな神殿が発見された．それは，おそらく前 1200 年より少し後年に，その町の残りの部分と一緒に燃やされた．

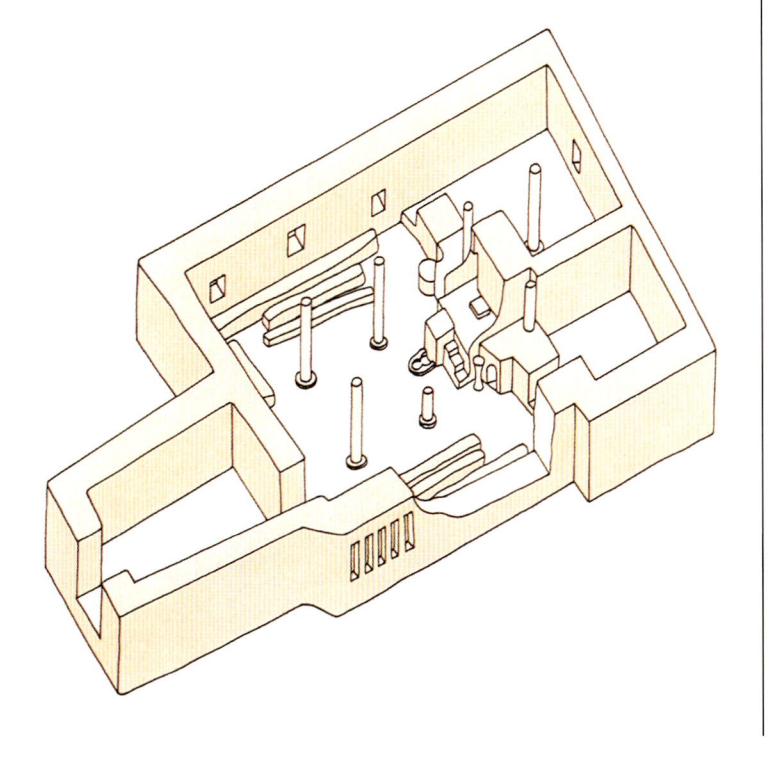

イガエル・ヤディンのハツォル発掘によってカナンの聖所が現れた．中央に立っている石の上部にある彫刻は月の神とその妻の象徴と考えられる．後期青銅器時代に使われていた神殿はひどく破壊されている．

神はご自分の民に「乳と蜜の流れる」カナンの地を約束された．タボル山からのその眺望はイズレエルの肥沃な谷に広がっている．

聖所から成っている．その神殿に入ると，参拝者は，自分と向い合わせに，供え物を置く机として用いられたざらざらした石板に向き合う．その背後の奥まった聖所に，一体の座った男子像と一列に並んだ10個の直立した石がある．その中央の石の上に三日月と円盤が刻まれ，それらには両手が伸びている．これらは，月の神とその妻の象徴であるらしい．

他の石は，たぶん死者か重要な出来事の記念であっただろう．ヤコブの「枕」（創世記28章）以来今日まで長い期間と多くの場所で石柱がこの目的のために用いられてきた．カナン人にとって，それらは礼拝の対象となっていたので，イスラエルはそれらを破壊するように命じられた．「彼らの神々にひれ伏したり，礼拝したりしてはならない，また彼らの宗教的習慣を採用してはならない．彼らの神々を滅ぼし，彼らの聖なる石柱を破壊せよ」．

ずっと大きな神殿は三つの広々した部屋，入口，一つの中程度の部屋，そして聖所を持っている．比率は違うが，ソロモンの神殿に相似している間取りである．聖所の床の灰の中に散らばっているのは，液体のささげもののために穴のあいている石机，香のための祭壇，洗盤，多数の石の印章と青銅の像，座った男子の小さな石像，大きな神像の部分である．ヤディン教授はその神が嵐の神ハダド，カナン人にとってのバアルであることを明らかにした．

これらのカナン人の町々には，新しい建物が廃墟の上に建てられているが，それらは普通古い建物と大きく違っている．ただベテシャンとメギドにあるエジプト軍の駐屯地だけは，前12世紀にいたるまで生活様式は変化しなかった．

誰でも廃墟の上に住むようになれば，古い宗教には無関心になる．その神殿は再建されることなく，金属製や陶器製のカナンの神々と女神の像は，たちまち完全に消えてしまった．

カナンの陶器様式は，技術的にはやや劣ったまま継続されていったが，建物は比較にならないほど貧弱になり，ときどきは無断借地人の小屋よりややましなもので，食糧を貯蔵するために使われた2mかそれ以上の深い穴をたくさん伴っていた．ついには，これらの貧弱な状態は，もっと良質の陶器を伴うより良い造りの家に変わっていった．

聖書の記録以外の考古学的証拠をすべて並べてみると，少なくともこれらの変化が指し示しているのは，イスラエル人の到着であることを疑う余地はほとんどないように思われる．彼らは，町の生活には不慣れで，カナン人とは非常に違った宗教を持っており，唯一の神を持ち，地方神殿を持っていなかった．一つの国が土地を支配しており，分立した都市国家群はなかった．

このカナン人の青銅の刻板（プラーク）はハツォルで発見された．

そして城壁は倒れた

聖書によれば，イスラエル人がカナンを征服した時，ヨシュアの兵士たちは，エリコの周囲を行進した．そして，城壁が倒れてぺしゃんこになった時，彼らは，住民を殺し，所有する価値のあるものは奪い，町に火をつけた．もしイスラエルの歴史の中で考古学によって痕跡をたどることができるものがあれば，確かにこれはできる．

エリコは，パレスチナの中で，初期の考古学者たちを引きつけた最初の場所の一つである．ロンドンのパレスチナ探索基金から派遣された最初のチームは，チャールズ・ウォレンによって率いられた王立技師たちのグループであったが，彼らは縦坑を1868年に盛り上げられた残骸の深さまで掘った．誰もが最近アッシリアの宮殿から戻ったような，彫刻された巨大な石碑を期待していた．しかし，土と泥のレンガ以外何も見つからず，発掘者たちは，調査に値するものは何もないと決定して，次に進んでいった．

エリコでさらに発掘が進められるまでに40年が過ぎていった．その合間に，パレスチナにおける古代都市についての理解は進歩をとげていた．E. ゼリンに率いられたドイツの考古学者たちは，1907年から1909年の間に，町の城壁の一部とその中にある家々を発見した．ヨシュアの攻撃の結果であると言えるようなものは何も発見されなかった．

このことは1930年から1936年にわたる第3次調査に残された．リバプール大学のジョン・ガースタングに率いられたその発掘は，ヨシュアのエリコの残存物の探索を主な目的としていた．2–3週間掘った後，ガースタングは，世界を驚かせた．彼は，多数の泥レンガと城壁の基部を指摘し，これこそは，まさにヨシュアとその部下たちの前に倒れた城壁である，と主張した．ガースタングの発見は，他の考古学者によって受け入れられ，考古学がいかに聖書の記録の確かさを「証明する」かということの典型的な例となった．

そこには4.5 mの間隔を持つ，互いに平行した二つの城壁があった．建物は，これら二つの城壁の頂上を横切って建てられていた．町は，火による猛烈な破壊に見舞われていた．ガースタングによれば，これは前1400年頃に起きた．その年代は，彼がエリコの周辺で開いた墓から見つかったエ

古代の城壁は，エリコが前6000年以上にさかのぼる世界最古の都市の一つであることを思い出させてくれる．

ジプト製スカラベを証拠として彼がたどり着いた結論であった．どのスカラベもファラオ・アメノフィス3世の治世よりも後代のものではなかった．それで前1411－1375年頃のものと年代づけられた．この年代は，出エジプトの早期年代として提案されたものと一致していた（「ヘブル人の親戚なのか」を参照）．

この町が後期青銅期時代に属することのほかに，ガースタングの発掘は，エリコがもっとずっと以前に，中期青銅期時代や初期青銅期時代（前3000－2300頃）に，そして新石器時代，人類がまだ金属を使用する以前に，重要な場所であったことを証明した．エリコでの四度に及ぶ連続的発掘が多くのことを明らかにしたのは，この非常に初期の時代についてであった．しかし，それらは，また「ヨシュア時代のエリコ」の問題に関連していた．

1952年ロンドン大学のキャサリン・ケ

この大きな丘は，古代エリコから残されているすべてで，空からはっきりと見える．

ニヨン女史は，エリコでの新しい試掘溝を掘り始めた．彼女は，ガースタングの結論についていくつかの問題を解決したいと望んでいた．町の滅亡の年代に関する問題はまったく別としても，パレスチナでの他の発掘は，ガースタングの結論とは食い違っていた．ほとんどの学者は，前13世紀後期をむしろ選んで，ガースタングの用いた年代，前1400年頃を受け入れなかった．

キャサリン・ケニヨンは，ガースタングの見つけた城壁や家々を調査し，ガースタングの年代決定が間違っていることを示すことができた．それらの下に横たわり，それらに達し，それらを覆っている土の層を厳密に丹念に研究することによって，そして，それらの層に含まれている壊れた陶器類を研究して，彼女は，城壁がガースタングが考えたよりも約1000年古いものであることを論証した．地震が，ヨシュアの日よりはるか以前にそれらを倒してしまっていた．後代の建物の瓦礫が廃墟の上に積み上げられたが，ガースタングの発掘は，それらを識別することに失敗していた．

キャサリン・ケニヨンは，ガースタングと同様に，火による破壊の証拠を見いだした．陶器類の様式についてのより優れた知識によって（それは多くの考古学者の20年以上にわたる研究成果である），彼女は，その出火が前1500年よりも数十年早かったことを論証した．その後，エリコは，前1400年頃か，あるいはその後まもなく荒廃した．

どのような建物があり，そして，それらがどれくらい建っていたのかということは非常にむずかしい．エリコに再び大都市が現れなかったことは確かである．何世紀にもわたる風と雨によって，その小丘は一掃され，荒廃した泥レンガの城壁は洗い流されてしまった．前1500年以前に燃えた町は，その周囲一帯に大きな塁壁を持っていて，その頂上にレンガの壁があった．その壁は，一画を除いて，全部が腐食してしまい，ただその土台だけが腐食を逃れた．他の箇所では，勾配を伴った6mに及ぶ高さの塁壁も消滅してしまった．この証拠によってキャサリン・ケニヨンは，失われたエリコのほとんどあらゆる遺跡は腐食によって取り除かれてしまった，と提唱することができた．

しかし，彼女は，ある建物の小さな一部を発見し，それを前1300年前と年代決定した．しかも，ガースタングはそれと同時代かやや後に属する陶器類を発見していた．ヨシュアが攻撃した時期と近い時代に，

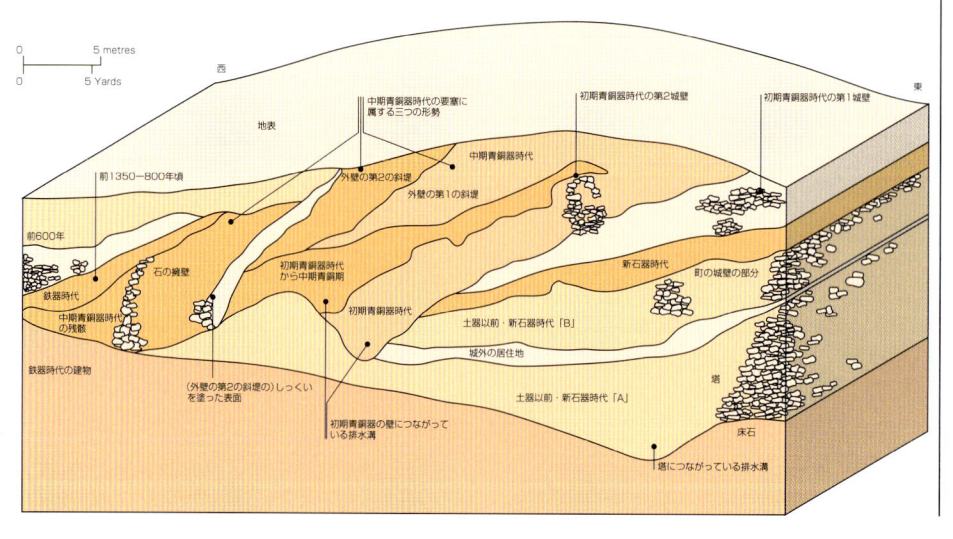

エリコでのキャサリン・ケニヨンの主な発掘は，この横断面に現れている．腐食によって失われたエリコの遺跡はほとんどすべてなくなってしまった．

アイの問題

エリコの陥落後，聖書のヨシュア記は，イスラエルがアイに向かって進軍し，最初の失敗後に，その町を奪い取ったことを物語っている．

1838年アメリカのパレスチナ探検の開拓者エドワード・ロビンソンは，アイはエッ・テルと呼ばれる堂々とした遺跡丘かもしれないと示唆した．もっとも彼自身は，他の場所のほうがアイの可能性が高いと考えていた．

もう一人の偉大なアメリカの学者，W. F. オールブライトは，1924年エッ・テルを支持する主張をし，多くの人々を納得させていた．

フランスのチームは，1933年から1935年までその小丘を掘り，そしてアメリカのチームが1964年から1970年まで掘った．この二つの発掘によって，頑丈な壁をもつ大きな町の遺跡を発見した．この壁は今も立っていて，ある一つの箇所では7mの高さである．町の内部には見事な神殿と家屋と貯蔵所があった．その暮らしは前3000年頃に始まり，最終的には前2400年頃に破壊された．両方の発掘隊ともその年代をその当時（前2400年頃）と前1200年頃とのあいだに設定できるような，いかなる陶器類も建物も発見できなかった．

ここで，考古学は歴史家に問題を提起する．すなわち，古代の記録をどのように説明すべきか？　三つの答が可能である．

● エッ・テルは古代のアイではないのかも知れない．それがアイであることを立証する碑文はないが，アイに関する聖書の記述にふさわしい他の遺跡を見いだす試みもこれまでのところ成功していない．

● その物語は伝説であったのかも知れない．前1200年以後そこに住んでいた人々が，彼らが見た古い巨大な城壁がどのように倒されたのかを説明した，その通俗的説明であったのかもしれない．これは考古学のもたらす困難を解決するが，ヘブル人の伝承が事実にもとづくものであることを否定してしまう．

● 古代の名前アイは，ちょうどエッ・テルと同じ，「廃墟」を意味する．今日でさえ，前2400年前に建てられた城壁は見事である．3000年前，あるいはそれ以上前の時代には，もっとずっと良い状態であったに違いない．もし攻撃をする側がヨルダン渓谷から登ってくれば，この城壁に囲まれた地域は戦略上丘の上に建てられていたので，この地方における村人たちの要塞だったのであろう．

筆者にとってこの最後の説明が，アイの問題にとって，最も満足のいく説明である．

エリコにある人々が存在していたことは十分に示している．しかしその場所がどのようであったかは，発見されていない．

エリコは，考古学者が直面する限界の良い例である．その発掘は聖書の歴史と実際に一致するようなものは何も明らかにしてこなかった．言いうる最大限のことは，ヨシュア時代のエリコの痕跡は腐食によってなくなった，ということである．しかしその痕跡がないことを根拠に，ある旧約学者たちは聖書の物語は全然事実性を持たない伝説，民間伝承であるという見解を支持していると考えた．

エリコの場合，考古学はこの見解に対して賛成でも反対でもなく，何の貢献もできない．しかしながら歴史家にとって，これは一番不満足なことであろう．なぜなら，これは古代の記録を個人が望むように取り扱う道を開いてしまうからである．彼はそれを自分自身の説に合うように改造することさえするかもしれない．

ヨシュア記は，古代の表現形式でその物語を保存している．他のあらゆる古代の記録と同様，それは歴史的に真剣に取り扱うに値する．考古学的諸発見が再解釈されてきたという事実は，考古学的発見を非常に明白な証拠として取り扱うことに対して警鐘を鳴らしている．

勝利の記録：「イスラエル碑文」

「カナンは，あらゆる邪悪な方法で略奪された．アシュケロンは捕囚になった．ゲゼルは捕らえられ，イェノアムは滅ぼされた．イスラエルは荒らされて種子もない．シリアはエジプトのゆえにやもめとなった．全土は平和のうちに統一され，すべて放浪していた者たちは，彼によって鎮圧された．エジプトの王，メルネプタハによって」

これらの言葉は，石板に刻まれたあるエジプト碑文の終わりにある．この記念碑は，メルネプタハを讃える神殿の中に建てられていて，1896年テーベで発見された．その中にイスラエルが現れるところからこの石碑は「イスラエル碑文」と呼ばれている．

大王ラメセス2世の息子，メルネプタハは，父の後を継いで前1213年に王となった．彼は，父親ほど偉大な勇士また建築者ではなかった．エジプトはしばらくの平和を享受していたが，まだ国外に敵が存在していた．

リビア人は，西からエジプトを脅かしたので，メルネプタハは，彼らを敗北させた．この碑文は，彼の治世の第5年に勝ったその決定的勝利を祝っている．その碑文の終わりにあるのが上記に引用した数行で，初期の勝利を述べながら，王への称賛の最後の覚書として記されている．

イスラエルという名前がこ

イスラエルの名前は，テーベで発見された石板（右）にはっきりと記録されている．それは，ファラオ・メルネプタハの軍事的勝利を記録したものである．それは，聖書を別にして，イスラエルの実在を示す最古の証拠である．

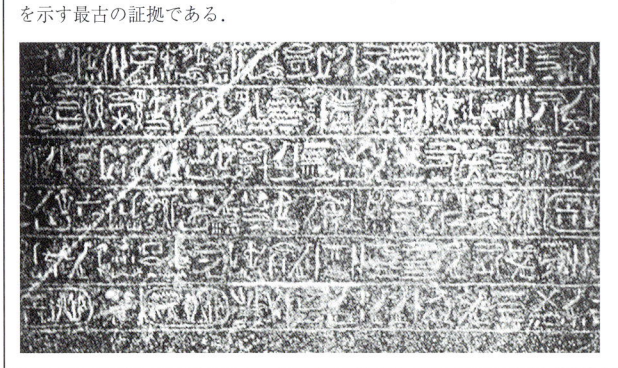

の石碑にあることは，それを反証しようという試みにも関わらず，疑いのないことである．またある学者たちは，両者の間には何もなかったと主張しようとするが，メルネプタハの軍隊とカナンの住民と町々の間に軍事的衝突があった事実も疑いない．別の碑文には，同じファラオに「ゲゼルを縛りあげる者」という称号が与えられている．

イスラエル碑文は，聖書を別にすれば，イスラエルが実在したことを示す最古の証拠になるので重要である．その次にイスラエルに言及している碑文は，およそ400年後のアッシリアとモアブの碑文である（「宝は隠れていなかった」，「防衛の値段」参照）．旧約聖書がないなら，この4世紀間のイスラエルの歴史は，知られることはなかったであろう．

ここに考古学の発見における偶然の要素の良い例がある．「イスラエル碑文」なくしては，そして，旧約聖書を別にすれば，イスラエルが前1200年の早い時期に存在していた証拠は何もない．

その碑文の言葉では，イスラエルという名前がある特定の領土に定着した人々を指しているのか，それとも遊牧民を指すのかはっきりしない．イスラエルは明らかにカナンにおり，ヨシュアの死後，イスラエルが約束の地に定住する期間に，この衝突が起きたと考えるのは，最も満足のいく説明であろう．「滅ぼされた．荒らされて種子もない」という言い回しは，完全な勝利を主張する時の普通の言い方の一部である．それらは，文字通りに解釈されるべきではない．

事実，メルネプタハの統治は，わずか10年続いただけであり，それからエジプトの力は弱まった．それでイスラエルに関する限り，その勝利は永続的効果を持たなかった．多分これが聖書記者がこの出来事を伝えていない一つの理由であろう．それは，エジプト人がイスラエルを短期間カナンの一部から追い出した単発的な戦争であったのかもしれない．

「イスラエル碑文」から生じてくるもう一つの問題がある．イスラエルが前1213年かその直後までに，すでにカナンにいたなら，エジプトからの脱出は，明らかにそれ以前に起きたのである．

この碑文が発見される前には，ある歴史家たちは出エジプトは，メルネプタハの治世に起きたと主張していた．もし聖書の時間が間違っていないなら，あるいはイスラエルがエジプトからカナンに一集団として移動した情況が間違っていないなら，メルネプタハは出エジプトのファラオではありえなかった．このファラオは，実はメルネプタハの父，ラメセス2世であったという可能性が高い．

ファラオ・メルネプタハ，あるいは彼の父，ラメセス2世が，カナンの南にあるアシュケロンの要塞を襲撃している．それは，ヨシュアと彼の軍隊が直面した強力な防塞都市の典型である．

ペリシテ人

ファラオ・ラメセス3世は満足であった．彼の軍隊が大勝利を収めたからである．数年間，地中海を渡りエジプトに船で押し寄せてきた一群の未知の外国人がいた．平和裏に定住した者もいたが，エジプトの古い敵，西方のリビア人と一緒に組む者もいた．強大なラメセス2世は，治世の最も初期に攻撃部隊の一つを征服した．彼は前1275年ヒッタイトと衝突したカデシュの大戦で，その攻撃部隊の一部を自分のために戦わせている．ラメセス後，メルネプタハもこれらの外国人を捕獲している．

二人の王たちは，いずれもこれらの民族の種族名やグループ名を記している．それらはシャルダン，シェクレシュ，ルッカ，アカイワシャである．彼らは皆「海の外国人」と記述されている．エジプト人とは違って彼らは割礼を受けていなかった．現代の学者たちは彼らのことを「海の民」と呼んでいる．

ラメセス3世は，先代の王たちよりも大きな脅威に直面したので，彼の成功もより大きな意義を持っていた．彼が海の民をどれくらい殺したり，捕らえたかはわからない．メルネプタハは，2000人以上を殺した．ラメセス3世は，1年間の戦争で1万2000人以上のリビア人を殺した．彼が海の民との戦いに参入したのは，彼の治世の第5年，前1175年頃であった．彼らは船でナイル・デルタに到着し，シリアとカナンの海岸にそって，牛車で陸路を移動した．さらに多くの民族が以前にもまして押し寄せて来た．ある者たちは，すでに知られた人々であった．そこには，チェケル，ウェシェシュ，ペレセトがいた．エジプト人は，これらの諸民族が何者であったか，おそらく本当には知らなかったであろう．エジプト人にとって，彼らは，異国人であり，敵であった．しかし今日私たちは，もう少しよく彼らのことを知っている．私たちがその正体を確定できるのは，リストの最後の名前「ペレセト」だけである．これは聖書のペリシテ人である．

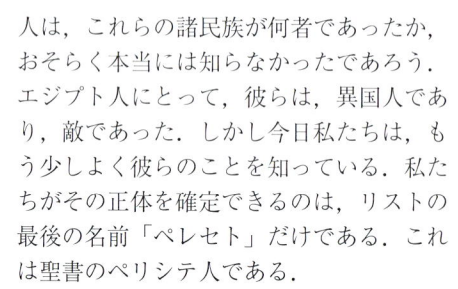

これらの人々は奇妙で蔑むべき敵ではあったが，エジプト人は，彼らの風采と装備を記録している．ラメセスは，勝利の記録を望んだので，彼は戦いの絵を神殿の壁の上に彫らせた．ナイル河のルクソールとは反対岸にあるメディナト・ハブの訪問者はそれらの絵を今も見ることができる．

その一場面は地上戦を描いている．多くの海の民は，エジプト歩兵と虚しく戦っている仲間の足元に死んで横たわるか，あるいは死につつある．戦場のあちこちにはエジプトの軽量戦車と馬，それにペリシテ人の重量牛車と牛がある．

ファラオの芸術家たちは，エジプトの兵士とその敵とをはっきりと区別することに関心を払っている．エジプトの兵士たちは長方形で上端が丸い盾と先端におもりの付いたこん棒と短剣を持っている．戦車に，射手が乗っている．それと対照的に海の民は，槍と長く先細になった剣と丸い盾を持ち，頭に羽飾りを付けているか，垂直に立った髪の毛を持っている．この絵の中でエジプト側で戦っている一つのグループは，先端に二つの角を持ったヘルメットをかぶっている．

もう一つの光景は，海での戦いを描いている．エジプトの射手たちは，ナイル河を

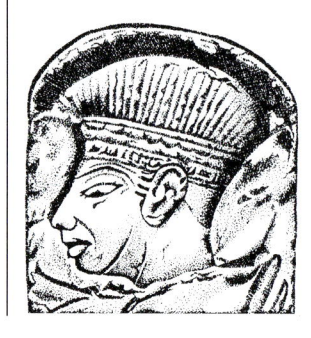

上り下りするためのオールと帆の付いた船の中から，帆船の中にいる海の民を射ている．それらの一つは転覆し，その河は溺死した，二種類の頭飾りをもった海の民で満ちている．しかしエジプト人は，一人もいない．

ラメセス3世の彫像とその説明文は，角のついたヘルメットをかぶった民族はシャルダン（the Sherden）であると簡潔に述べている．彼らをサルデニア（Sardinia）と結びつけて書いている人々もいる．羽飾りを付けた人々は，ペリシテ人を含んでいた．

敗北した後，海の民は明らかに解体してしまった．エジプト軍の部隊は，以前にも行なったように，海の民のいくつかを吸収し，そして彼らをカナンに配置させたのかもしれない．カナンには海の民の他の一族が住みついていたと思われる．旧約聖書はペリシテ人がカナン南西の沿岸に存在していたことを述べている．そして，まさにパレスチナという名前そのものが，彼らがかつてそこに大挙して存在していたことの証拠である．前1100年頃，一人のエジプト人旅行者は，沿岸を少し北上したドルで，もう一つのグループであるチェケルのメンバーを発見している．

ペリシテ人が到着したこととカナンの一部を占領したこととを示すためのこれ以上の証拠はほとんどありえない．長い間考古

聖書は，しばしばペリシテ人をイスラエルの敵として述べている．彼らは，エジプトに侵入した「海の民」の一部である．羽の頭飾りをつけたペリシテ人の捕縛されている様子が，ファラオの勝利を記録したエジプトのレリーフに見られる．

イスラエルのベテシャンで発見された人間に似た粘土製棺（上）は，エジプトのレリーフに彫られたペリシテ人と似たような頭飾りを付けているようだ．

水差し（右）によって例示されている特徴ある陶器の様式は，ペリシテと結び付けられている．

学者たちはこれらの出来事を東地中海地域一帯の遺跡で見つかった一連の発見と結びつけてきた．

トルコではヒッタイト帝国が，西と東からの敵の攻撃によって崩壊した．ウガリトでは，ちょうど町が焼かれる直前に書かれた手紙が，ヒッタイトを助けるために全部の船が西に向かって行ったことを，そして2，3の敵船が損害を与えたことを物語っている．ウガリトから南方に向けて，ところどころ，灰からなる重い沈澱物と大急ぎで引き払った建物が発見されるが，これらはラメセス3世のエジプト文書で海の民がヒッタイト，カルケミシュ，キプロス，アモリ人の地を滅ぼしたと述べていることと一致する．

ウガリトとその他のいくつかの場所はもはや回復しなかった．町が廃墟から復興した所では，しばしば人口の推移が確認されている．建物は違った間取りを持ち，最も顕著なのは，新しい陶器の模様が見いだされることである．それらはギリシア，クレテ，キプロスで流布していた陶器の様式と密接に関連している．

破壊の前に栄えた町々では，この古い様式の陶器を輸入していた．今やずっと増大し，しかも地方の模倣品は，原型とほとんど同じくらい良質のものであった．鳥の形を描いた特別な図案が流行し，この陶器を識別する特徴となっている．この陶器は，聖書がペリシテ人の地としている地域から主に発見される．それで，それはペリシテ陶器と名づけられている．これは，特殊なタイプの陶器と特別な民族が結び合わさっている数少ないケースの一つである．

ペリシテ人についての考古学的知識は，この例外的事実でほとんど全部である．彼らは，見分けのつく文書をまったく残してはおらず，彼らの町々から発見された物はあまりにも少ないため彼らの文化を描き出すことができない．ペリシテ人の居住地で発見され，普通「ペリシテ」と呼ばれている典型的な出土品は，粘土の棺で，顔と手がその上に浮き彫りにされている．頭部には水平のバンドがあり，そのバンドから垂直の線が立ち並んでいる．これは，海の民の頭飾りを反映している．ヨルダン側東部と南エジプトからの実例は，エジプトの要塞にいた海の民の騎兵大隊の遺物でありうる．これらの粘土製棺は，明らかにエジプトのミイラの模倣である．

イスラエルの歴史家によれば，ペリシテ人は，内陸で鉄製品の製造を独占していたらしい．おそらく彼らがこの技術を導入したのであろう．彼らの到着の時期と多くの都市の破壊は，考古学的見地からすれば，青銅期時代の終焉と鉄器時代の幕開けとに一致している．

黄金の神殿

　ソロモン王によって首都エルサレムに神の家として建てられた神殿は，それほど大きい物ではなかったが，それは実に壮麗であった．それは，その内側がすべて黄金であったからである．そこには金の皿，鉢，燭台，芯切りばさみがあった．ドアの付属品は金で，聖別されたパンのための机も金であった．

　黄金は，いつでも民から神へのささげ物の一つであった．ヨーロッパと南アメリカの大聖堂，アジアの寺や神社は，今も純粋な金製の聖餐杯，ランプその他の備品を飾っている．

　しかし，ソロモンの神殿は黄金の調度品の富以上のものを持っていた．その祭司たちは，階段を上がって内側にはいると，黄金以外のものは何も目に入らなかった．そして最奥に豪華な幕があった．

　第一列王記6章における聖書の記述は，こうなっている．「ソロモンは，神殿を建てた．……彼は，その内側の壁を杉の板で張り……彼はその内側全体を金でおおい……彼はまた神殿の内部屋も外部屋も金でかぶせた」．

ソロモン王の神殿は，ツタンカーメン王のミニチュア神殿のように黄金の輝きに被われていた．

聖書に残された寸法と記述にしたがって芸術家が復元したソロモン王の神殿．その建物はきわめて小さく——内側は27×9×13.5mである．その意図は，神の民が集う大会堂というより，神が住まわれる家である．

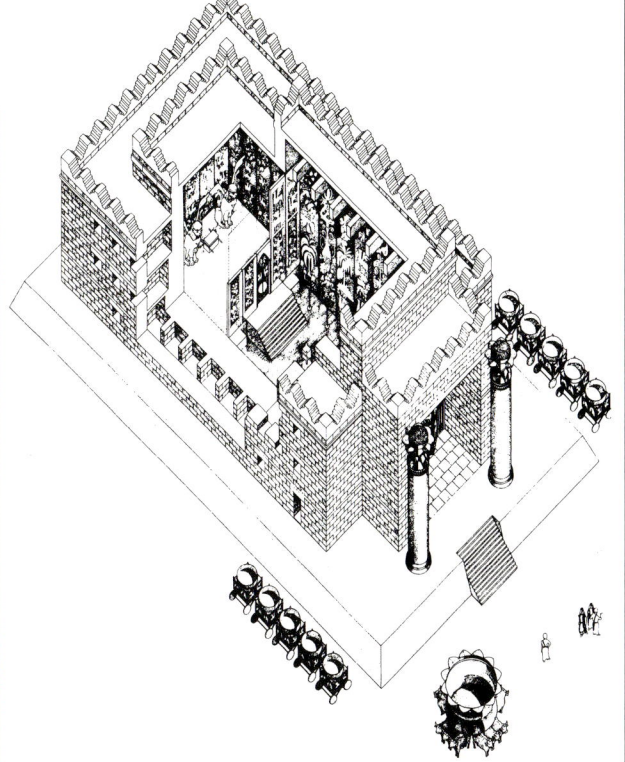

これらの石に付いている釘穴は，かつて黄金の薄板が釘付けされ，その結果，それらが太陽のように輝いていた証拠であろうか．

まさに黄金の神殿である．それは考えただけでも，胸踊ることである．

神殿を建てたり，古いものを新しくすることは，古代の王の普通の活動であった．王たちは，神々からの愛顧と民衆からの人気を獲得し，自分のために名声を勝ち取りたかった．強く豊かになればなるだけ，王たちは，自分の建てた建造物を惜しみなく飾りたてた．

何世紀にもわたって，地元の人々は，レンガや石を求めて，これらの大神殿の廃墟を略奪した．移動できるもので，少しでも価値のある備品は，みな運び去られてしまった．しかし，今日でも，ウルのような古代バビロニアの都市にある神殿の塔や，カルナクにあるエジプトの神殿を訪れる人々は，その基礎の壁が残っているだけであるが，その規模と設計の壮大さに強い印象を受けざるをえない．

時々，これらの神殿を建てた王たちは，彼らの働きを語る碑文を残した．私たちがそれを読む時，それらは，読む人々に強い印象を与えようとして書かれたもので，特に，後の世代に，彼らの先祖がいかに偉大で，いかに敬虔であったかということを語るために書かれた，ということを忘れてはならない．ある場合には誇張され，また誇大に主張しているものもあるが，それらを全部疑う理由はない．

私たちは，アッシリアとバビロンの王たちの言葉を疑う必要はない．彼らは，神殿の壁が漆喰のように金で覆われていたこと，あるいは金の延べ板で覆われていたこと，それゆえ，それらが太陽のように輝いていたことを誇っている．また，ファラオたちは，どのように金の薄板をエジプトの神殿の壁に張ったかを語っている．それも疑う理由はない．

エジプトからは，神殿の部分を覆っていた金の薄板の実際的証拠がいくつか見つかっている．前1450年頃のファラオ，トトメス3世によって建てられた一つの神殿は，その華麗さを物語る次のような碑文を持っている．「その入口と聖所と柱は，金の延べ板が張ってあった」．

ある著名なフランスのエジプト学者が，その建物の廃墟を詳細に調べると，いくつかの石柱と，その柱が立っている基部と，柱の頂上を飾る柱頭に，普通では見かけない細長いすきまがあることに気がついた．これらの細長いすきまは細すぎて，構造上何の役にも立たないし，彫られた飾りに対しても無意味である．そのエジプト学者の推論によれば，これらの細長いすきまは，石造物に打ち延ばされた金の薄板を固定するために，金の薄板の端をまるく折り曲げて，その細いすきまに差し込むためのものであった．他の石のブロックには，小さな穴の列がある．それらは，平らな壁に金の薄板を釘で留めるためのものであった．

エジプトの碑文が語っていることは，その神殿の石造物によって裏付けられるようである．壁を飾る金がそこにはあった．しかもデザインの一部を特に引き立たせるために金を用いたのではなく，表面全体を被う薄板として用いたのである．

そういうわけで，ここにソロモンの黄金の神殿に関する聖書の記述が，けっして単なる作り話でもなく，また誇張でもないことを裏付ける同時代のよい証拠が存在している．それは，古代には良く知られたやり方であったということになる．

ソロモンの建造物

ソロモンの時代とされる建造物のうち，最も注目されているのは三つの町を通り抜けている通路である．建造者が誰かを明らかにする礎石も文書もない．しかし，そこから発見される陶器は，ソロモンの治世のものである．つまりその建造物は，その当時使われていたことを示している．

その一つは，1902年から1909年にわたるゲゼルでの発掘，もう一つは，1936年から37年のメギドでの発掘，そして第三は，1955年から58年にわたるハツォルの発掘で発見された．

発掘技術の進歩と陶器類の様式についての知識の向上によって，イガエル・ヤディンは，彼がハツォルで発掘した門をソロモンの時代に属すると判定した．彼は，さらに，最初の発掘者たちが全然ソロモンと関連づけなかったゲゼルと特にメギドでの残骸を調べた．

ヤディンは，これらの三つの門がほとんど同じ平面図と非常によく似た特質を持っていることを立証することができた．その門が建造され，使用された時代に属する陶器の破片は，ソロモンの時代，すなわち10世紀の中期のものである．

ハツォルの門が明らかになった後，ヤディンは，ゲゼルとメギドに注目した．なぜならソロモン王国の重要な町で，ソロモンが行なった建築活動に言及している聖書の箇所を思い起こしたからである．第一列王記9章15節はこう記録している．「ソロモン王は，役務者を使って神殿と王宮を建て，町の東側を土で満たし，城壁を建てた．彼はまたハツォル，メギド，ゲゼルの町々を再建した」．

これらの町で見つかった門の平面図が一致していることに加えて，ヤディンは隣接している城壁も同一の平面図を持っていることを発見した．それらは，「ケースメイト」と呼ばれる．すなわち，城壁が2列になり，その間に仕切りとなる壁があり，一連の細長い部屋が続いているものである．

各遺跡の床面の上に建つ城壁の石造りは非常に質の高い物であった．城壁の各側面におけるブロックは正確に正方形になって積まれ，構造を堅固なものにしている．

これら三つの門の間にある類似性と石工術の質の高さとによってわかることは，これらの門が，かなりの資源を自由に駆使できる中央権力による設計に合わせて建てられたということである．その設計は中央権力の間に伝えられていた．陶器の証拠は，その建造物が前10世紀であることを示している．

これらの諸点を聖書の記録と比較するとき，これらの門が実にソロモンの事業であるという結論は，ほとんど間違いのないものとなる．石の碑文が不足している中で，これ以上確かにすることは困難であろう．

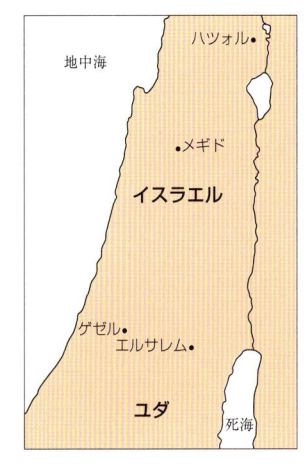

メギドには，同時代に属する町の中に，広大な建物の跡がある．残念なことにその石工事は非常に良かったので，後代の建築者たちがそのブロックを再利用するために破壊してしまった．その結果，王宮，官庁，当時の住居などはほとんど知られていない．

ゲゼルとハツォルも，ソロモンの時代の町々についてほとんど得るべきものはない．なぜなら後代の住民たちがその廃墟をかき乱し，破壊してしまったからである．

聖書はソロモン王が三つの町，すなわちエルサレム近郊のゲゼル，メギド，そしてハツォルを建てたと語っている．ヤディンはこれら三つの町が同一の門とケースメイトと呼ばれる城壁を持っていたことを発見した．ハツォルの平面図ははっきりと区別できる構造を示しているし，またそれはメギドの写真の中にも見ることができる．

金銀の運命

ソロモン王の死後まもなく，王についての聖書の書物は，こう記録している．「エジプトの王シシャクは，エルサレムを攻撃した．彼は主の神殿の宝と王宮の宝とを運び去った．彼はすべてを取って……」．

これはイスラエルの歴史の中で，聖書以外の文書にも言及されている最初の出来事である．

シシャクはエジプトの新しい第22王朝の創設者である．それ以前国家は諸王，地方領主，祭司たちの間で分割されていた．新しいファラオはエジプトを支配下に治めて統一し，隣国であるユダとイスラエルを支配しようとした．ユダもイスラエルもかつてはカナンのエジプト領であった．

ソロモンが王座に着いている間イスラエルは強すぎて，シシャクはおそらく攻撃できなかった．ひとたびソロモン王国が二つに分裂すると，すなわち，ソロモンの息子レハブアムによって支配されるユダと，反逆者ヤロブアムの支配下にあるイスラエルとに二分されると，その王国はあまりにも弱体化して，自分さえも防御できなかった．

シシャクの軍隊がその国を侵略し，150に及ぶ町や村を襲い，ときに破壊した．凱旋したシシャクは，北のメンフィスと南のテーベ（カルナク）に神殿建設を始めた．ただテーベの神殿だけが残っている．

そこの巨大な中庭の周囲には，なお相当長い城壁が立っている．ある門の近くの石には勝利したファラオの巨大な絵が刻まれている．彼の横には彼がイスラエルで征服した町や村の名前がある．彼は，それらの町村を，200年前そうであったように，エジプトの支配のもとに引き戻したと述べている．被征服民に彼の勝利を思い起こさせるために，シシャクはメギドに自分の名前と称号を刻んだ石板を建てさせた．この小さな破片がメギドの荒れ跡から見つかった．幸運なことに，その破片には，シシャクの名前が刻まれており，それがシシャクのものであることを確認している．

シシャクは，その勝利後1年くらいで死んだ．彼の息子は征服者としての父の模範に従うほど強くはなかった．ある損傷した碑文には，シシャクの息子がエジプトの神々にささげた贈物の詳細が記録されている．それは，他のいかなるファラオが記録した金と銀よりも多くの量に達している．重さでは金銀の合計は，約20万kg（200トン）である．

他のエジプト文書の研究から，これらの量が誇張であると考える理由はなにもないことがわかる．これほどの量ではないにしても，他のファラオたちも，自分の神々に壮大な贈物をしている．

この富がどこからきたのかを明らかにするものは何もない．しかし，その多くは，シシャクがエルサレムにあったソロモンの神殿と宮殿から運び去った金であったと考えるのは妥当なことであろう．

ファラオ・シシャクはユダを侵略し，エルサレムの神殿から略奪した．この腕輪は彼の息子の所有物で，その神殿の黄金で作られたものかもしれない．

象牙の宮殿

　私たちは，乾いた，ほこりっぽい土の上に膝をついて，懐中ナイフと絵筆でゆっくり作業をした．宮殿の倉庫の床の土の中にはめ込まれていたのは，彫刻された象牙の破片の刻み目であった．それらは壊れやすくなっており，約3000年間そこに眠っており，崩れ落ちたレンガの重みで砕けていた．その象牙の破片は一つ一つ，その周囲の土の塊として別々に引き上げられなければならなかった．しかし，私たちが注意深く一つを切り離すと，その下か横に他の破片が見えている．それでこの仕事には，長い時間が必要であった．

　調査隊の家の中で，私たちは普通泥をメスと針で削り取り，その滑らかな表面を湿らせた脱脂綿でぬぐう．私たちは驚きをもって，泥の中から現れた見事な細密工芸品を見つめた．その破片は，乳白色で，裁断され滑らかに研がれていた．石や，あるいは赤や青色のガラスをはめ込まれたものもある．2，3のものは，はめ込まれた金箔の破片をなお持っている．

　これらの象牙は何を刻んでいるのであろうか．

　もう一つの倉庫部屋が，その答えを明らかにした．そこには，15以上の背もたれが，床を横切って列をなして立っていた．大きな象牙のパネルが木枠や背もたれに張り付けられていたため，木製とはわからなくなっていた．椅子は，象牙でできている

スフィンクスを刻んだ象牙は，エジプトの影響を示している．

彫刻をほどこされた象牙をはめ込まれた家具は，戦利品としてアッシリアに運び去られた．それは，イスラエルの貴族たちの間では非常に流行し，彼らの贅沢と貧しい者たちからの搾取は，神の預言者たちの怒りを引き起こした．

窓に女性がはめ込まれた象牙は，典型的なフェニキア・スタイルである．

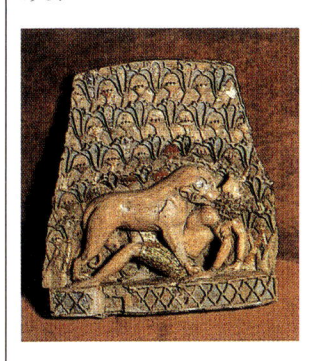

ように見えた．

　ある部分は，単に数枚の象牙カットであり，ベッドと椅子の縁のところでは表面を滑らかにするために研きがかけられていた．ある断片は象牙の堅い塊であり，彫られたり，装飾付きの支柱と頂華とを造るため旋盤で加工された．

　それらのほとんどの断片は，枠の中にはめ込まれた飾り板であり，装飾のためである．これらの大半は，浮き彫りである．その図案は，美しさと同時に，彼らの魔術的また象徴的意図をもって選ばれていた．植物や木を握る人物像は実りの豊かさを表している．翼をつけた太陽の円盤は神の守りを意味し，竜と戦う人間は混沌に対する勝利を描いている．

　非常にしばしば，彫り物は，エジプトからの影響の跡を示している．スフィンクスとシュロの葉とハスの花があり，間違いなくエジプトのものである男神と女神がある．しかし，私たちが掘り出したものは，エジプトの王宮の跡から出てきたのではなく，あるアッシリアの都市から出てきたのである．

　ほとんどの象牙家具が戦利品として，あるいはアッシリア軍が征服した国々からの貢ぎ物として，アッシリアに持って来られたことは明らかである．兵士たちは，彼らの王が使うためにその家具を本国に送った．王の部屋は，これらの贅沢品によって飾られていた．事実それらは非常に多く，王宮のいくつかの倉庫に満ちていた．

　アッシリアの王たちは，この征服された都市の記録，あるいは属国の君主が象牙のベッドと椅子を彼らに送った記録を残していた．センナケリブ（「かごの中の鳥のように」を参照）によればユダのヒゼキヤはその一人であった．象牙の家具は，言うまでもなく高価で，大金持ちの家の贅沢品であり，敵軍が持ち去るステータス・シンボルであった．

　これは旧約聖書にもそのように現れる．ソロモン王は，彼の外洋航行用の「タルシシュの船団」が航海に出るとき，象牙をエルサレムに運んで来させた（第一列王記10章に記録されている）．彼は王座を造るのに象牙を用いた．これは木製の骨組みでできており，完全に象牙で包まれていた．200年後，象牙の家具は，サマリアの貴族の間で流行した．彼らは，華美な贅沢品に彼らの財産を費やすために，彼らの債務者を搾取し，必要以上に取り立てた．

　「象牙のベッドに横たわる者たちに災いがあるように」と羊飼いから転向した，ユダ出身の預言者アモスは叫んだ．「彼らは，ただ長椅子の角あるいはベッドの足とともに捨てられる」．それらは，彼らが無駄遣いした富の無用の遺物である．

　イスラエルの指導者たち，少なくとも彼らの一人は，この流行を奨励した．第一列王記22章は，アハブ王が象牙の家を造ったことを記録している．これは，象牙の板を張った家を意味しているのかもしれない．あるいは，もっとありそうなのは，家に象牙の家具があったということであろ

う．アッシリアでの発見によれば，一種の装飾品として複雑な彫刻をほどこされ象牙のパネルがあり，あるものは彩色された石で飾られ，金箔で覆われていた．

現代人にとっては，その趣きは，華やかでけばけばしいかもしれないが，これが古代人が好んだものであった．ソロモン王の詩の中に，一人の女性が自分の恋人を描くのに，青い石をはめ込んだ象牙の体をもっているようにたとえている箇所がある．

サマリアでは，イスラエルの宮殿の遺跡が発掘された．その中に500以上の象牙の破片が床の上に砕かれ散在していた．そのうちの200以上に彫刻がほどこされていた．ある学者たちは，それらがアハブの治世，前約860年に属すると考えている．また他の学者たちは，その年代をそれより1世紀あとにもって来る．それらがアハブの時代のものであろうとなかろうと，それらは，彼が持っていた家具の類であり，アッシリアで発見された多くのものとちょうど同じようなものであった．

象牙の彫刻の主なスタイルを決めたのは，フェニキア人の職人たちであった．そして，アハブの妻イゼベルは，フェニキアの町シドンの出身であった．カナンの地域的特色がエジプトや他の地域からのものと融合し，象牙のデザインが生み出されるのは，フェニキアにおいてであった．イスラエルに輸入された時，これらの異教の模様は，神の民が，いかなる像も刻んではならない，という命令を守るのにはマイナスであった．

侵略者たちがサマリアの宮殿，そして，後にアッシリアの宮殿をあさった時，彼らは象牙の家具を粉砕した．彼らは，多くの長椅子や椅子を運び去ることができなかったので，彼らは金の上張りをはがし，木と象牙の部品を残していった．考古学者が，今や発見したものは，アモスの言葉の中にある，「長椅子の角，あるいはベッドの足」である．しかし，これらでさえ，アハブの象牙の家の中に見事に立つ時，この家具がいかに豪華なものであるかを示すのに十分である．

ニムルドから出土した象牙のベッド頭部は，神のイスラエルに対する審きを宣告した羊飼いの預言者，アモスの言葉を生き生きと思い起こさせる．「象牙のベッドに横たわる者たちに災いがあるように」．その王国がアッシリアに降伏したとき，それは神の審きとして見られた．

印章の彫刻師

イスラエルの職人たちは，一般民衆の必要を満たすのに忙しかった．そこには大工に鍛冶屋，織工に染め物師，陶器師と石工がいた．彼らの働きは重要であったが，ほとんどの場合人間や自然による破壊のために消えてしまった．ただ陶器師たちの生み出したものだけは今も豊富である．

職人たちの通常の作品と一緒に，熟練工による作品も失われてしまった．イスラエルのいかなる宝石細工もほとんどわからない．香水と化粧品は，とうの昔に失われてしまった．しかし，熟練工によって造られた一種類のものは，かなり多数にわたって残存している．すなわち，それは，石の印章である．

バビロニア人が円筒印章を生み出す以前，人々は，自分自身を確認するしるしとして，小さな石の上に図案を彫った．それによって，彼らは箱や壺に封印するため，一片の粘土の上に刻印を押した．エジプトとカナンではこの種の印章は普通であり，イスラエルもそれを取り入れた．

金持ちは誰でも宝石細工人から，印章を買うことができた．それは，小さな石，たぶん宝石——紫水晶，めのう，あるいは紅玉髄——堅く，美しい色のものであったであろう．安物の印章は，地方の石灰石でできていた．

彫刻師，あるいはその徒弟が石を研ぎ，端を楕円か円形にするために切断し，その面をほぼ平らにする．その石の真ん中に，あるいは一方の端に穴を開け，印章がネックレスからぶらさげられるか，あるいはリングにはめ込まれるようにする．

こうして，石は，彫刻師が彫るための準備を終える．彼らは，普通，直径2.2cmにも満たない，みがかれた平面上で仕事をしなければならない．細いドリルと鋭利に研がれた，円盤状の刃先をもつ小さなドリルによって，選定された図案を石の中に刻み込んでいくのである．

顧客は，彼自身と他の人々が，他の誰かとは違う，彼の

著者の手は，古代の彫刻師たちがその技術を用いて刻んだ印章がどれくらい小さいかを示している．

前8世紀から6世紀に属する印章は，古代ヘブル文字で刻まれ，多くは準宝石である．それらは所有者の名前を持っており，ひと固まりの粘土の上に捺印するために用いられた．捺印された粘土は容器やパピルスの巻物を封印した．

所有物であることを識別できる図案を望んだ．それで彫刻師は，選択肢を提出した．彼の顧客は，グリッフィン（鷲の頭・翼，ライオンの胴を持つ怪獣），あるいはスフィンクス，あるいはエジプト・スタイルのスカラベ甲虫，あるいは植物，あるいは礼拝をしている人物，あるいは神や女神，そういう絵を望んだのであろうか．これらはどれも現代の無数の印章のコレクションの中に見られる．

ある人々は，他の誰も使うことのできない，彼らだけの印章を欲しがった．そのために，彼らが読むことができたと仮定して，彼らは彼ら自身の名前を石の上に刻んでもらわなければならなかった．これまで，所有者の名前を古フェニキア・アルファベットで刻んだ約千個の印章が発見されている．それらは，前10世紀と前4世紀の間に造られた印章である．その印章は，この地域のあらゆる国々の民族のものである．すなわちシリアとレバノンのアラム人とフェニキア人，ヨルダン川東岸のアモン人とエドム人とモアブ人，パレスチナのイスラエル人とペリシテ人である．

しばしば，印章彫刻師は人名を図案のまわりのあいている箇所に付け加えた．こうして印章の大半は，絵か模様と碑文を持つことになった．

ヘブル人のものとわかる印章の大半は，違っている．それらは碑文だけしかない．アラムの印章にも，またヨルダン川東岸の印章のいくつかにも図案のないものがあるが，その比率は比較にならないほどヘブルの印章に多い．その理由は，「あなたは偶像を造ってはならない」という出エジプト記20章に記録された戒めを守ろうとしたからであろう．

通常，印章は所有者名とその父の名前を持っている．時々，所有者名に続いて称号がくる．「王の僕」「誰々の執事」．女性のために刻まれたいくつかの印章も同じ様式を持っている．「誰々の娘」あるいは「誰々の妻」．

その印章がヘブル人のものであるかないかを私たちはどうやって決めることができるだろうか．文字の研究は，手がかりを与えるが，名前自身が最良の指標となる．イスラエルと近隣諸国はエル（「神」の意味）という神を礼拝し，自分たちの名前を造るのにその名前を用いた．たとえば，「神は聞きたもう」という意味の「イシュマエル」，「神与えたもう」という意味の「エルナタン」．このような名前は，ヘブルか，近隣諸国のものである．

人名が国家神の特別な名前を持っている時は，印章の所有者の生まれは明らかである．「ケモシュセデク」「ケモシュナタン」は明らかにモアブ人である．なぜならケモシュは，モアブの主神である．同様に「エレミヤ」「エホアハズ」「ゲダルヤ」の印章は，明らかにヘブル人に属する．これらの名前の神名は，「ヤ」「エホ」あるいは，「ヤウ」と短縮されている．

他のいかなる発掘品よりも，これらの印章を通して，私たちはもっと多くの古代イスラエルの男女との接触を持つことができる．彫刻師の技術が，彼らの名前を生かしているのである．

印章は，首飾りからぶらさげられたり，指輪にはめ込まれた．その指輪の印章（上段）は，「シャファト」という名の人のものである．

残存している印章の一つ（下段）は，「ミカヤの子，ネヘミヤ」に属する．これらの名前は，聖書の記録からよく知られており，明らかにその時代にはありふれた名前であった．

私　　邸

　王たちの贅沢な「象牙の家」は，興奮を引き起こす諸発見となった．それらは想像力をかきたて，発掘する人々の情熱を引き起こしている．象牙の家ほどセンセーショナルではないにしても，私たちが古代を知る上でちょうど同じくらい貴重なのは，かつて町の一般民衆の所有であった個人の家である．

　発掘者たちは，イスラエルの多くの箇所で王朝時代に建てられた家の残骸を掘り起こしてきた．これらは，文書の記録から得られた情報にふくらみを持たせ，中近東における最近の地域生活の観察と相俟って，驚くほど完全な家の描写を私たちに提供している．

　ほとんどの町でイスラエルの家々は，同じ基本的設計で建てられていた．しかし，部屋の配置は当然ながら敷地の形状によって決まってくる．彼らの仕事が十分な生計をたて，彼らを適度に繁栄させるのはこれらの家であった．彼らは，典型的な「イスラエル」の家に住んでいた（貧しい人々は一部屋か二部屋の小屋に住み，その形跡はほとんど残されていない）．

　その入口は，石で舗装されていない泥道から，小さな，たぶん丸石を敷いた中庭に向かって開かれていた．一方の側では，ほぼ正四角形の石柱の列が，牛小屋となる低い屋根を支えている．そこに動物たちは夜になるとつながれる（狼や熊，その他の動物が襲う場合に備えて，家畜を野原に無防備で放置することはなかった）．もう一列の柱が反対側に立ち並び，その柱の間は石かレンガでふさがれ，壁を造っていたかも知れない．あるいは単なる壁であったかもしれない．そこに長く狭い部屋に入る戸口が付いていた．

　中庭の奥にある，家の幅にまたがる空間は，もう二つの部屋が入るに十分である．それらが主たる生活と睡眠の場であった．部屋はいずれも仕切りの壁で区切ることができた．

　中庭に家の持主は思いのまま炉辺とかまど（オーブン）を配置した．かまどは，しばしば泥レンガで造られ，内側には滑らかにする漆喰が塗られていた．湿った，平たいパン生地は，かまどの内壁に張りつき，内壁はかまどの底で燃える火から熱を吸収し，その熱によってパンは調理される．

　パンを焼くことは，どの家族にとっても日課であった．ほとんどの家族は，自分たちの穀物貯蔵所を持っていた．それは床に小さな穴を空け，石を敷き詰めるか，かご細工をはめ込んだものであった．石の臼か

イスラエル人の典型的な家は，中央の中庭を取り囲むように建てられたいくつかの部屋からなっている．手摺がついた平らな屋根は，余裕の空間となっている．

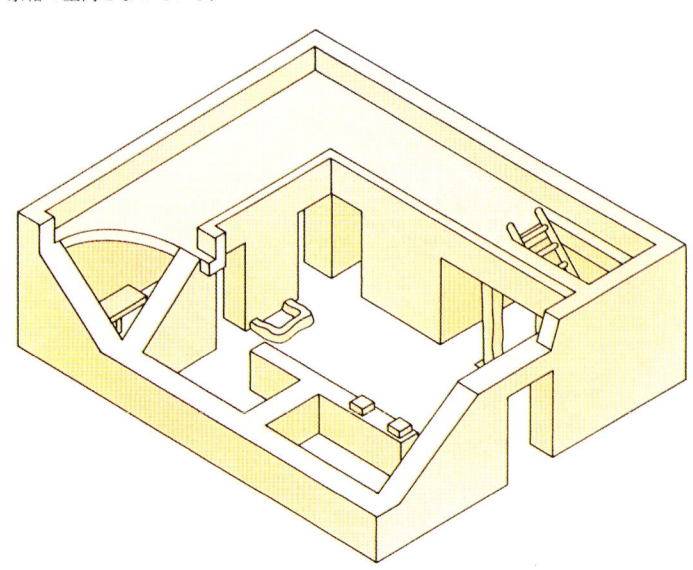

製粉器が，大麦や小麦を粉に挽くために必要とされたすべてであった．

その他の基本的備品は，家々の中にも蓄えられた．大きい壺が床にはめ込まれ，あるいはレンガ造りの特製の台座の上に立てられ，油やぶどう酒や水を蓄え，また乾燥した食品のためにも用いられた．油は，オリーブの木から特別な石の圧搾器によって絞りだされる．

一つの町にこのような備品が集められていることは，ある特別な家族が，近隣の数家族の必要に応じて供給していたことを暗示している．他の人々が，羊毛や亜麻から糸を紡ぎ，それを布に織った．紡ぐための，そして糸を織機の中でピンと張るための粘土のおもりが床の上から発見された．

家の屋根は平らであった．高い木はまれだったので，屋根の梁は非常に短く，部屋をかなり長細いものにしていた．2mより幅広い部屋はまれであった．梁の上には枝や細枝が置かれ，幾層にも泥のしっくいが頂上に塗られ，それらを固めるために石のローラーで圧迫した．

泥のしっくいは，石やレンガの壁の上にも用いられた．新たに上塗りすることは，建物の耐水性を強めるために毎夏行なわれた．またそれは，表面を飾ることになるし，少なくとも白色塗料をほどこすことになる（これは，エゼキエル書13章に言及されている）．泥のしっくいは，炉で焼かれず，ただ太陽で乾燥させただけである．適当な処置を怠れば，たちまち粉になり，壁は崩れてしまう．よく手入れされた家は，30年かそれ以上はもった．

夏には，平らな屋根は，あらゆる種類の家内活動に適していた．ヨシュア記（2章）には，エリコでラハブがそこに亜麻を敷いていたことが記されている．暑い夜には，家族はしばしば屋根の上で寝た．賢い律法は（申命記22章8節に記録されている），屋根の上で動き回る者が落下しないように，すべての家が屋根の周囲に手すりを付けることを命じている．

余分な居住スペースを取るため，屋根の上に部屋を建てることができた．しかし，ある家では屋上の倉庫を持っていた．たぶん中庭の隅にある部屋の上に建てられたのであろう．これらの部屋に昇るための階段は，中庭に，あるいはときたま家の外に付いていた．裕福な女性が預言者エリシャのために備えたのはこの種の部屋であった（これは，第二列王記4章にある）．彼女は，ベッドと机と椅子とランプを備え付けた．それらはおそらくどの部屋にも同じように備え付けられていたのであろう．

ランプは浅い陶器の皿で，縁の1カ所が挟んでつぶされ，注ぎ口となっていた．草や布くずの灯芯がその注ぎ口の上に置かれ，皿の中にたまった油から燃料を吸い上げた．陶器は，単純な土器かテラコッタであった．上薬を使うことはなかったが，より品質の良い器は，焼く前に良く磨かれた．これは表面を非常に滑らかにし，汚れをぬぐいやすかった．

陶器師たちは，大きく深い料理用の器，小さく外に広がった食器，あらゆる大きさの鉢や碗を作った．彼らは油，葡萄酒そして水を入れるためのさまざまな水差しを作り，暑い気候の中でしばしば必要とされた香水類のために小さな水差しを作った．陶器は飾りのない単純なものであるが，それは巧妙に作られており，単純な形状は実に優雅である．

誰も「これはエリシャの家である」とか「これはエレミヤの家である」とか主張することはできないが，遺跡は，かつて生きていた実在の人物の行動を描く旧約聖書の描写を思い起こさせる．また彼らが住んでいた家々と彼らの基本的必要がどのように満たされていたのかを教えてくれる．

どの家にもオリーブ油を満たした陶製ランプ（上）があった．

鉄器時代のベエルシェバで，家々が狭い道路に沿って並んでいる（左）．

貨幣制以前の時代に

古代イスラエル社会で何かを買うには、何か交換するものを持って行かなければならなかった。なぜなら鋳造された貨幣がなかったからである（「ユダヤ人の貨幣」を参照）。たとえ小売商人が、銀シェケルで値段を設定していても、彼は、それに相当する額の羊かシャツを受け取るかも知れない。

銀で支払うためには、その価値を確認するために、秤とおもりを必要とする。銀は、金属のくずであるかも知れないし、腕輪類や他の宝石の部品であるかもしれなかった。そこで、すべての人々が納得するおもりの制度が必要であった。

エルサレムでも、他の町々でも、古代のおもりが多く発見されて来た。これらのおもりのほとんどは石でできていた。その石は平らな底部と半球形の上部を持った丸形に裁断され、注意深く磨かれていた。1シェケルの小さな断片は、多分高さと直径がわずか1cm、重さは2-3gであろう。逆に、400-500シェケルのためには、重さ4.5kgが必要であった。

それらのおもりは良くできているように見えるが、同じ重さであるはずのそれらでさえ一様ではなかった。その結果、シェケルの正確な重さというものは確かではない。多分11.4gであっただろう。

それらのおもりを簡単に見分けるために、小さなおもりにはしばしばその重量の数値が刻まれていた。これは「シェケル」の記号をともなう数値かもしれないし、また小さなおもりの名前であるかもしれない。この数字の記入はたぶん印章彫刻師の仕事であったろう。

シェケルのほかに、旧約聖書はもう二つのおもりに言及しているが、これらは発掘されたものの中に確認できるものである。最初は、半シェケルの「ベカ」で、これは、成人したイスラエル人が、神殿への税金として納めていたものである。

二番目のおもりは、具体例が現れ、聖書に関連づけられるまで誰にもわからなかった。このおもりには、「ピム」という言葉が刻まれていて、その意味は2/3シェケルである。第一サムエル記13章21節で、この言葉はヘブル語本文に現れる。しかし、誰にも理解できなかったのである。欽定訳や、改定訳では、疑わしいと注釈しつつ「a file（一つのやすり）」と訳している。

聖書のこの箇所が、これらのおもりについての知識を背景に読まれるとき、それは、明白になる。それで今は、次のように訳される。「費用は、

鋳造貨幣の造られる以前は、支払いは銀の重さを測ってなされた。このことは、誰もがわかる重さの体系が重要であった。アッシリアから出土した青銅ライオンのおもり（上）には、王の名前が刻まれている。その王にこれらは捧げられた。

おもり（下）の数値は、ヘブル語でそれぞれの上に印されている。右から2番目は、「1ピム」の重さである。

2/3シェケルであった」。これは、鉄の道具を修理するためにペリシテ人によってイスラエル人に課せられた料金であった。

宝は隠れていなかった：「モアブ石」

羊――何百何千という羊！王の書記官たちは，公正な数の羊が到着したか調べるために派遣された．今や頭数は合計10万頭に達していた．羊のほかに，もう一組の10万頭の雄羊から取れた羊毛があった．イスラエルの王は喜んだ．これらすべては属国モアブからの貢ぎ物であった．

当然モアブ人たちはこのような税金に怒っていた．彼らはイスラエルの支配に怒っていた．遂に彼らがそれを拒否するときが来た．

モアブをこのような状態に導いたのは，サマリアに新しい首都を開いたイスラエルの王オムリであった．彼の息子アハブはその支配を維持した．しかし，彼の治世の終わりに，彼はアッシリアに対する終わりなき戦いの中で他国の王たちと同盟した．そして彼はその後間もなく，ダマスコの王と戦ったときに殺された．彼に従った息子は窓から落ちて死んでしまった．

これはモアブの独立を主張するのには理想的な機会であった．モアブの王メシャは，反抗して立ち上がった．アハブの二番目の息子ヨラムが王であったが，彼は反乱を鎮圧するために戦争を指揮した．彼の軍隊はモアブの首都に到着したが彼らはそれを取らずに引き返した．モアブは解放された．

聖書とアッシリアの記録が私たちにこの情報を与えてくれる．さらに多くの情報がモアブ側から与えられる．モアブの王メシャは，イスラエルの支配を投げ捨て，モアブのいくつかの領地を勝ち取ることができた．そして，いくつかの町を再建した．彼はこの功績をたいそう誇り，石板の上にこの話を刻ませた．彼はそれからこの碑文を彼の故郷の町ディボンの城に建てた．

他の多くの古代の王の碑文と同様，それは王を紹介するところからスタートしている．「私はモアブの王，ディボン人メシャである」．事実の説明がその後に続くが，ほとんど全体が一人称で語られている．「私は戦った，私は殺した，私は取った，私は建てた」．

しかし，王はすべてが自分の力による勝利だと考えていたのではない．彼は，高き所を建て，その石碑がモアブの国家神ケモシュを象徴していることを明らかにしている．王は自分の神を讃えている，「なぜなら彼は私をあらゆる王たちから救い出したからであり，また私のすべての敵を倒して，私に勝利を与えてく

中に宝があるに違いないと考えた地域の人々は火と水を使って「モアブ石」を切り開こうとした．しかし，「宝」はその石自体とその碑文であった．

古代では，貢ぎ物を数え，記録するのは書記の仕事であった．これら二人の書記はアッシリアから来た．

イスラエルがモアブを支配していたのは，ケモシュが過去においてモアブを怒っていた結果である，と彼は言う．今やケモシュが彼にイスラエルと戦い，モアブを再建するように言った．特にケモシュは，メシャにイスラエルからネボの町を奪い返すように告げた．メシャは夜出かけて行き，一晩中戦い，町を取り7000人を殺した．彼はその町を神への捧げものとして奉納した．イスラエルの神，ヤーウェに属する町の中の物をメシャは，ケモシュに捧げるために運び去った．彼は他の場所も征服し，彼が捕まえた捕虜たちをディボンの城の労役につかせた．

その碑文は古フェニキア文字で書かれ，それはまたヘブル語を書くために用いられた．その言語は士師記，サムエル記，列王記のヘブル語に非常によく似ている．その中の考え方は古代イスラエル人が抱いていたものと類似している．

彼らの神が彼らに怒ったとき，ペリシテのような敵が攻撃し，彼らを支配した．それで神は民を解放するために指導者——士師たち，サウル，ダビデ——を奮い立たせた．

メシャのように，イスラエルの王たちも敵を捕虜とし，彼らの建築事業に使役した．メシャがネボの町をケモシュに捧げたように，ヨシュアもエリコを取り分けた．エリコに属するものは神のものであった．

メシャ碑文は，現代の解釈者たちにいくつかの問題を投げかけている．私たちが古代のテキストを読み，違った観点から書かれた2種類の記録を比較するとき，これは珍しいことではない．メシャは彼が勝利したときのイスラエルの王を記録していない．歴史家にとって困ったことに，彼の表現は曖昧である．「オムリは，メデバの領土を奪い，（イスラエル）が，彼の時代と彼の息子の時代の半分，すなわち40年間住んでいた」．オムリは12年間（前884－873年），彼の息子アハブは22年間（前873－854年）治め，合計しても40年間にはとうていならない．私たちは40年間を大体の年数と理解すべきだろうか，それとも「世代」と考えるべきだろうか．「息子」とか「半分」という言葉は，単に「子孫」とか「部分」を意味しているのであろうか．

事実40年というのは，大体オムリの治世の時からヨラム（前約852－841年）の治世で終わる．ヨラムはアハブの息子で，モアブを再征服することに失敗した．メシャは，彼の記念碑をその直後に造らせることができた．

メシャの記念碑は，「モアブ石」として知られ，パリのルーブル博物館にある．もともとそれは1m 15cm以上の高さがあり，基部の横幅は68cmであった．今では，叩き壊された黒色玄武岩の破片の塊である．しかし，それが発見された時，それはほとんど完全であった．それが発見されたときの出来事は，多くの古代記念碑がおかれている危険な状況の実例である．

1864年一人のドイツ人宣教師が，ディボンの廃墟でその石を見つけた．それはおそらく後の建造物のなかに組み込まれていた．翌年エルサレムにいたフランスの学者がその碑文の数行をアラビア人に写し取らせた．これによって彼はこの石がどれほど重要かに気がついた．次に彼は一枚の紙に圧写し，あるいは石全体を写し取らせ，そしてそれを買い取ることを企てた．

地域の人々にとってそれは単なる石にすぎなかった．書かれた碑文は彼らにとって何の価値もなかった．その中には宝が隠されているに違いないと彼らは考えた．それで彼らは石を火の上で熱し，それから冷水をその上に注いだ．それは，彼らが意図したように粉々に砕かれた．しかし何の宝も隠されていなかった．

フランス人クレルモン・ガノーは，村人からそれらを買い取りつつ，決然としてできる限り収集した．彼はわずかにその約3/5を回復しただけであったが，失われた部分を彼の圧写した紙から復元することができたので，メシャの勝利の物語を読むことができた．

「モアブ石」は，イスラエル，ユダ，エドム，モアブ，アモンから残存していることが知られているただ一つの記念碑である．もしこれ以外のものがあれば（それはありそうなことだが），それらはメシャの記念碑がそうであったように，いまだに埋もれているか，破壊されている．

防衛の値段：「黒オベリスク」

発掘は数日間続いていた．興味を誘うようなものは，何も見つからなかった．1845年の11月である．発掘を指揮していたヘンリー・レイヤードは，用事のためその遺跡丘を去らなければならなかった．

去る前に，彼は作業員たちと話した．彼らはすでに15m以上の試掘溝を掘っていた．土は堅く乾燥していて，彼らは，落胆していた．レイヤードは，彼が戻るまで，もう一日掘るように彼らに告げた．それから，彼は馬に乗って出かけた．

一人の作業員が息を切らして彼に追いついたとき，彼はまだその遺跡丘についてはっきりとした理解を持っていなかった．その試掘溝の中に何かが発見されたのである．彼はそれが何であるかを見るために，止まらなければならなかった．

レイヤードは戻り，馬から降りて，試掘溝の中に降りて行った．その底には磨かれた黒い石の塊があり，絵が彫られ，文字が刻まれていた．レイヤードが見つめる中で，それは懸命にロープで引き出された．それは四面の柱，あるいはオベリスクで，高さ2mあった．それぞれの面には小さなレリーフ絵が描かれた五つのパネルがあり，精巧に刻まれた楔形文字が，何行も並んでいた．

レイヤードは，みずから注意深くその絵を描き，文字を写してから，それを包装してイギリスへ送った．それはレイヤードが掘り出した他の遺跡品と一緒に今日，ロンドンの大英博物館に立っている．

もし彼があの日，去る前に作業員たちの言うことに耳を傾けて，掘るのを中止していたなら，この黒いオベリスクは今なお古代アッシリアの都市ケラフ（現在のニムルド）の廃墟の中に埋もれていたかもしれない．

このオベリスクが見つかった時，レイヤードも，また他の誰も，その碑文を読むことができなかった．彼はその描いたレリーフ絵をただちに印刷してもらい，楔形文字を解読しようとしていた学者たちに送った．ほとんど同時に二人の学者がその石に刻まれた文字のいくつかを読むことができた．

最初の人は，恥ずかしがりやの英国国教会教区牧師で，アイルランドに住んでいたエドワード・ヒンクスであった．彼は自分の牧師館で，またときどき大英博物館で静かに研究した．彼の教区民は，彼らの牧師が，外国語の大きな本のために多くの時間を費やして，古代の歴史の長く閉ざされたドアを開こうとしていたことを，おそらくまったく知らなかったであろう．ヒンクスとレイヤードは友人であった．そして，彼が発見した多くの碑文の意味を彼に告げることができたのはこのヒンクスであった．

この時のもう一人の偉大な解読者は，ヘンリー・ローリンソンであった（「ベヒストゥーンの岩壁からの秘密」を参照）．

両者は，この「黒いオベリスク」がアッシリアの勝利を記録したものであり，それぞれ並んだ絵の上の文字は，それを描写したものであることを理解した．

彼らがテキストを読み進めていくにつれ，解読者たちは，パネルの最初の列は北西ペルシアの王の貢ぎ物の名称であることを発見した．この王あるいは王の使節は，シャルマネセル王の前でひざまず

1845年，古代アッシリアの都市ケラフ（ニムルド）で，ヘンリー・レイヤードの下で働いていた労働者たちは，磨かれた黒い角石を発見した．それは彫刻され文字が記されていた．その「黒オベリスク」は，アッシリア王，シャルマネセルの勝利を記録していた．

絵の第二行目にある最初のパネル（上、右）は、非常に興味深い。ひれ伏している人物の上にある文字は、フムリの子ヤウア、すなわちエフーがもたらした貢ぎ物の目録である。エフーとは、イスラエルの王オムリの子孫から王位を奪った人物である。このアッシリアの記念碑は、聖書に登場するひとりの王の治世に興味深い光を投げかける。

その「黒オベリスク」は、イスラエル人（上記）がアッシリア王に貢ぎ物を納めたことを示す、これまでに発見された唯一の記念碑である。

いている。シャルマネセル王は背後に家来を従えている。

もう一つのパネルには、家臣たちが馬1頭、ラクダ2頭を引き連れ、人夫たちがその他の物を担いでいる。それらは、この王がアッシリアに献上している貢ぎ物の実例である。

その絵の第二列目は、最も驚くべきものである。最初のパネルにはもう一人がアッシリアの王の足もとで、地にひれ伏している。13人の家来が貢ぎ物を担ぐアッシリアの宮廷官に従っている。その絵の上にあるラベルには「フムリ（Humuri）の子、ヤウア（Yaua）の貢ぎ物：私は、銀、金、黄金の器、黄金のカップ、黄金の杯、黄金の水差し、鉛製品、王の杖、投げやりを受け取った」とある。

これらの贈物を送った王の名前が誰であるかを決めることはむずかしくなかった。ヤウアとはイスラエルの王エフーのアッシリア表記であり、フムリとは、イスラエルの首都をサマリアに建てたオムリのことである。

ここにはアッシリアの記念碑と聖書との重要な関連がある――その事実にヒンクスとローリンソンは、ただちに気がついた。

このことを私たちが、さらに調べる前に、私たちは他のレリーフについても言及すべきであろう。ひざまずいている使節はもう現れないが、多様な貢ぎ物がある。第三列目には、ラクダ2頭、角をもった動物3頭、象1頭、猿2匹、尾なし猿2匹が現れる。これらはエジプトから来た。角のある動物は、おそらくサイで、これらは王の動物園に納めるためであった。アッシリアの王たちは、見慣れない動物や植物を集めることが好きだった。

雄鹿を投げ倒しているライオンの場面に続いて、第四列目の絵は、ユーフラテス河中流域に住む王からの貢ぎ物を描いている。それは、最初の二組の貢ぎ物によく似ており、ただ折りたたんだ衣類が付加されている。

最後の列は、シリア沿岸国家の貢ぎ物を担いでいる人夫たちの行進である。それは、エフーの貢ぎ物と非常によく似ている。

アッシリアの石彫刻師たちは、エジプトから送られた動物を以前から全部見ていたわけではなかった。それでそれらの姿を非常に正確にその石に刻むことはできなかったかも知れない。しかし、彼らは確かに、貢ぎ物を担ぐそれぞれのグループの人々に別々の衣服を纏わせるように注意している。彼らはさまざまな民族衣装を描こうとしたようである。

この石柱の上部と下部に190行の碑文がある。その中で、シャルマネセルは、彼の勝利を彼の治世の最初の年（前857年）から、第31年（前826年）に関連づけている。エフーが貢ぎ物を納めたのは、他のシャルマネセルの記録が説明するように、第16年、前841年であった。エフーは、イスラエルの王子ではなかった。彼は、オムリの子孫、ヨラム王を殺した将校であった。エフーは、同時にユダの王を殺害した。第二列王記9章はこのことを語っている。

シャルマネセルの他の記録と、聖書の記録を一緒に考え合わせると、エフーの二人の王の殺害と彼のサマリアでの王位奪取は、彼がアッシリアに忠誠を誓ったときと同じ年に起きている。彼がアッシリアの庇護を得ることによって、自分の地位をもっと安全にすることができると考えたのも当然であっただろう。聖書はエフーの治世のこの面については何も語っていない。それは、ヘブルの歴史家には重要ではなかった。

この「黒いオベリスク」は、イスラエル人がアッシリアの王に貢ぎ物を運んだことを刻んだ唯一の記念碑である。それは、それ自身において重要な芸術作品であると同時に、ヒンクスとローリンソンによる最初の研究の時代から、旧約聖書に関連したアッシリア文書の中で中心的な位置を占めてきた。

「アッシリアが下って来て……」

ロンドンの大英博物館のショーケースの中に，空洞で褐色の粘土製角柱が立っている．その6面のそれぞれに，何行にもわたって奇麗な楔形文字が並んでいる．この単調にみえる一個の陶器（高さ37.5 cm）は，前705－681年にアッシリアを支配したセンナケリブ王の成功を記録している多くの碑文の一つである．バグダッド在住のイギリス人，テイラー大佐は，1830年にニネベでこの角柱（プリズム）を手に入れたが，それは1855年その博物館の所有となり，「テイラー・プリズム」として知られている．

アッシリアの王たちは，彼らが建てたり修理したりした神殿，王宮，市の門の土台の基礎に埋めるためにこのような記録を書かせた．彼らは自分たちの後継者が適当な時期にそれらを発見し，読み，彼らがどんなに偉大な人物であったかを理解することを望んでいた．このようにしてセンナケリブのような王たちは，生き生きと記憶されることになった．このことが碑文の語調を説明している．彼らは非常に誇り，自惚れ，王の武勇と王の勝利と彼が処刑した敵たちと，彼が持ち帰った戦利品のことだけを語っている．

詳しい研究によれば，これらの王たちは一見して彼らがそう思えるほどには，露骨な，威張った帝国主義者ではない．彼らの国家神が彼らに戦うように命じたという主張によって，彼らは非常にしばしば戦争を正当化した．しばしば彼らは，反抗的な属国の王たちを押さえつけるために戦った．「テイラー・プリズム」が記録したセンナケリブの全戦争の理由とは，それである．

センナケリブが攻撃した王たちの中に，バビロニアの王メロダク・バルアダンがいた．初期の戦争の後で，彼はアッシリアがバビロンに駐留することを受け入れていた．しかし，センナケリブが王になったとき，メロダク・バルアダンは，東方のアッシリアの敵国たちと同盟を結んだ．メロダク・バルアダンはまた，はるか西方ユダの王ヒゼキヤを含む，アッシリアの他の属国からも支援を得ようとした．

聖書の列王記には，ヒゼキヤがどのようにメロダク・バルアダンの使者たちを受け入れ，敬意を表したかが語られている．彼らの来訪は，ヒゼキヤがアッシリアに反逆するようになった一つの理由だったのであ

ユダのヒゼキヤ王の時代に，アッシリアはエルサレムの門を攻撃した．首都は落ちなかった．——しかし，南のラキシュは包囲の末に取られた．センナケリブ王は，ニネベにある王宮の壁をその劇的な最期のシーンで飾った．ここにあるのは，飛び道具が落ちてきたので，住民が避難するところ．

バビロニアの王メロダク・バルアダン（下図に描かれている王）の使者は，ヒゼキヤの宮廷で歓迎された．1世紀後にはアッシリアではなく，バビロンが主要な脅威であった．

ろう．事実ヒゼキヤは反逆し，そこでセンナケリブは，バビロニアの問題を処理して後，西方に進軍したからである．

このアッシリア王センナケリブは，前701年に彼がいかに地中海沿岸を南下し，彼の前にひれ伏した地方の王たちに出会ったかを報告している．ついに，彼はイスラエルとユダの南西，ペリシテ人の領土に達したのである．

一人の王，アシュケロン王は降伏を拒否

誇り高きアッシリアの威力がアッシュルナシルパル2世のこの前9世紀の彫像に表現されている．

したため，センナケリブは彼を退位させ，彼の家族とともにアッシリアへ送った．以前アシュケロンを治めていた人物が，アッシリアの保護のもとで王とされた．

もう一つのペリシテ人の町エクロンも反抗した．指導的な市民たちの一部は，アッシリアに忠実であった自分の王を捕縛し，彼をエルサレムにいるユダの王ヒゼキヤに引き渡した．反逆者たちは，エジプトに助けを要請したが，アッシリア軍はエルテケの戦いで勝利し，エクロンは壊滅させられた．センナケリブは，反逆者の指導者たちを処刑し，反逆の支持者たちを囚人として連れて行った．しかしその他の人々は自由にした．それから彼は，エルサレムで監禁されていた王を王位に戻した．

センナケリブの碑文は，これらの出来事を順番に記述しているが，エクロンの王の救出は，一連の戦闘の最終段階の後で起きた出来事であったかもしれない．

一人の反逆者が反抗的なまま残っていた．明らかに反乱の指導者であったユダのヒゼキヤは，彼の首都エルサレムの中で抵抗していた．センナケリブは，ユダ全域を侵略し，首都を取り囲んだ．彼の記録はその話を語っている（参照「かごの中の鳥のように」）．

注目に値するいくつかのことがある．彼の軍隊がエルサレムを取り囲み，誰ひとり町に出入りできなかったにもかかわらず，エルサレムに対して攻撃したという記述がないのである．「46の城壁ある町」あるいは他の反抗的な町に対しては攻撃の記述があるのにである．センナケリブは，ヒゼキヤが彼に屈伏し，重税を支払ったように主張しているが，彼は彼の軍隊がエルサレムに進入したことや，彼がヒゼキヤと対面したことを書いていない．

もっとも驚くことがその最後にある．ヒゼキヤは彼の使者とすべての貢ぎ物を，後

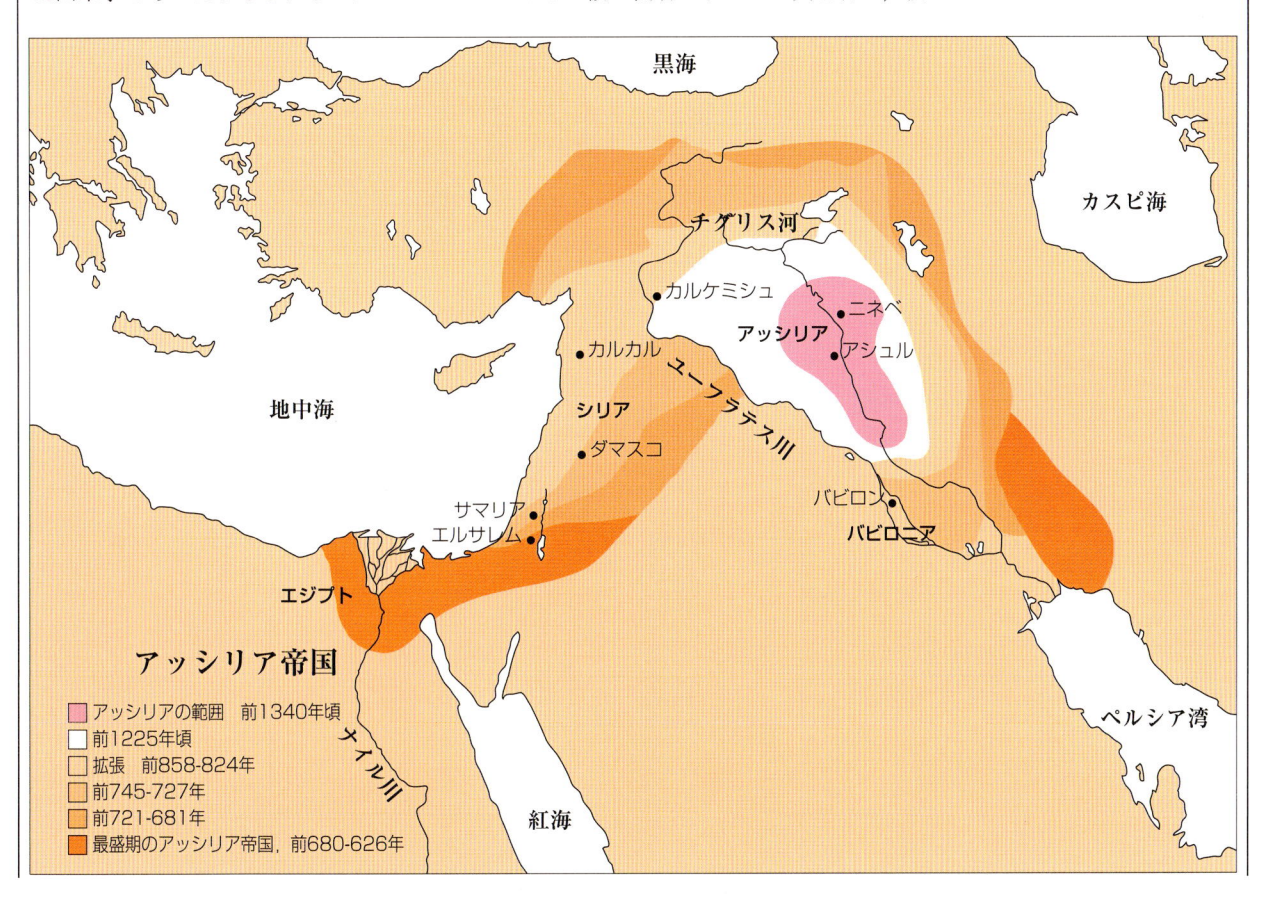

アッシリア帝国

- アッシリアの範囲　前1340年頃
- 前1225年頃
- 拡張　前858-824年
- 前745-727年
- 前721-681年
- 最盛期のアッシリア帝国，前680-626年

「かごの中の鳥のように」：センナケリブのエルサレム攻撃

センナケリブ王のエルサレム攻撃は「テイラー・プリズム」に記録されている．

これは，センナケリブが，自分のユダ攻撃に関して，後代の王たちが読むために残したものである．

「私に服従しなかったユダヤ人ヒゼキヤに関して言えば，私は，土地に傾斜路を設け，攻囲兵器と，坑道を掘り，突破し，攻城する歩兵の攻撃とによって，彼の 46 の城壁ある町々とそれらを囲む無数の小さな村落を包囲し征服した．私は，戦利品として，そこからあらゆる階層の 20 万 150 人の男女，馬，ラバ，ロバ，ラクダ，牛，羊を連れてきて，数え上げた．彼自身は，私が彼の王都エルサレムにかごの中の鳥のように閉じ込めた．私は彼を見張所で取り囲み，誰も彼の町に出入りができないようにした．私が略奪した彼の町々を私は彼の領土から切り離し，アシュドのミティンティ王と，エクロンのパディ王と，ガザのシルーベル王に与えて，彼の領地を減らした．私は彼らの年貢に，私の主権にふさわしい進貢の義務を加え，それを彼らに課した．私の君主としての威光に対する恐れがヒゼキヤを圧倒した．彼が彼の王都エルサレムを強化するために投入した兵士と選り抜きの軍隊は戦わなかった．彼は，後から私の王都ニネベに，金 30 タラント，銀 800 タラント，最良のアンチモニ，巨大な赤い石塊，象牙装飾のベッドと肘掛け椅子，象の皮，きば，黒檀，つげ材，あらゆる種類の高価な宝，そして彼の娘たち，宮殿の婦人たち，男女の歌うたいたちを持ってきた．彼は貢ぎ物を払い，敬意を表するために彼のメッセンジャーを送った．」

に，ニネベにいるセンナケリブに送った．アッシリア軍は，通常の凱旋に伴って貢ぎ物を運んで行ったのではないのである．

この出来事は，旧約聖書からも知ることができる．第二列王記 18 章 19 章とイザヤ書 36 章 37 章（その要約が第二歴代誌 32 章）に 2 度にわたって詳細に記されている．センナケリブの記録と聖書の記録を読み比べると，そこには多くの相違がある．しかし，両者は明らかに同じ事件を扱っている．

敵対する同士の記録なので，その相違は驚くに値しない．加えてどちらも，実際に事件が起きた時間的順序に従う必要はなかった．

ヘブル人記者によれば，センナケリブはエルサレムを威嚇し，市民に開門するよう説得し，ヒゼキヤに降伏を迫ったが，失敗した．エルサレムは無傷のままであった．ヒゼキヤは，抵抗するように励ました預言者イザヤを通して神からの確信を与えられていた．結局彼は降伏しなかった．

ヘブル人歴史家の解釈は，有名な一節の中にある．「その夜，主の使いが出て行って，アッシリアの陣営で 18 万 5000 人を打ち殺した．人々が翌朝早く起きて見ると，なんと，彼らはみな，死体となっていた．アッシリアの王センナケリブは立ち去り，帰ってニネベに住んだ」（第二列王記 19 章 35 節 36 節，新改訳聖書による）．

この場面では，アッシリアの影響力が最強であった時代のアッシュルバニパル王が，ライオン狩りを指揮している．

　何が起きたのか，確かなことは私たちにわからない．だがアッシリアの軍事行動を急激に終わらせた大惨事が起きたことを疑う理由はない．当然ながら，センナケリブは後継者が読むことになるそのような惨事を記録するつもりはなかった．それは自分の信用を傷つけることになるからである．

　軍事力の急激な低下によって彼が早急に引き返すことになったことは，なぜセンナケリブがエルサレムを占領したと主張しないのか，なぜ彼はヒゼキヤの服従を使者をとおしてニネベで受け取ることになったのか，を説明している．

　センナケリブがエルサレム占領に失敗したことを示唆するもう一つの事実がある．ニネベの彼の宮殿には，ユダでの軍事行動を石版に彫り，その石版によって飾られた部屋がある．その石版は，一つの町の占領に特別な関心を示しているが，それはエルサレムではなく，南にあるラキシュの要塞である．もしアッシリアがエルサレムを占領したのであれば，エルサレムこそ宮殿の壁面を飾ることになったであろう．しかしそうではなかった．そこではラキシュが顕著なのである．

　センナケリブの「テイラー・プリズム」とその並行記事は，もっともよく知られているヘブルの歴史的断面が，敵の観点から語られる事例を提供している．それは，聖書本文を理解するために非常に価値あるものであり，ある点でそれは聖書本文に合致している．

ヒゼキヤ王のトンネル

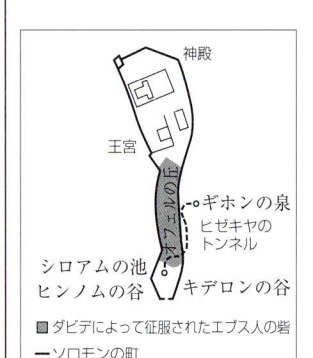

トンネルは泉の岩から池まで曲がりくねって続いている．

1880年に一人の少年が，池に続くトンネルの壁に，引っかかれた傷のような文字があることに気づいた．それは，二組の労働者たちが反対側から出発して，どのようにして，岩を切り開き，深い地下で出会ったかを記録している．

長年，エルサレムの女性たちは町の南にある池で自分たちの衣服を洗って来た．水はトンネルからその池に注いでいた．子どもたちは，よくその水の中で水をはね上げて遊んだ．少年たちの中には暗い水路の穴の中に少し這って行く者もいた．

1880年のある日，彼らの一人があかりをもっていつもより奥へ入って行った．揺れ動く炎によって，彼は岩壁にひっかかれた傷のような文字に気がついた．彼は出てきて彼の発見を書いた．

誰もこの碑文を以前に見たことはなかった．それですぐに詳しい研究がなされた．トンネルの壁を下って流れてくる水のために，文字の上には石灰が付着していた．しかし彼らがこれを取り除くと6行のはっきりしたヘブル語文字が現れた．

そこには，二組のグループが，いかにしてこの岩を通過するトンネルを掘ったか，が記されていた．二組のグループは，それぞれ反対側から作業を始めた．そして最終的に地下の深いところで出会った．そのテキストによれば，作業員が反対側の岩を叩く音を聞き，そうして彼らはどちらに行くべきかを知ったのである．

トンネルは，町の東側にあるキデロンの谷にある泉からその池に続いている．人々は，有名な米国のパレスチナ探検家，エドワード・ロビンソンが，1838年にその最初の精密な調査を行なった時から，長い間その存在については知っていた．彼はその水は「処女の泉」から池に流れてくるのであって，他の人々が考えていたような他の方法によるのではないことをはっきりと示した．

友人たちとともに，彼は何とかトンネルの全長を通過した．ある場所では4.5mから6mの高さがある．他のところでは非常に低く，探検者たちが腹這いになり，肘を使って体を引き寄せ，体をくねらせてやっと通り抜けることができた．そのとき以来沈泥は底から取り除かれ，通り抜けることは困難ではなくなった．

ロビンソンは，トンネルがほぼ一直線で長さ約366mであることを予期していた．それで彼は長さが534mに達したときに，驚かされた．その理由は明らかであった．トンネルは，S字形に曲がっている．ほぼ中央にはもう一つの二重に曲がった箇所がある．それは間違いなく二組のグループが出会った箇所である．もし彼らが互いに穴を掘る斧の音を聞かなかったら，彼らは全然出会うことはなかったかも知れないことをその計画は暗示している．

なぜトンネルがそのようにねじれたコースになっているのか，理由は定かではない．コンパスはなかったが，古代の技術者たちは両端から観測することによってまっすぐな線を維持することはできたはずである．多分彼らはこの作業では部分的に地下水流と岩の断層に沿って行なったのであろう．

そのトンネルは，町のある場所から他の場所へ水を移動するために掘られた．それは明らかである．ロビンソンの調査から約50年後に，その地域の子どもが発見した碑文は，トンネルが造られた年代と造られた目的を指し示している．

彫られていたものは，捕囚以前に使われていた古代ヘブル語の手書き文字のすばらしい実例であった．その発見以来，学者たちは，それを前700年直前のユダの王ヒゼキヤと結びつけてきた．近年，他の初期ヘブル語文書が発見されることによって，その文字の形がこの年代に属するものであることが明らかになっている．その中の一つは，ヒゼキヤの役人の一人によって所有されていたもので，粘土の上に印章によって捺印されたもの「ヒゼキヤのしもべ，ヒルキヤの子エホゼラ」である（ヒルキヤは，第二列王記18章に述べられている）．

ヒゼキヤとの関連は，ヒゼキヤが貯水池と水路をエルサレムに造ったという旧約聖書の記録から跡づけられる．第二列王記20章20節の記録「ヒゼキヤ王が行なったその他のすべての業績，彼の勇敢な行為，彼がいかに貯水池を造り，トンネルを掘り，町に水を引いたか，すべては『ユダの王たちの歴史』に記録さ

第二歴代誌32章3-4節の記述はこうである．「アッシリア人たちがエルサレムに近づいたとき，水を得ることができないようにするために，彼と彼の役人たちは，この町の外にある水の供給を止めようと決断した」．

　さらに30節ではこう言われている．「このヒゼキヤこそ，ギホンの泉の放水口をふさいで，エルサレムの内側に向けてトンネルを造り水を引いた人である．と言われている．ヒゼキヤは，彼が行なったすべてに成功した」．

　今日，その池は大空の下にあり，エルサレムのトルコ城壁の外側に位置している．ヒゼキヤの労働者たちがそれを掘ったとき，その池は解放されていて，池の周囲に切り開かれた階段にまで達していたか，あるいは完全に地下にあったのかもしれない．当時その池は城壁の内側にあった．というのは，エルサレムの最古の部分は市民に水を供給していた「処女の泉」，旧約聖書の「ギホンの泉」の上に建てられたからである．

　その碑文を売って金儲けを企んだあるギリシア人が，1890年にそれを岩から切り取り，破壊してしまった．それからエルサレムを支配したトルコ当局は，それを没収し，現在イスタンブールの古代博物館に展示されている．

　その池はシロアムの池と呼ばれている．しかし，これがヨハネの福音書9章でイエスが盲人に目を洗うように遣わした池かどうかは確かではない．それは少し南のもう一つの池かも知れない．

包囲に対して，エルサレムを守るためにヒゼキヤ王は堅い岩を切り抜いて，トンネルを掘り，ギホンの泉（上，左）から城壁の内側へ水を引いた．

トンネルは現在シロアムの池へ水を運ぶ水路となっている．

「われわれはのろしを見ることができない」

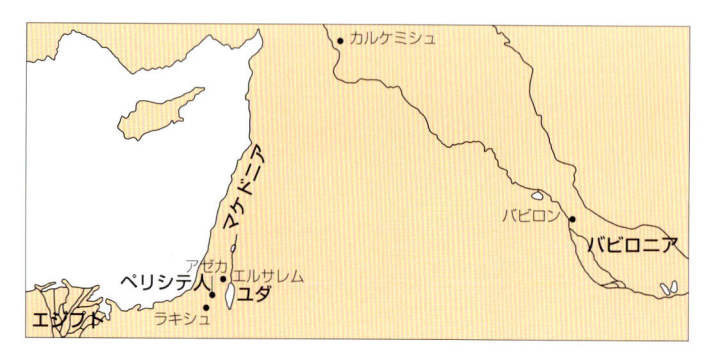

小さな王国ユダは，困難を抱えていた．敬虔な王ヨシヤは，不必要な戦いで殺されてしまっていた．征服者エジプトの王は，ヨシヤの息子を傀儡の王として王位につけた．わずか4年後，バビロン軍はエジプト軍をはるか北方カルケミシュで打ち破った．それからバビロン軍は，フェニキア，パレスチナ，ユダを支配するために南下した．そこで，ユダの王は今やバビロンの王に服従していた．

その軍隊は強力でも，バビロンは，はるかに遠く離れている．一方エジプトはユダの隣りである．バビロンが引き上げた後，ファラオの使者が，バビロンに拘束を強いる条約を廃棄し，再びエジプト側に付くようにユダの王エホヤキムに迫り，彼はその声に耳を傾けた．エルサレムでは，預言者エレミヤが王に同意しないように説得したが，成功しなかった．こうしてエジプトとの同盟が復活した．

預言者が警告していたように，バビロンの王ネブカデネザルは，すばやく行動を起こした．彼はその反抗を教導するために地方の軍隊を投入した．その攻撃が永続的な効果をもたらさないので，バビロン軍は問題を正すためにエルサレムに進軍した．

エルサレムではエホヤキムが死んで，その息子エホヤキンが王となった．彼はわずか3カ月間統治しただけで，バビロン軍が彼とその首都を捕らえた．彼らは若い王とその指導的人物たちをバビロンへ捕囚し，彼の叔父ゼデキヤを王位につけた．

驚いたことに，ゼデキヤはエホヤキムとまったく同じことを行なった．彼はエジプトの策謀に荷担し，再びバビロン軍を奮起させた．ネブカデネザル王は，ユダの人々が自分たちの王を持つことをもはや許すことができなかった．彼らの反抗的態度が続くことを終わらせなければならなかった．

彼の軍隊はエルサレムを包囲して取った．兵士たちは，城壁を破壊し，ソロモンの神殿を略奪し，火を付けた．彼らは逃げようとしたゼデキヤを捕らえ，彼の息子たちを彼の見ている前で殺し，彼の目をつぶした．多くの富裕階級と技能者たちは，捕囚となってバビロンへ連れて行かれ，一人の地方総督がバビロンの監督のもとに，担当者として残された．

これが，聖書とバビロンの文書が語る，ユダ王国の最後の25年間の歴史である．

考古学はそれらの文書にさらに付け加えることができる．1932年から1938年まで，ブライトンのチームがヘブロンとアシュケロンの間の魅力的な小丘を掘った．その遺跡は古代都市ラキシュと信じられていた（参照「アッシリアが下ってきて……」）．その小丘の端の1カ所で，鋤は，すぐに石壁の基部に打ち当たった．それは，町の門の遺跡であった．衛兵の詰所の床は，瓦礫と灰とで被われていて，それが火によっ

て破壊されたことは明らかだった．火は，近くの貧相な家々のいくつかを燃やし尽くしている．

　これらの通路に残っている壊れた鉢の形状から，その破壊がユダを襲ったバビロン軍の襲撃の一つの結果であることはほとんど明らかである．ほとんどの考古学者たちは，エルサレムが略奪されたとき，これが最後のものであったと考えている．燃えた城壁と砕けた器類は，ラキシュの一般市民に襲いかかった侵略の悲劇を思い起こさせる．彼らの家は，けっして再建されることはなかった．

　城門で発見されたいくつかの陶器の破片は，その状況をよみがえらせる．ユダ軍の若い将校は，彼の前哨地から，ラキシュにいる彼の指揮官まで報告を送っていた．それらは壊れた陶器の破片にインクで書かれた短いメッセージであった．その言語はちょうど旧約聖書の言語のように，教養あ

古代ラキシュの廃墟であるこの遺跡丘に消失した城壁と破壊された器類によって，私たちは，この民がどれほど破滅的な攻撃をアッシリア人から受けたかを思い起こすことができる．

城門で発見されたこの陶片は，ユダの兵士からラキシュにいる彼の指揮官への報告である．ニュースは煙のサインによって伝えられた．

るヘブル語である．その文字は，当時ヘブル語がどのようであったかを示している．これはエレミヤとエゼキエルの書かれた預言と似た物であっただろう．エルサレムで陶器の破片に発見された名前のリストを別とすれば，これらはユダから発見された，普通の古代ヘブル文字の最初の例である．他のものがそれ以来違う場所で発見されている．

その手紙は単純である．その一つでは，その将校は，彼の指揮官が指摘するほど自分は馬鹿ではない，と言っているようである．彼は現に読むことができるのだ．他のものでは，エジプトへ向かっていた将校が到着したことを記している．そこにはユダとファラオの策謀の響きがする．また書面でもたらされた預言的警告への言及があり，それを筆者が転送している．

手紙は18通ある．そのいくつかは保存状態が非常に悪く，インクはかすれたり摩滅したりしている．一つは守備隊が滅びる最後の瞬間に書かれたものであろう．将校は，彼が書字板であるいは巻物の上で，指示されたすべてのことを書いたこと，ある男が町に（多分エルサレムに）囚人として連れて行かれたことを報告し，最後は，「われわれはあなたが，閣下，与えた合図に続く，ラキシュからののろしを待っている．しかし，われわれはアゼカを見ない」と結んでいる．

最後の言葉は明らかに，ある場所から他の場所へ煙か焚火によってニュースを伝える通信制度への言及であろう．アゼカはラキシュから北に約15kmのところにある場所である．その将校は，彼が両方を見ることができる場所にいた．煙の合図は，特に進入の警告として重要であったのだろう（一連ののろしは，ナポレオンが1803年に進入したときは，英国においてまったく同じ目的のために使われた）．

預言者エレミヤは，「バビロンの王の軍隊がエルサレムに対して，またユダの残されたあらゆる町々，すなわちラキシュとアゼカに対して戦っているとき，（これらが残されたユダの城壁ある町であったから）」ゼデキヤ王に政策を変更するように警告した．

大して重要に思われないこの陶片は，バビロニア軍が迫って行った最後の日々からのメッセージを伝えているように思えてならない．

「ユダヤ人の王ネブカデネザル」

センナケリブと他のアッシリア諸王の廃墟となった王宮を掘っていた発掘者たちは，皆同じことを語っている．威風堂々としたホールや中庭は，彫刻で飾られた平らな石板が並べられていたが，略奪され，燃やされ，荒廃していた．略奪者たちが運び去れなかったものは，野性の動物のものとなり，風雨にさらされるままに残された．アッシリアの栄光は消え去ったのである．

アッシリアに代わって，バビロンが覇権を握った．2，3のバビロンの粘土板と聖書と幾人かのギリシア人によって，これらの出来事が記録されている．前640年以後，アッシリアは弱体化した．東方から，ペルシアの丘から，メディアとその同盟国が攻撃を加え，南方からは，センナケリブを打ち破ったメロダク・バルアダンの後継者たちの命令によってバビロン軍が来た．

幾度かの戦いの後に，これらの軍隊は，前612年にニネベを攻撃することによって，アッシリアの支配を終わらせるために同盟を結んだ．その勝利者たちはアッシリア帝国を分割し，メディアは東と北に向かう丘陵地帯を取り，バビロンはメソポタミアとシリアとパレスチナを手中にした．

第三の勢力であったエジプトは，いくらかの利権にあずかろうとしたが，バビロン軍は，前605年にカルケミシュでエジプト軍を完敗させた．その戦いでバビロン軍を指揮していたのはネブカデネザルであった．その年彼はバビロンの王となり，前562年まで43年間統治した．

ネブカデネザルは，アッシリアの王たちのように，自分の勝利についての長い碑文を彼が建てた神殿や宮殿の壁に残すことはしなかった．彼が残した碑文が語っているのは，ほとんど，彼が礼拝する神々のためになした事柄だけである．その結果彼の治世に関する歴史はよくわかっていない．いくつかの碑文は彼の帝国の地名を挙げ，帝国がいかに大きいかを示している．そして二組のグループの楔形文字粘土板は，もっと詳細な情報を提供している．

最初のグループはバビロンの年代記である．二枚の粘土板がネブカデネザルの父の治世における出来事を取り扱っており，さらに二枚が彼自身の治世の出来事を扱っている（他の粘土板は以前と以後の王たちを扱っている）．ネブカデネザルを扱ったその二枚の粘土板は，残念なことに，彼の治世の最初の11年間だけに言及している．

バビロンの空中庭園は古代世界の七不思議の一つである．

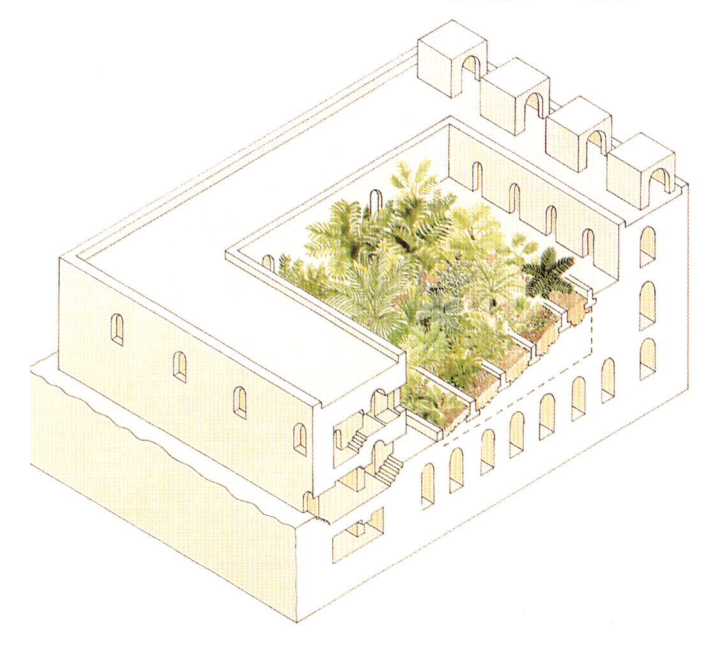

残りの 32 年間についてはほとんどまったく記録がない．他の粘土板が，ある日発見される可能性はある．現在知られているものは 19 世紀の終わりに，大英博物館によって買収されたものである．しかし，ネブカデネザルについての二つの粘土板は，1956 年以来そこに眠っており，出版が待たれている．

なぜその粘土板が書かれたかは説明できない．それらはどうも毎年の出来事をもっと十分に記録したものからの，抜粋であるらしい．これらの年代記は，アッシリア王たちの記念碑のように，流血と勝利の誇示的記述ではなく，平明で，事実にもとづき，学者たちは信頼にたるものと一致した評価を与えている．それらはバビロンの支配力の興隆とアッシリアの没落，カルケミシュの戦いとバビロンがシリアとパレスチナにおいて成功したことを語っている．

以下のような短い記述がある．「第 7 年，キスレウの月，バビロンの王は彼の軍隊を召集し，シリアへ進軍した．彼はユダの町に対して陣営を引き，アダルの月の第 2 日，彼は町を取り，王を捕虜とした．彼は彼自身が選んだ王を任命し，重い貢物を取り，彼らをバビロンに連れてきた」．

これらの日付を正確に翻訳するために十分な知識がある．第 7 年のキスレウの月とは，前 598 年の 11 月である．アダルの月の第 2 日とは，前 597 年 3 月 15 日／16 日である．ここにエルサレム攻撃に関するバビロニアの報告がある．その攻撃はネブカデネザルが若いエホヤキンの代わりにゼデキヤを王にしたことで終わった．彼はエホヤキンをバビロンへ捕虜として連れて行った（また「われわれはのろしを見ることができない」を参照）．これらの王たちはネブカデネザルの支配下にあった．彼こそは，童謡で歌われるように，「ユダヤ人の王，ネブカデネザル」である．

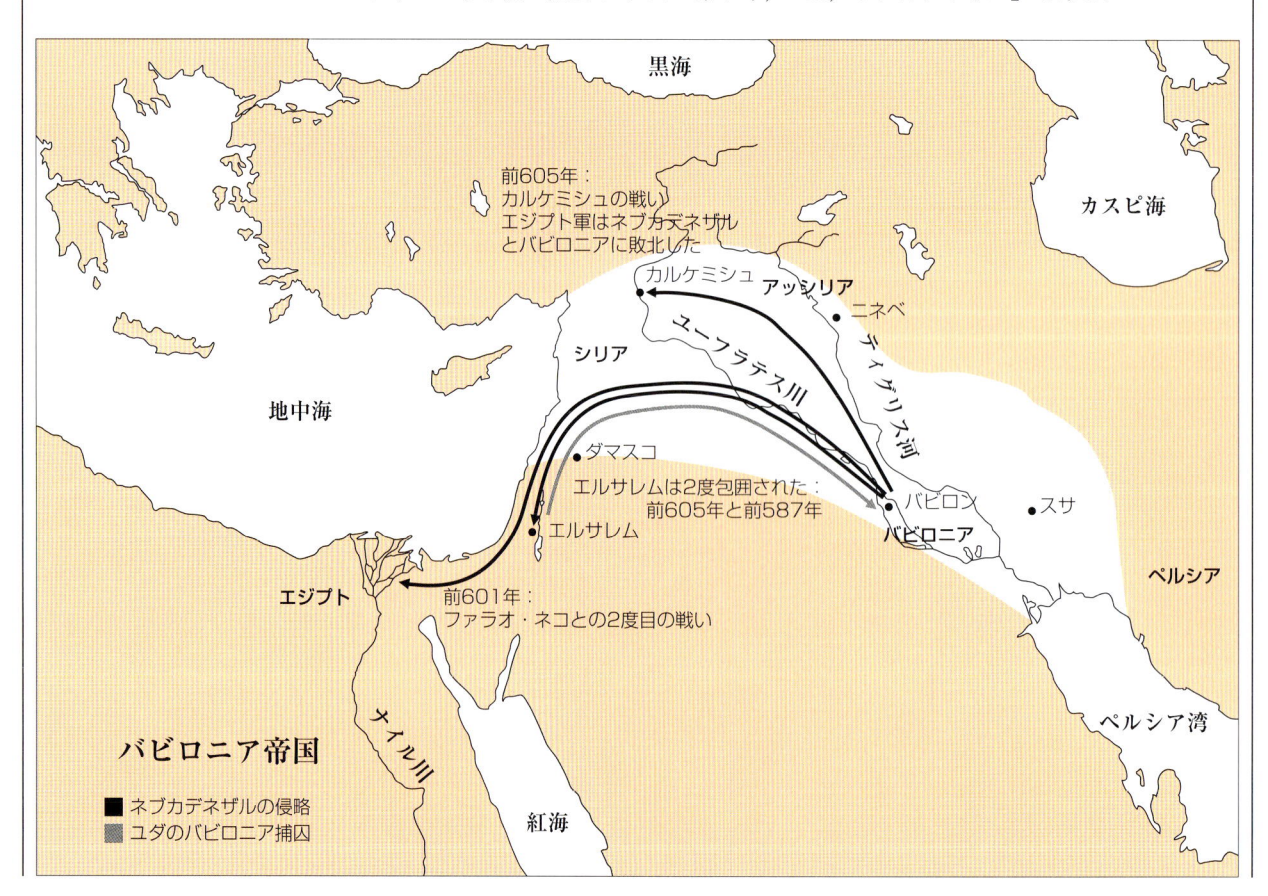

バビロニア帝国

- ■ ネブカデネザルの侵略
- ■ ユダのバビロニア捕囚

前605年：カルケミシュの戦い
エジプト軍はネブカデネザルとバビロニアに敗北した

エルサレムは2度包囲された：前605年と前587年

前601年：ファラオ・ネコとの2度目の戦い

バビロンの兵士たちは，エホヤキンと彼の廷臣たちをバビロンへ連行した．そこで彼らは王宮の保護のもとで生きた．その宮殿の発掘のとき発見されたいくらかの粘土板は，そこに住むあらゆる人々に支給された配給量のリストであった．その粘土板はネブカデネザルの治世の時，前594年と前569年の間に属するものであった．

穀物と油を受け取った人々の中には，メディア人，ペルシア人，エジプト人，リディア人がいた．彼らはみな識別できる独特の名前を持っている．フェニキアの町々（ビブロス，アラバド，ツロ）の出身者，ペリシテ人アシュケロンの出身者，そして，幾人かはユダの出身者であった．彼らのほとんどは，役人，あるいは職人，船乗り，造船工，大工，そして一人のエジプト人は猿の飼育係であった（参照「防衛の値段」）．

アシュケロンからは，王の息子たちがいた．しかし，ユダからは王自身がいた．4枚の粘土板が「ユダの王，エホヤキン」，彼の5人の息子，そしておそらくその他4人のユダヤ人たちへの配給量をリストしている．4人のうちの一人は「シェレミヤ」という伝統的ヘブル名を持つ庭師である．

ネブカデネザルは，彼の治世の間，エホヤキンを彼の王宮に留めておいた．第二列王記25章が語るように，彼の息子は，エホヤキンを解放し，宮廷の中で彼に特権的立場を与え，王の食卓に連なった．

ネブカデネザルはバビロンを壮麗な町にした（参照「栄光，それはバビロン」）．彼は町の北方の端に非常に大きな，頑強に防御された宮殿を持っていた．その正面入口は広大な中庭に続いており，およそ長さ66m，幅42mであった．両端には守衛とその他の人員のための部屋がある．正面入口の向かい側で，訪問者は一つのホールを抜けて第二の中庭に入る．そこはどちらかと言えばより小さい中庭で，端に多くの部屋を持っている．南端にある一連の部屋は王のもとにある最上位の高官たちが嘆願者たちを受け入れるために用いられた．

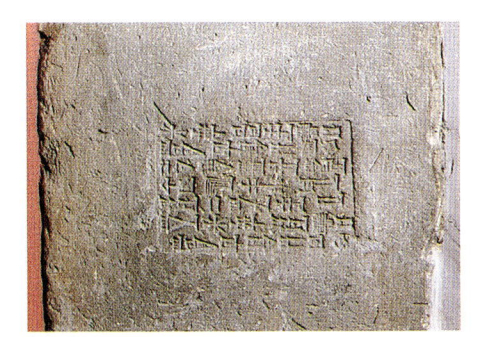

西方へ通じる記念碑的通路が，その中庭から最も広い中庭へと続いていた．およそ長さ60m，幅55mであった．レンガは，黄，白，赤，青で木と花をデザインした青い上薬でつや出しされていた．そのレンガが最も広い中庭の壁を飾り，その木の下にはライオンの帯状装飾が施されていた．

中央の出入口は，この壁を通って王座のある部屋，すなわち長さ52m，幅17mのホールに通じていた．王座は，この正面の入口の反対側にあり，一部は壁の奥に引っ込んでいた．これは，手が漆喰の壁に彼の運命を描いた時（ダニエル書5章），たぶんベルシャツァルが座っていたと推察しても構わない部屋であろう．この中央の中庭と王座の部屋の背後には，もっと多くの部屋を持った中庭がある．そのいくつかには王の婦人たちが住んでいたであろう．

王宮の東北部には，厚いレンガの壁と，細長いアーチ型天井のついた通廊をもつ建物があった（エホヤキンの配給の粘土板はここで発見された）．これらは多分貯蔵庫であったろう．しかし厚い壁はこれが高い建物であったことを示している．発掘者はそれを「空中庭園」と考えている．

ギリシアの歴史家は，バビロンの王が，メディア人の妻を喜ばせるためにどのようにして山のような庭園を造ったかを記録している．彼女は丘陵地からやって来て，バビロンの平坦地に住みホームシックになった．これらのアーチ型天井のある通廊の部屋は，これらの庭のためのレンガ工事のテラスを支えることができたであろう．

ネブカデネザルは，彼の栄光を謳歌する長い治世を持った．彼の死後25年が経たないうちにペルシアはバビロンを征服し，その町は重要ではなくなっていった．

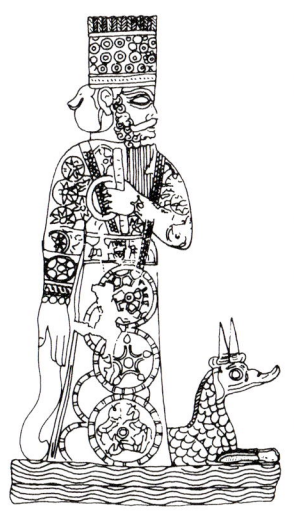

ネブカデネザルは建築事業に乗りだし，これがバビロンを豪奢な町にした．レンガ（上，左）の上にさえ，彼は自分の名前を押印した．

ネブカデネザルは，宗教的な事柄にも十分注意を払った．彼はいくつかの神殿を再建したが，その中にはマルドゥク神のものも含まれている．ダニエル書に従えば，これはおそらく彼が27mの高さの金の像を造って拝んでいた神であった．

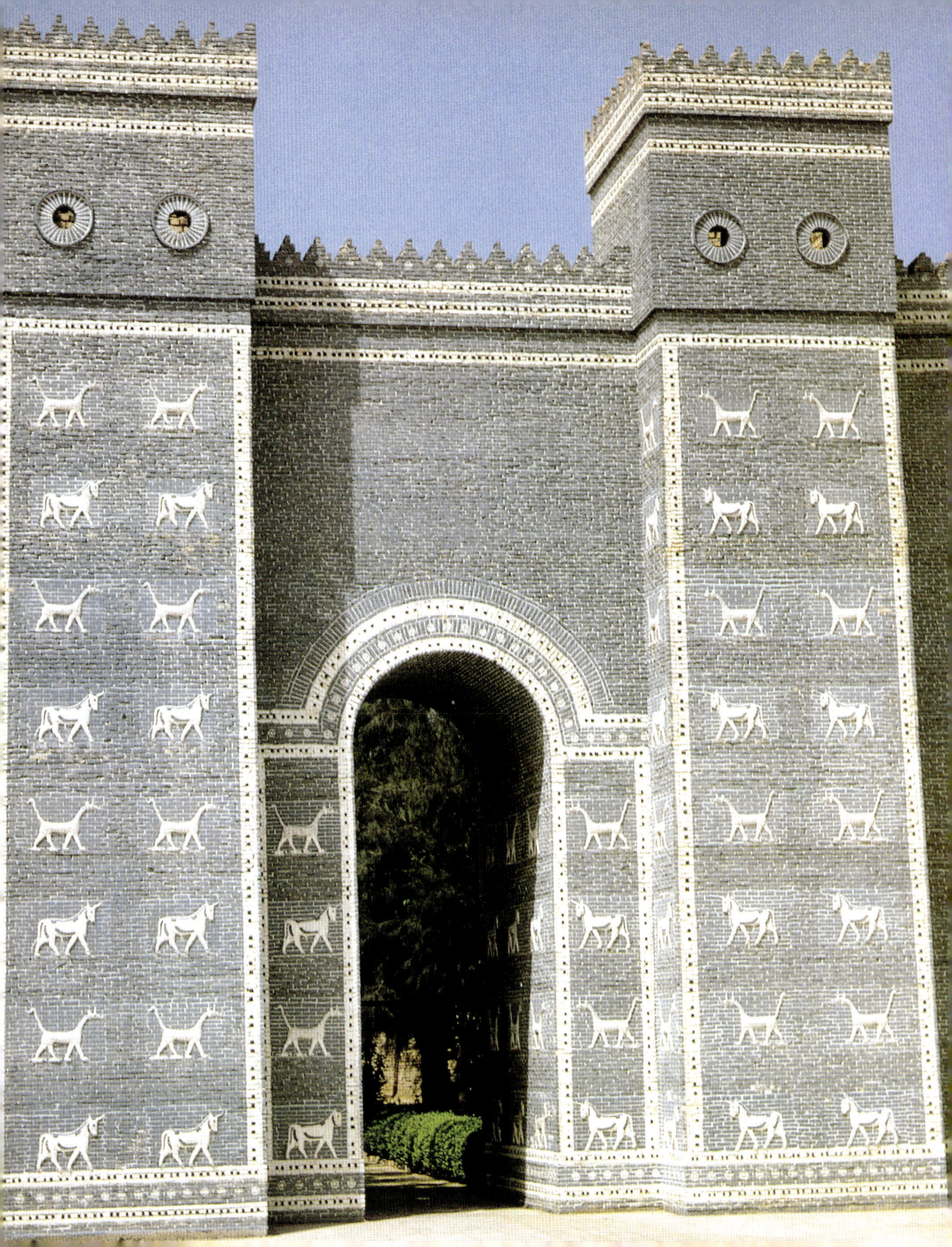

「栄光，それはバビロン」

　数百年間の間，イラクのユーフラテス河岸に住んできた人々は，古い建物に用いられていた，硬い焼きレンガを求めて，古代バビロンの小丘を発掘してきた．その河に沿ったほとんどの村落とヒラの町は，大部分バビロンのレンガで建てられていた．しかし，遺跡がこのように略奪されていたにもかかわらず，その都市は非常に大きかったので，多くのものが残されていた．

　バビロンの大規模な発掘は1899年ドイツの援助の元で始まった．ロベルト・コルドウェイが，夏冬の18年間にわたって，この責任者であった．彼の元で働いていた人々は町の城壁，宮殿，神殿そして住居を発見した．その中には，ポットと平鍋，金属品，石の彫刻それに楔形文字の碑文があった．ほとんどすべては，ネブカデネザルが支配していたカルデア時代，紀元前626-539年に属する．

　もっと以前の建物の遺跡は，この下に横たわっているが，近くの川が地下水面を非常に高くしているため，彼らの正式な発掘を不可能にしている．その結果，この場所を訪れた人々が今日見ることができるもの

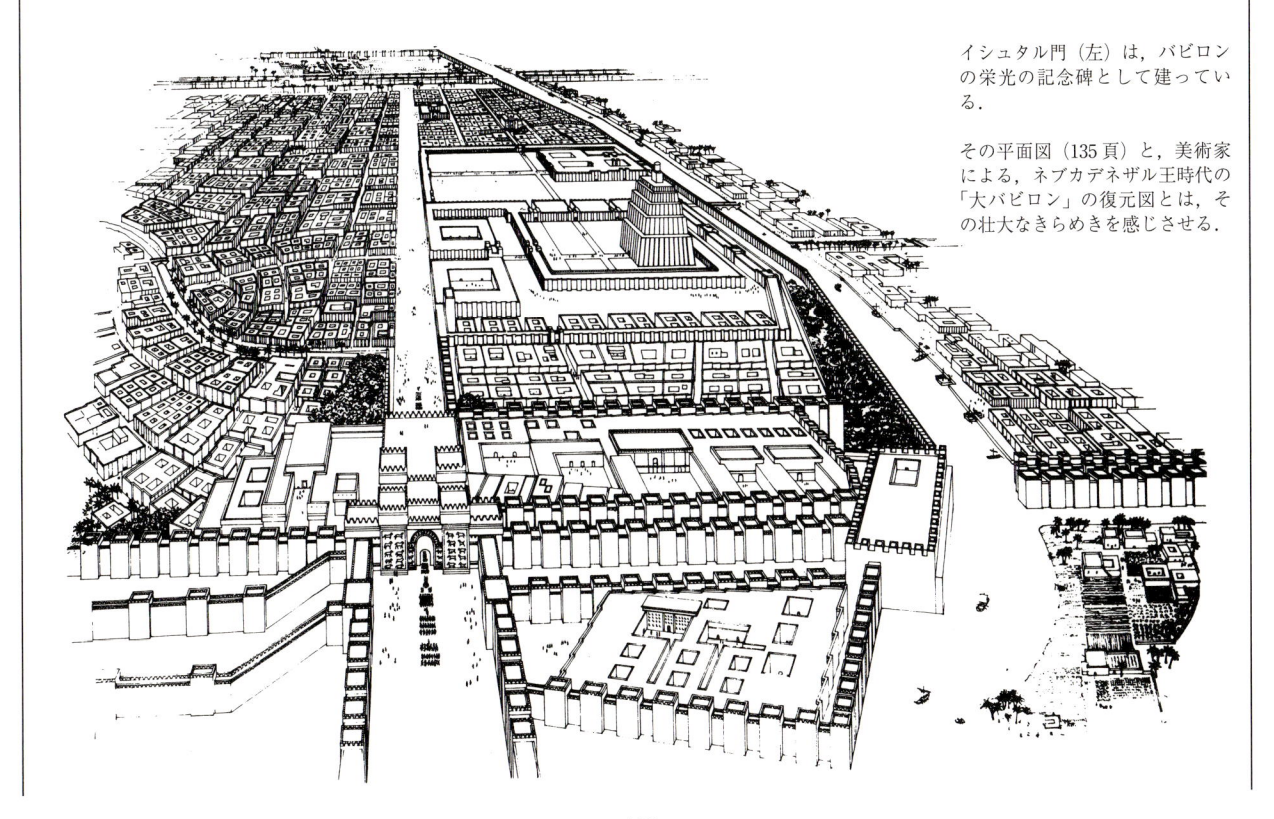

イシュタル門（左）は，バビロンの栄光の記念碑として建っている．

その平面図（135頁）と，美術家による，ネブカデネザル王時代の「大バビロン」の復元図とは，その壮大なきらめきを感じさせる．

は，ネブカデネザルの建造物とそれ以後のものである．バビロンに最も強くその形跡を留めているのは，彼の建造物である．

ネブカデネザルは，王位についた時，彼の父親が始めた再建工事を推進した．バビロンはユーフラテス河の東岸に立っており，川の反対側は郊外になっていた．

バビロンは二列に並んだ城壁によって保護されていた．内側の列は，二つの平行した城壁からできていた．それは6.5mと3.72mの厚さで，その間隔は7.2mあり，通路となっていた．このような城壁が，町の北側，東側，そして南側を約6kmにわたって囲っており，その南側は河で守られていた．郊外の部分も同様の城壁によって囲まれていた．

城壁の外周には幅約80mの堀があり，町の防備を強化していた．外側の城壁はさらに大きく（それぞれ7.2m，7.8m，3.3mの厚さ），その向こう側にもう一つの堀があった．これらは，郊外ともう一つの王宮がある三角形の地域を囲んでいた．これらの長さは，8km少々である．

誰でも町の内側に入るものは，これらの城壁の見事な通路を通り抜けて行く．これまでのところ，北の王宮を除いて，最も華麗なのはイシュタル門である．この門は，大神殿に向かう行列用の通路を管制していた．ネブカデネザルは，このイシュタル門を3度再建した．どの場合にも，城壁の

イシュタル門は，200以上の動物画で飾られている．その表面は上薬を塗ったタイルが使用されていて，神々の神殿へと続く行進用の道路の入口にあった．

レンガ工事では，魔術的な動物の浮き彫りで飾られていた．しかし，最後の段階で，レンガは上薬をかけられ，濃紺の背景に黄色と褐色の動物が浮き彫りにされた．

レンガ泥棒たちは上薬を塗った城壁をすべて破壊してしまったが，地上にばらばらに残されたレンガでも，再構成するには十分であった．それは，現在ベルリンの国立博物館に建っている．それ以前の，上薬を使わない城壁は，なおバビロンで見ることができる．

通路へ続く道路の側面に建っている城壁も上薬を塗ったレンガで覆われていて，そこにはライオンが浮き彫りにされていた．道路の舗装のためには，一辺が1m以上もある正方形の白い石灰石の石板が敷かれており，両側には赤と白のしま模様の石板が敷かれていた．この道路は，イシュタル門からバビロンの神の神殿へまっすぐ約900 m続いている．神とはマルドゥクであり，普通ベル「主」と呼ばれている．

バビロンの二つの中央神殿についてはほとんど発見されていない．上に行くに従って狭くなるように段階的に建てられていた塔である．この土レンガの巨大な塊は，地域のレンガ泥棒にとっては格好の石切り場であった．地面の大きな穴と，2，3の土台以外に塔の遺跡は何もない．その基礎は約91 mの正方形で，南側には直角の長い階段が付いていて，上部に到達することができるようになっていた．

塔についてのもう一つの情報が，バビロンの粘土板とギリシア人の描写から得られる．バビロンの粘土板は各階段の寸法を教えている．階段の側面は異なった彩色が施され，頂上の聖堂は，多分地上から190 mあるが，それは青い上薬を塗ったレンガで覆われていた．塔を取り囲む中庭には祭司たちと貯蔵のための数十室の部屋と，下級の神々のための聖堂があった．

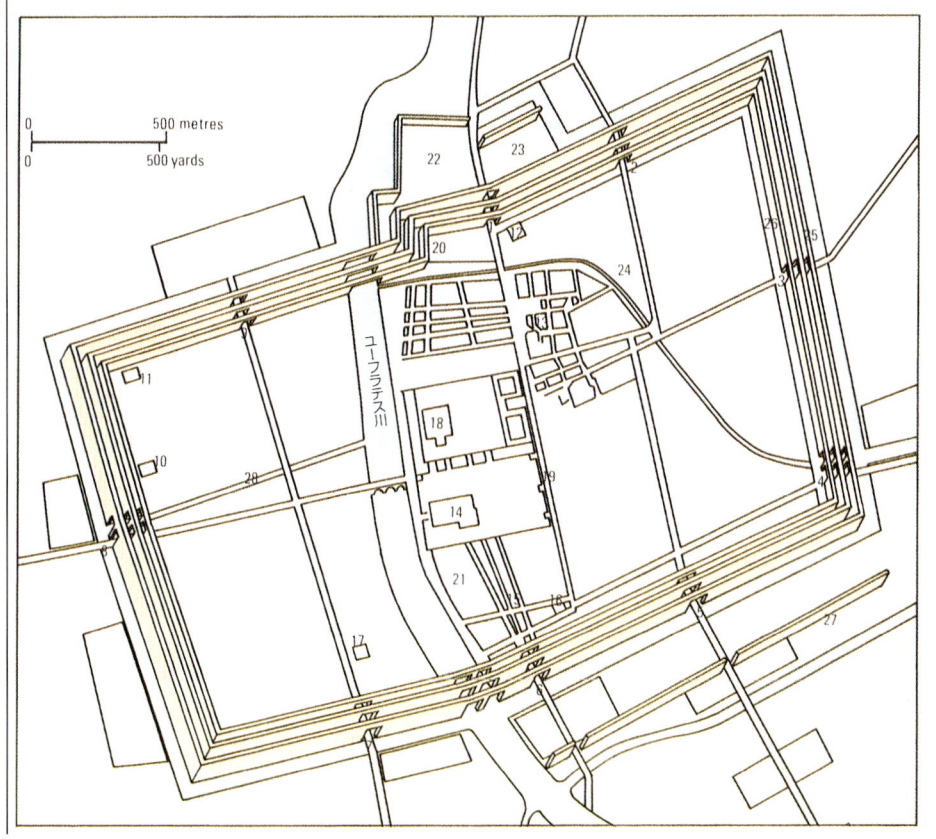

1 イシュタル門
2 シン門
3 マルドゥク門
4 ザババ門
5 エンリル門
6 ウラシュ門
7 シャマシュ門
8 アダド門
9 ルガルギラ門
10 アダド神殿
11 ベリトゥニナ神殿
12 ニンマ神殿
13 イシュタル神殿
14 マルドゥク神殿
15 グラ神殿
16 ニヌルタ神殿
17 シャマシュ神殿
18 神殿の塔
19 行進用道路
20 ネブカデネザルの王宮
21 エサギラ
22 北の城
23 城
24 南の城
25 外側の城壁
26 内側の城壁
27 ネブカデネザルの外側の城壁
28 水路

第二番目の神殿は，エサギラと名づけられていた．コルドウェイは，それをうまく発掘することができなかった．なぜなら，それは瓦礫の約21 m下に眠っており，その小丘にはイスラムの寺院が建っているからである．ネブカデネザル自身の記録と，ギリシア人著作家ヘロドトスの報告によれば，それは壮大な場所であった．

　バビロンの王は，聖所の壁を黄金で覆いつくし，大きな金板で覆った寝台と王座を神のために供えた．そこには二つの黄金のマルドック像があり（とヘロドトスは述べている），一つは座し，一つは立っていた．地方の祭司たちはヘロドトスに，20トン以上の黄金が神殿と供え物のために使われた，と語った．

　行進用の道路の敷き石に彫られ，多くのレンガに印されている碑文は「私はバビロンの王，ネブカデネザル，バビロンの王，ナボポレッサルの子」と布告している．これは聖書のダニエル書4章30節「私が立てたこの大バビロンではないか……」という主張に対応している．

　その遺跡は王の誇示の根拠を明らかにしている．それに続く狂気の時期は，バビロンの記録には現れない．しかし，すでに記したように，ネブカデネザルの最後の30年間の王権について語るものはほとんど何も存在していない．

壁の上の文字：ベルシャツァル —— 実在の人物か作り話か

　ダニエル書は，その英雄たちの物語で有名である．彼らは自分たちが信じていることが正しいという堅固な確信のうちに立っていた．異教の王たちが彼らを迫害したとき，神の力によって彼らは守られた．ダニエル自身ライオンの穴の中で安全に守られた．彼の３人の友人たちは真っ赤に燃える炉の中で生き延びることができた．……

　別の事件――壁の上の文字の出来事も同じように有名である．この事件は非常に有名になり「壁の上の文字」という句は英語の中にまで取り入れられた．

　バビロンの王ベルシャツァルは，彼の宮廷人たちのために宴会を開いた．彼らはエルサレムにあった神の神殿からもって来た金銀の器を用いて食べたり飲んだりした．

　彼らが浮かれていると一つの手が現れた．

　その手は王の正面の壁に書いた．それが書いた言葉は意味をなさなかった．「メネ，メネ，テケル，パルシン」．

　王の書記たちは，意味を見いだそうとしたが，彼らは失敗した．ダニエルが連れて来られた．彼はその言葉が意味していることをただちに見抜き，王に一つの警告を与え，彼の治世が終わりつつあることを伝えた．

　その文字は「パウンド，ペンス」（貨幣や重さの単位）と同じもののようであった．ダニエルの解釈はそれぞれの単位がもつ意味を利用している（たとえば，「パウンド」は，「打つ」「砕く」を意味するというようなものかもしれない）．これはバビロン人が古い本を解釈するために用いた方法の一つである．それによって，彼らは将来を予告しようとした．

　「メネ（数）：神はあなたの王国の日数を数え，そしてそれを終わらせられた」

　「テケル（重量）：あなたは量りで測られ，軽すぎることがわかった」

　「パルシン（分割）：あなたの王国は分割されて，メディアとペルシアに与えられる」

　この預言はその通りになった．古代の歴史家たちは，ペルシアの王キュロスがどのようにしてユーフラテス河の水路を転換し，川床に沿って彼の兵士たちを送り込み，難攻不落の都市バビロンを取ったかを記録している．

　ベルシャツァルは，彼の宴会のゆえに記憶されている．レンブラントや他の大芸術家たちはそれを絵に描いた．そしてウィリアム・ウォルトンは，そのテーマを彼の有名な現代オラトリオ「ベルシャツァルの宴会」に用いている．しかし，ベルシャツァルの名前はダニエル書以外に現れてこない．

　その結果，ある学者たちはこの物語全体が作り話であるという考えを吹聴した．それは前２世紀のユダヤ人独立闘争を鼓舞するために作り上げられた，と彼らは論じた．実に彼らは，ダニエル書全体がその時代に書かれたものであり，歴史的根拠は何もないと主張した．その想定されたベルシャツァル王は，著者が作り出したいくつかの歴史的誤りの一つである，と．

　ある有能なドイツ人は，ダニエル書の注解書の中で，ベルシャツァルとは，著者の想像による架空の人物であると書いた．その注解書は1850年に出版された．

　1854年，ある英国領事が，大英博物館に代わって南イラクの古代の廃墟を調査していた．彼は古代都市の廃墟の中で，泥レンガで建てられた大きな塔の中を掘っていた．その塔は月の神の神殿の一部であり，その町を支配していた．レンガに埋もれている中に，彼はいくつかの小さな粘土製円筒を発見した．それぞれは約10cmの長さで，60行くらいのバビロニア文字が刻まれていた．

　その領事が彼の発見物をバグダッドに持って行ったとき，彼の年長の同僚はその碑文を読むことができた．というのは，幸いなことにその友人とは，バビロニア楔形文字を解読した一人である，ヘンリー・ローリンソン卿だったからである．ローリンソンはただちにこの粘土製円筒の重要性を見抜いた．

　その碑文は，バビロンの王ナボニドス（前555-539年）の命令で書かれたものであった．王は神殿の塔を修理し，粘土製円筒はそれを記念するためであった．そこに刻

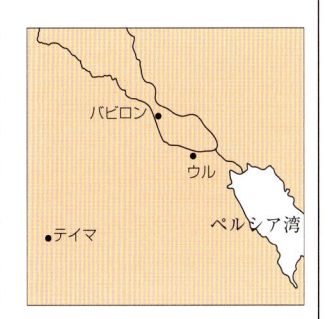

まれていた言葉によって，荒廃した塔が都市ウルの神殿であったことがわかった．その言葉はナボニドスの長寿と健康のため，それに彼の長男のための祈りであった．その息子の名前は，はっきりとベルシャツァルと書かれていた．

ここにベルシャツァルと呼ばれた一人の重要なバビロニア人がいたことの確かな証拠があった．少なくとも彼は架空の人物ではまったくない．しかしこの祈りは彼のことをただ世継ぎの王子とだけ語っている．1854年以降ベルシャツァルに言及しているいくつかのバビロニア文書がさらに発見されてきた．どの場合も彼は王の息子，あるいは世継ぎの王子である．彼はけっして「王」という称号を与えられていない．

事実，他の記録によれば，ナボニドスは，バビロン出身の最後の王であることが明らかである．ベルシャツァルはけっして即位しなかった．そこで多数の学者たちは，ダニエル書の著者は，彼を王と呼ぶ誤りを犯したと結論した．——たとえその誤りが彼らが最初に考えたほどひどい誤りではないとしても．

しかし，それさえ正しくはないかも知れない．幾人かの著者たちは，ベルシャツァルがダニエルに壁の文字を解読できたら与えると言った報酬に注目してきた．

「あなたは紫の衣を着せられ，首に金の鎖をかけ，あなたはこの王国の第三の権力者とされる」

もしベルシャツァルが王であったなら，なぜダニエルはエジプトにおけるヨセフのように，第二の地位を与えられないのか．しかし，もしベルシャツァルの父が王であったなら，ベルシャツァル自身は第二位であり，ダニエルにはその次の地位しか与えられなかったであろう．

バビロンの文書はこのことを裏付けている．それらはナボニドスが常軌を逸した支配者であったことを記録している．彼はバビロンの神々を無視はしなかったが，彼は神々をきちんと取り扱わなかった．そしてウルとハランの二都市の月の神を丁重に取り扱った．

彼の治世の数年間，ナボニドスはバビロンに住んでおらず，北アラビアのテイマの離れたオアシスにいた．その間ベルシャツァルは，バビロンを治めた．ある出来事の記録によれば，ナボニドスは彼に「王位を委ねた」．

その場合，ダニエル書のような非公式文書において，彼が「王」と呼ばれることはまったく普通のことである．彼は，法律上王ではなくても，王として活動していた．そしてこの物語でそれを区別することこそ不適切で混乱を招くことになったであろう．

ウルから発見された円筒や他のバビロン文書は，私たちに「ベルシャツァルの宴会」について何も語っていない．しかし，それらはベルシャツァルについて如実に語っている．それらは，ダニエルが単なる作り話を語っているのではないことを示している．もしダニエルが，これらの不思議な出来事を正しく理解したのであれば，多分私たちは彼のメッセージにも耳を傾けるべきであろう．それは，神は支配しているということである．そして王たちに関してさえ，神はその結末を初めから知っているのである．

記録によれば，ここに描かれているナボニドスは，バビロン最後の王である．それでは聖書のダニエル書に登場する人物ベルシャツァルは，単なる作り話なのか．

ペルシアの輝き

　1880年5月，中央アジアから3人の商人がインドへ旅行していた．彼らがインドでお茶やその他のものを買うために袋にお金を入れて，アフガニスタンに入った時，彼らは，この地方の領主が旅行者から重税を取り立てていることを聞かされた．その領主は自分の軍隊を造り上げるために資金を欲していた（彼はそうするための十分な資金を稼ぎ，後にアフガニスタンの支配者になった）．

　しかし，彼はこれらの商人からの取り立てには失敗した．ある人が彼らに売りに出されている宝，金銀の品々があることを告げた．商人たちはこれらの品々を買い，袋の中に商品に見せかけて縫い込み，こうしてどん欲な領主の目から逃れたのである．すべては上首尾に運んだ．彼らはカブールを通って，その国を通過して行った．彼らはハイバル峠とペシャワルの方へ進んで行った．

ペルシアの「オクサスの宝」がどこから発見されたのか誰も知らない．その発見の物語には領主，商人，盗賊が絡んでいて，高いロマンスに包まれている．黄金の腕輪（左）のような宝の所有権を争って命が失われたことは驚くべきことではない．

ペルセポリスにある宮殿の階段の上には人像の列があり，その上に宗教的シンボルが刻まれている．顎髭をはやしたスフィンクス（下）は彫刻師がしばしば選んだものである．

顎鬚をはやした牛の像が，アッシリアの伝統の中で，ペルシアの首都ペルセポリスにあるクセルクセスのポーチ（向かいの頁）を守っている．

ペルセポリスは，アレクサンドロス大王によって略奪され，そのまま朽ちていった．しかし，そこからいくつかの宝が考古学者の手によって発見されている．それらの中の一つ，銀の羊（右下）．

打ち延ばした金の鉢（下）は，オクサスからの宝の一つである．それは，前5世紀頃のものである．

それからとんでもないことが起きた．どういうわけか，彼らが金を運んでいるという噂が広まった．強盗たちが襲いかかり，商人たちと荷物を奪い去ってしまった．しかし，一人の召し使いが逃げ，近くの英国行政官庁に行き，盗難を報告した．

行政官は，二人の男を連れて行き，真夜中の奇襲によって山賊たちを逮捕した．強盗たちは山分けの仕方で争っていて，4人は傷を負って倒れていた．強盗たちは，ほとんどの略奪品をそのイギリス人に引き渡した．行政官は，自分を襲う計画を耳にしたので，一晩中隠れてから，自分のキャンプに戻った．そして彼の部下たちがその強盗たちを追討するぞ，と脅かした．彼らはそれにおびえて，もっと多くの金の品々を行政官のところに持ってきた．わずか1/4くらいが失われただけであった．彼はその宝を3人の商人たちに戻した．ただひとつ，商人たちが感謝のゆえに彼に売ることを拒むことができなかった華麗な腕輪を残して．

やっと3人の商人たちはペシャワルに着き，ラワルピンジへ行き，そこで地方の業者たちに宝を売った．あるイギリス人将軍ともう一人の収集家が彼らから買えるだけ全部を買い取り，最終的に大英博物館に来た．

誰もその宝がどこから来たのか正確にはわからない．商人たちによれば，それはオクサス大河に流れ込む川が，古代都市の廃墟を通過する場所から来たという．1877年に川の水がそれらの品々を洗い出し，その地域の人々は喜んで砂の上に散った品々を捜し出した．そのときどれくらいの品々が発見されたのかも分からない．あるものは失われ，2，3は，分配するために切り分けられた．残った宝は「オクサスの宝」と呼ばれている．

それは一揃いの食器とか宝石類ではなく，雑多なコレクションである．三つの金製皿，金の短剣のさやのそばに立っている金製水差し，16個の人間と動物の金銀の像，30個くらいの金製腕輪と首飾り，人間の像を持った一連の金製展板，その他の多くの品々である．そのようなコレクションの起源として最も可能性の高いのは神殿である．人々は神や女神へのささげものとしてそれらを残したのであろう．彼らの目的が何であれ，これらの品物はペルシア帝

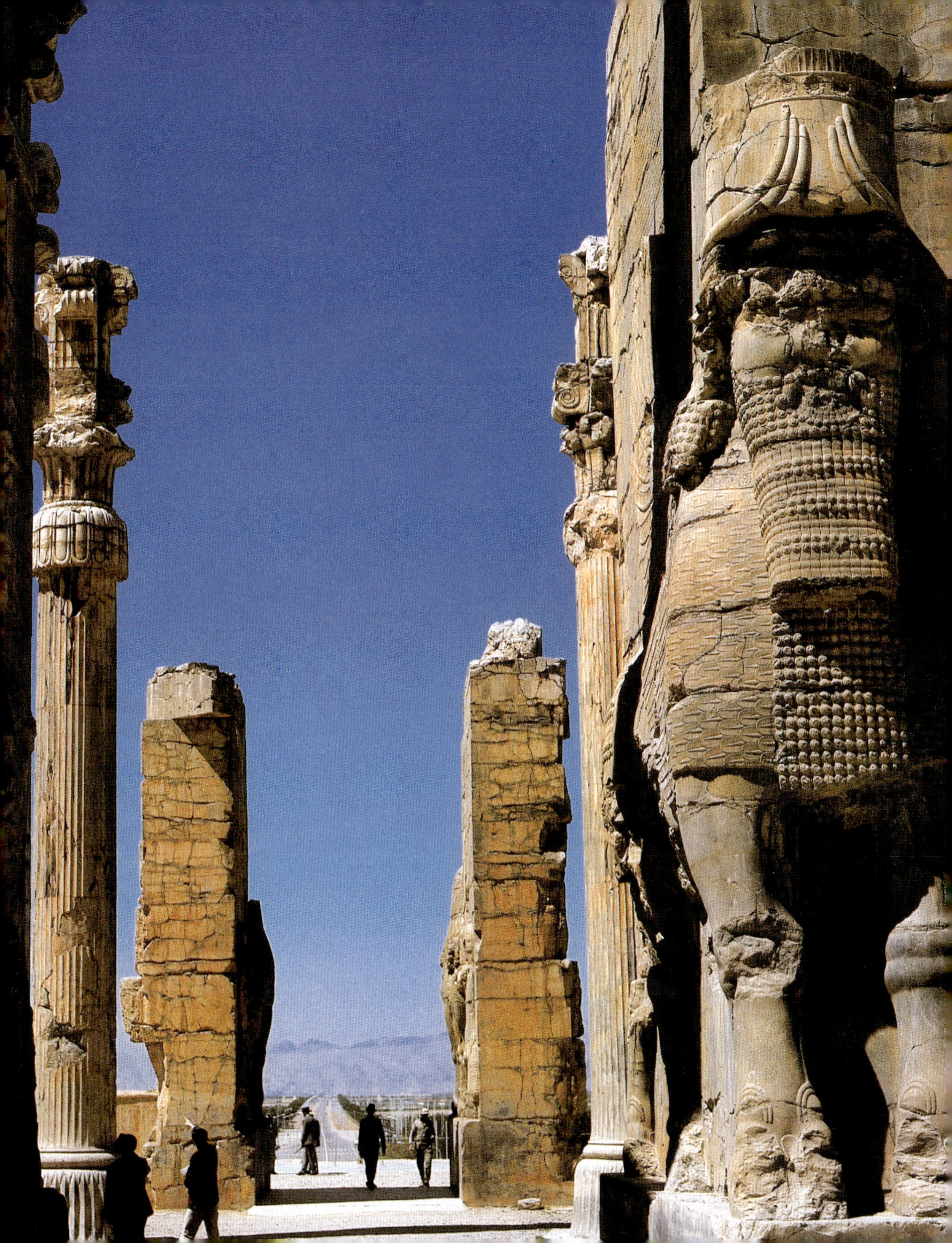

国時代に働いた金細工人の技術を示している．これらの品物が前5世紀と前4世紀に属することは疑う余地はない．

　ペルシア時代の金細工の例は，折々他のところからも見つかっている．それらは聖書のエステル記が「飲物は金の杯であった」と記しているところにはっきり示されている．それらは，ペルシア帝国の驚くべき豊かさを例証している．アレクサンドロス大王が首都の一つであるスサに進軍した時，ギリシアの伝承では，彼は4万タラント（約120万kgあるいは1180トン）の金を取ったと言われている．そして，他のペルシアの都市にはもっとあった．

　ペルシアの王たちは大建築家であった．帝国はインドからギリシアまで，そして南はエチオピアまで広がっていた．それであらゆる地域からの技術と資源を寄せ集めた．ダリヨス王（前522-486年）は，彼がスサに建てた宮殿についての碑文を書かせた．彼は言っている，バビロニア人がレンガを造り，イオニアとサルディスの人々が石に彫刻し，アッシリア人はレバノンから杉の木を運び，金はメディア人とエジプト人が細工するためにサルディスと東方から持ってきた……．

　スサの壮麗な宮殿はほとんど見られない．エステル記1章の記述は，知られていることから判断して真実なものと判断される．王は宮殿の庭で宴会を催していた．「そこの中庭は，青と白の綿布のカーテンで飾られ，それは紫色の細い亜麻糸の紐で大理石の柱の銀の輪に結びつけられていた．金や銀の長椅子が中庭におかれ，床には白大理石，赤長石，輝く真珠貝，青いト

ペルセポリスのペルシア王に謁見を求める特典を与えられた訪問者たちは，入念に彫刻で飾られた大階段を上っていった．ペルシアの守備隊はその大行進を守った．

守備隊と貴族たちに続いて，ペルシア帝国の全州の代表者たちが大王に貢ぎ物を持って入って来た．

ベヒストゥーンの壁面に刻まれているのは，ペルシアの王ダリヨス1世の神々しい肖像である．

ルコ石が敷かれていた」．

　ダリヨスが，ペルセポリスに始めた新宮殿にはもっと多くが残っている．彼はその宮殿をおそらく毎年の新年祭の中心にしようとしていた．それはまた行政と宝物貯蔵の中心地でもあった．一度アレクサンドロスの兵士たちがそこを略奪したが，それは考古学者が研究を始めるまで腐食するに任された．1931年から1939年までシカゴ大学による重要な調査がなされ，それ以来さらに研究と復元がなされてきた．

　最強のインパクトを与えるために，ダリヨスは自分の宮殿を石の段丘の上に建てた．部分的には岩の中に切り込み，部分的には人造の建物として建てた．訪問者は広い石の階段を入口の門に向かって上っていき，それから広大な中庭へ通っていく．この中庭から上っていくと，もう一つの，高さ2.6mの石の壇がある．それは，謁見ホールを支えている．そこに到達する特典を与えられた訪問者はさらに階段を上る．その壁に精巧な彫刻が施されている．

　低いレリーフには，中央に向かっている人間の長い列がある．彼らは王の守備隊，馬と戦車，ペルシアとメディアの貴族，それにペルシア帝国全州からの代表者たちで，それぞれがその地の特産物を大王への貢ぎ物として運んでいる．アラブ人はひとこぶラクダを引き連れ，エチオピア人は，象のきばを運び，インド人は多分砂金で満ちた壺を持っている．

　階段の頂上では，柱で支えられた廊下があり，それは，謁見ホールへと続いている．これは，正方形でそれぞれの側面は60.5mの長さである．その屋根は，高さ20mの，細長い石の円柱の上に置かれている．頂上には精密に彫られた牛の頭部がのっている．

　有名な彫刻が示しているように，ここに大王が威風堂々と座っていた．そのホールは色鮮やかに塗装され，壁には壁画と織物の壁掛けがあり，磨かれた石の床にはカーペットが敷かれていた．廷臣たちは儀式ばった形式の中で動き，華麗に刺繍された長服と重々しい金の宝石を纏っている．金箔の長椅子に座り，宴会では彼らは，「オクサスの宝」のような，金銀の皿と大瓶から食べたり飲んだりした．

　かつてペルセポリスに蓄えてあった宝はほとんど残っていない．しかし，アメリカ人たちが発掘で発見した建物自体と精巧な青銅の作品，石の器類は，その宮殿のために作られた品々がどれもみな高品質であることを示している．古代ギリシア人にとってなぜペルシアが最高度の高級品を意味するのかをこれらは説明してくれる．

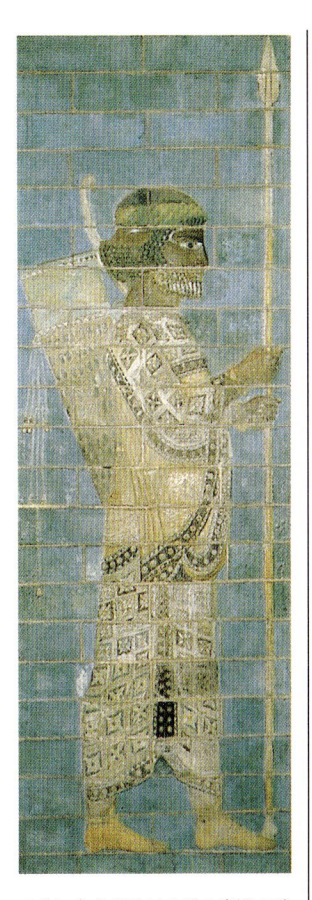

スサにあるダリヨス王の宮殿の壁面に，このペルシアの守備兵がいる．ペルシア帝国は巨大で，インドからギリシアへ，そして南はエチオピアまで伸びていた．

王の命令——あらゆる言語で

ペルシアの王がいる所どこでも行政があった．すべては王の勅命によって決められたからである．彼が言ったことはそのまま法になった．それで，彼が公示をする時，帝国内で，その公示が影響を及ぼすあらゆる場所に通達されなければならなかった．

何世紀にもわたって用いられた幹線道路は，前539年にバビロンからキュロスが奪い取った古代都市を結びつけていた．

彼が西トルコを支配するようになった時，ペルシアの測量技師はリディアの首都サルディスから，約2600kmに及ぶペルセポリスまでの新しい道を地図に描いた．これは「王の道」と呼ばれている．

これらの道路に沿って，伝言を伝える組織的な郵便事業が主要な都市を結んでいた．25-30kmおきに常備された駅に馬小屋を備えた休憩室があった．ここで元気な馬がその特使たちを待っており，彼らは自分の道を急いだり，彼らの伝言を新しい使者に引き継いだりした．

この手段によって，大王の命令を帝国中に告げ知らせることができた．同時に，各州における情勢もすばやく王の耳に到達するようになっていた．帝国中の代理人たちは王に十分な情報を伝え続けた．彼らは「王の耳目」として知られていた．

ペルシアの王たちはインドからギリシアまで伸びていた大帝国を州に分割した．総督あるいは知事がそれぞれの州を支配した．この人々はある時期には州に滞在し，またある時期には王とともに滞在した．彼らが王と離れているときは，もっと多くの使者が彼らと州の間を行き来しなければならなかった．

王と指導的な知事たちはペルシア人であった．しかし，彼らが支配している帝国は多言語を話す諸民族の混合であった．中近東の利権を巡っていつもたくさんの働きがあった．それらは古くは前2300年のエブラに記録されている（参照「大ニュース：失われた都市エブラ」）．

アッシリア帝国の中では，アラム語の普及によって言語の障害は小さくなっていた．この言語はシリアで用いられていたが，アッシリア人がアラド，ハマテ，ダマスコのような小王国を征服するにつれて広く普及していった．

第二列王記19章にはアッシリアの王が，ユダの王ヒゼキヤを脅かした言葉が記録されている．「私の先祖たちはゴザン，カラン，レツェフの町々を滅ぼし，テラサルに住んでいたエデンの人々を殺したが，彼らの神々のいずれも彼らを救い出すことはできなかった．ハマテ，アルパド，セファルワイム，ヘナ，イワの町々の王たちはどこにいるのか」．

ペルシア人の下で，アラム語は全帝国の役人たちにとって公用語となった．それゆえエズラ記4章から7章にあるペルシア王とやり取りされた書簡はアラム語で記録されている．

1973年のフランス人の考古学者による発見は，アラム語がどのように使われていたかを知る良い例である．発掘者たちは南西トルコのクサントスにあるギリシア風の神殿を調査していた．そこである壁の足元に横たわったとき，彼らは入念に切って仕上げられた石のブロックを発見した．それは高さ約1.35

特使たちは，王の命令を携えて領地のあらゆる場所に届けるために帝国の幹線道路を疾走した．王の支配する民族は，多くの異なった言葉を話していた．クサントスにある神殿から出てきた石碑（右）は，ギリシア語とリュキア語で書かれていた．

ハリカルナッソスにあるマウソロスの墓は，見事な彫刻で飾られていて，古代世界の七不思議の一つである．下記の影像は多分マウソロス本人である．

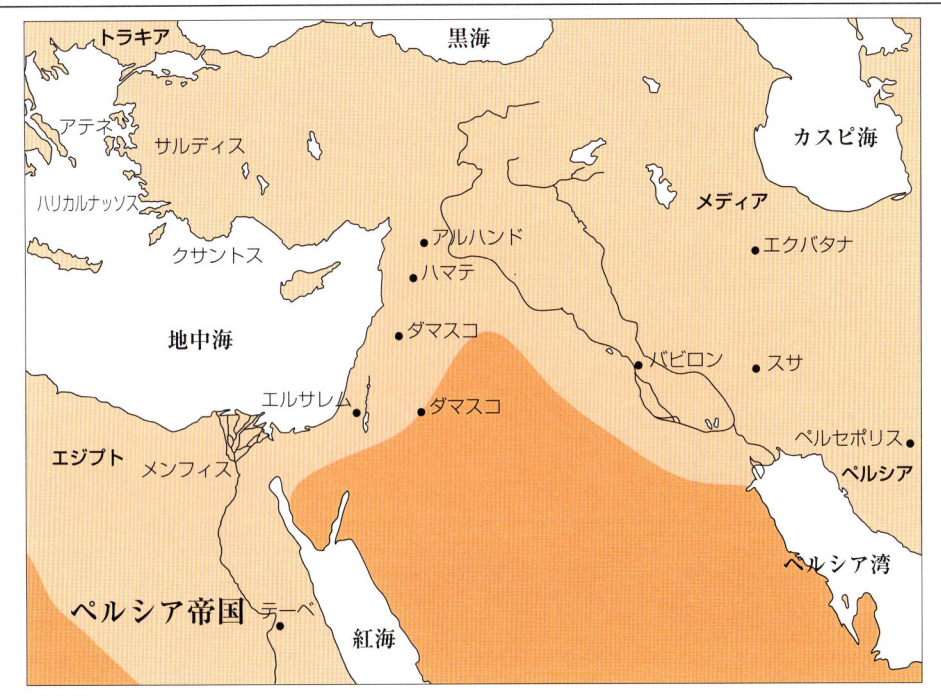

m，幅約 60 cm，厚さほぼ 30 cm であった．

もともとそれは神殿のどこかに建っていた．その石の3面には，細かく刻まれた碑文がある．

幅広の側面の一つに刻まれた文字と言語はギリシア語である．フランス人学者はそれをただちに理解することができた．この石碑は二つの神を礼拝するための設立宣言であった．自分たちのために祭壇を建てることに同意したクサントスの市民たちは，ある人物と彼の子孫を祭司として永遠に任命する．そして神殿を維持していくために財産と毎年の補助金を与える．彼らは毎月1頭の羊を，毎年1頭の牛を捧げる．市民たちは約束を実行し，その約束を破る者を呪うことを誓った．

その石碑の反対側には碑文が地方言語，リュキア語で書かれている．初期の発見にはリュキア語の例がある．ほとんどは墓の上に書かれている．しかしその言語はほとんどわかっていない．

研究者たちがこの記念碑を読むと，ギリシア語とリュキア語のテキストがほとんど同じことを言っていることにすぐ気がつく．その結果リュキア語は，以前より神秘的なものではなくなった．それはヒッタイト人が話した言語の長引いた名残であったことがわかってきた（参照「再発見された民族」）．

このリュキア語碑文は新しい神殿に関する同意書の原文であり，その後，リュキアに住むギリシア人のために翻訳されたらしい．

このような新しい宗教はペルシアの支配から許可を貰わなければならなかった．公共の会合場所は公的資金で支えられながら，簡単に騒動や反乱の中心になっていったからである．

そこでクサントスの市民たちは認可を得るために彼らの合意書をペルシア総督に持っていった．彼はペルシア人ではなかった．彼はマウソロスの兄弟であった．ハリカルナッソスにあるマウソロスの墓は，古代世界の七不思議の一つである．

地元との連携はあっても，その知事はペルシア王の代理人として行動していた．彼は市民からの要求を受け入れ，こうして新しい神殿は建てられることになった．

その知事の承認は，クサントスの石碑の第三番目の碑文である．それはアラム語で記され，その石碑の狭い側面にギリシア語とリュキア語の間に挟まれて記されている．

それはこう始まっている．「シウァンの月，アルタクセルクセスの第1年，クサントスの城で，……知事は言った……」．

その後に市民からの要求の要約が続き，それから「彼が書いたこの法律は」という知事の同意がある．クサントスと他の場所の神々による呪いが8行あり，それはこの同意を妨げるすべての者に警告を与えている．

このペルシアの公的行為は，地域の情勢に十分な注意を払いつつ，帝国の公用語で公布された．

ダリヨスの治世にユダヤ人が神殿を再建していたとき，総督タテナイはそれを止めようとした．彼はユダヤ人たちが公的な許可を得ているかどうかをダリヨスに尋ねた．そして王は彼らが許可を得ていると返信し，あらゆる方法でそれを助けるように命じた．

その手紙はエズラ記6章に記録されているが，その終わりでダリヨスは，その働きを妨げ破壊しようとする者を呪う．そしてエルサレムの神を呼び，「エルサレムを自分が礼拝されるべき場所として選ばれた神が，この命令を無視し，そこの神殿を破壊しようとするあらゆる王たちあるいは国々を征服されますように．私，ダリヨスが，この命令を与える．人々は十分に従わなければならない」．

学者たちは，ペルシア王がユダヤ人の神を承認したことを理解することができず，ユダヤ人の書記はテキストを書き変えたと結論した．クサントスの法令は彼らが間違っていることを示している．

クサントスでは，その地の神々が人々の利益を守ることを求められている．王はまったく同じことをエズラ記のなかで行なっている．

ペルシアの郵便袋から

エジプトを治めるペルシア総督はバビロンに住んでいた．彼は，自分の州が抱える問題を是正するために自分の将校を派遣しなければならなかった．

それは長い旅であり，危険であった．エズラはバビロンからエルサレムに行くとき護衛を王に求めることを考えていた．彼は言っている（8章）「私は，旅の間，敵から私たちを守るために，王に騎兵隊を求めることを恥じていた．なぜなら私は以前，彼に『私たちの神は神を信頼する者たちを祝福して下さる』と言っていたからである」．

その総督にはエジプトへ行かなければならない，他の3名の部下もいた．そこで彼らは皆一緒に，将校のしもべたち10人も含めて旅をした．

総督は行程の途中の大都市にいる役人たちに手紙を書いた．一行の食料を支給するために，彼は，彼らに自分の手形を振り出すように命じている．彼らは小麦粉，ワインとビール，そして毎日羊1頭を食べることになっていた．しかしもし彼らがどこかに1日以上とどまると，彼らは余分な食料を引き出すことはできなかった．

私たちがこれを知ることができるのは，総督の命令が，皮袋に数通の手紙と一緒に保存されていて，それをあるエジプト人が1930年にどこかで発見したからである．その命令と15通以上の手紙は，アラム語で皮の上に書かれていた．それはバビロニアで書かれたものである．その袋はその役人が何通かをエジプトに運び，それから彼か他の誰かが，その他の手紙を入れるためにも使った郵便袋であったかも知れない．

手紙の中で，総督は彼の領地からの収入と，そこにいる職員と，馬と乗り手の彫像を作ることになっていた彫刻師について尋ねている．

これらの手紙は，ペルシアの行政の状況について少々教えてくれる．それらはまたどのような手紙が前5世紀にバビロニアで書かれたのか，当時のアラム語がどのようであったのかを教えてくれる．バビロニアの湿った土に埋められた皮の手紙では，どれも長期間生き残ることはできなかった．しかしこの手紙によって聖書のエズラ記に言及されている手紙がどのようなものか想像することができる．

もう一つのアラム語書簡と法律証書の収集がさらに情報を与えてくれる．これらはパピルスに書かれ，奇妙に思えるが，ナイル河の中央にある島から発見された．

その島とは現在のアスワンの反対側，カイロの南約700 km，有名なハイダムのすぐ北にあるエレファンティネである．それはエジプトの歴史を通して国境地点であり，各地から集まって来た守備隊によって警備されていた．

前6世紀の間，守備隊の

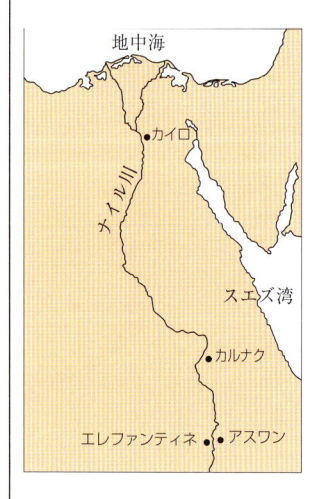

地元のエジプト人と衝突があったとき，エレファンティネのユダヤ人はペルシア総督に神殿再建の許可を申し込んだ．エジプトのその遺跡で発掘がなされている．

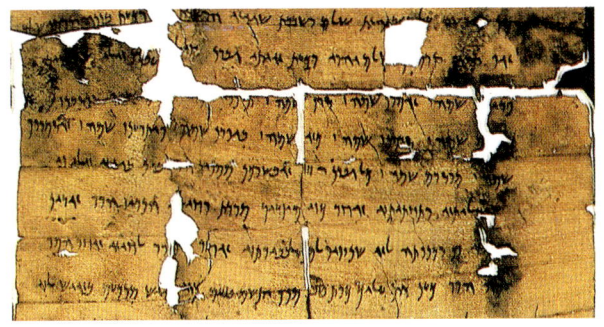

皮の郵便袋は，かつてペルシア帝国で公文書の伝達に用いられた．

その手紙が書かれた言語アラム語は，ペルシア帝国中で王の役人によって用いられた．その事実はペルシア王からの書簡が記録されている聖書のエズラ記に反映されている．

ある者たちは，ユダヤ人とシリア人であり，彼らの家族が前400年頃まで住んでいた．パピルス文書は彼らのものである．

家の売買，結婚と結婚に伴う贈与，離婚，贈与と借用を記録した証書がその文書の大半を占めている．また手紙類と2，3の文学的記述がある．

ユダヤ人の幾人かは，旧約聖書で馴染みのある（特に神名において馴染みのある）名前を持っている（参照「印章の彫刻師」）．

エレファンティネに入るユダヤ人が，みな正統的信仰を持っていたわけではない．彼らはカナン人から受け継いだ神々や他民族から借りた，あるいは自分たちで作り上げた神々を拝んでいた．

そのような状況は預言者エレミヤの怒りを引き起こした（エレミヤ44章）：「彼らは他の神々にいけにえを捧げ，彼らに仕えた．それは彼らもあなたがたの先祖さえも礼拝したことのない神々である．私は，私のしもべである預言者たちをあなた方に送り続けた．彼らはあなた方に私が憎むこの恐るべきことを行なわないように語った」．そういう状況でも，主神はなおイスラエルの神であった．

この文書を読んで読者が驚くことは，エジプトの南方にいたこれらのユダヤ人が，イスラエルの神を礼拝するための神殿を持っていたことである．彼らは動物犠牲，全焼のささげもの，小麦粉のささげもの，香を捧げていた．それは杉の屋根，切石の入口，金銀の器具類をもった立派な建物であった．彼らはそれを誇りにしていた．

このユダヤ人の礼拝は地域のエジプト人にとって迷惑であった．前400年エレファンティネでのエジプト主神，クヌム神の祭司たちはユダヤ人の神殿を破壊し，その宝を盗んだ．

その攻撃は，ペルシア総督が王とともにいて留守のときに起きた．それは明らかに公的政策に違反する．しかし，エレファンティネのユダヤ人指導者たちが神殿再建の許可を得るのに数年かかった．

彼らはエルサレムにいるペルシア総督，サマリアにいる総督サヌバラテの息子たち，またエルサレムの大祭司にこのことを書き送った．

3－4年後，サヌバラテの息子たちは，エジプトの総督へのアプローチをアドバイスする返事を送った．ユダヤ人が持っていたのはもはや神殿ではなかったらしい．祭壇付きの家で，彼らは小麦粉と香を捧げたが，もはや全焼のいけにえはなかったようだ．

このような歴史的出来事を告げるパピルスの手紙と手紙の草案は，エズラ記にある歴史的出来事と対比されると有益である．神殿を再建しようとしていたユダヤ人は地域の敵意と直面して王に嘆願しなければならなかった．そして王はエレファンティネの状況の時と同様の態度をとった．すなわち，地方の人々は，自分が望むように，平和裏に礼拝することが許されるべきである（エズラ記5章6節－6章7節は，王との往復文書を記録している）．

もう一つのパピルスは同じ見解の例証である．過越の祭りを守ることについてエレファンティネで問題が起こった．問題とは多分その正確な日時についてであろう．その手紙は，その疑問についての王の結論を報告し，過越の祭りと種なしパンの祭りとを守る正確な日時を与えている．

その手紙は，これらの祭りの制定を記録した出エジプト記12－13章を反映している．また明らかに王からの承認を得るために王に提示されたものである．それは，クサントスでの同意書と非常によく似ている（参照「王の命令──あらゆる言語で」）．

このことから，ダリヨス王がエズラ記6章に含まれるような詳細さを持って，エルサレムの神殿について手紙を書くことは，ペルシア帝国の慣習から外れたものではなかったようである．

このパピルス文書が明らかになる以前は，学者たちは権威を持ってエズラに引用されている文書はユダヤ人の偽造文書か，ペルシア帝国の文書を改作したものであると主張していた．

今や，これらが公的書簡の写しであることを疑う理由はなにもない．

書記の働き

旧約の世界では，読み書きの能力をもつ人々は，ごく限られていた．もし一人の少年が書記になろうとするなら，エジプトの象形文字とバビロニアの楔形文字を学ぶために，長い訓練と頻繁な練習を必要としていた．

フェニキアのアルファベットが普及したとき（参照「アルファベット」），書くことはもっと単純に，より容易に，もっと一般的になった．もちろん読み書きを一度も習わなかった大多数の人々がいた．彼らにその必要はなかった．

書記によって作られた写本は，行数や語数を数えることによってチェックされた．間違いは発見され訂正された．石に刻まれたこのアラム語の契約書では，抜かしてしまった言葉が，行間に書かれている．

もし彼らが何かを読んだり書いたりしたければ，彼らは専門の書記を呼んだであろう．

そういうわけで，書記は力のある人々であった．人々は書記が正しく読み書きしていることを信じる以外になかった．なぜなら，人々はそれを自分で確認することができなかったからである．しかもこれは一般市民と同様，王にも言えることであった．

彼らの技能のゆえに，書記たちは帝国の事情をかなりコントロールする機会を与えられた．それで古代における彼らの役割は，現代の「国務大臣（セクレタリー・オブ・ステイト＝国家の書記）」という称号に反映されている．

そのような書記の一人が，ペルシア帝国行政府に雇われていたユダヤ人エズラであった．彼はアルタクセルクセス王に気に入られ，エルサレムの大改革を導いた人である．

ユダヤ人の伝承によれば，エズラはヘブル人に大きな改革を成し遂げた．すなわち，彼は古い形のフェニキア文字の代わりに，アラム人の間で用いられていた文字でヘブル語を書くように奨励した．

ペルシア帝国の至るところでアラム語が用いられていたので，彼の運動によってユダヤ人はどこでも簡単に自分たちの聖書を読むことができるようになった．彼らはもはや違った文字体系を学ぶ必要はなかった．

イスラエルでの最近の発見では，前5世紀に変化が起きていることを示している．70以上の小さな粘土の塊が偶然に発見され，個人収集家に売られた．

それぞれの片側には印章の印刻があった．それらの印章はエズラ時代の直前のユダの総督と彼らの社会に属するものらしかった．古いヘブル語の文字がいくつか刻まれ，他はアラム語であった．

北方のサマリアでは，いまだフェニキア型の古い文字が使用されていた．そこにはサマリアの総督サヌバラテの名前が彼の息子の印章に出てくる．その文字は，サマリア人の特徴的な書体となっていった．

聖書では，エズラは古代帝国で十分に訓練された書記たちがなすべきもう一つの努めを担っていたように見える．彼は古い文書を翻訳あるいは通訳し，聴衆がそれを理解できるようにした．

アラム語は公式の言語として普及した．しかし地方の言語もまた盛んになった．それで王の勅命は翻訳され，説明されなければならなかった（参照「王の命令──あらゆる言語で」）．エレファンティネの人々は，エジプトのナイル河のはるか上流で，ダリヨスがベヒストゥーンに建てた三言語で記された碑文のアラム語版を読んだ．

翻訳は公文書に留まらず，文学と宗教文書にも及んだ．エレファンティネの書記たちはアッシリア宮廷の一員であるアヒカルの教訓文学をアラム語とエジプト語で読んだ．やがてユダヤ人の律法はギリシア語に翻訳された．

書記たちの重要な仕事の一つは，古い本や文書の正確な写本を作ることであった．1冊の本を1頁ずつ写していく時，写し間違いが非常に簡単に起きる．文字を書く長い歴史の中で，書記たちはこのことをよく知っていた．そこで彼らはそのような間違いを犯さない方法を間もなく学び取った．

バビロニアでは，書記は彼の友人の仕事をチェックするか，あるいは友人が写した文書の行数を数えた．こうして原本と同じ行数かを確認したのである．

ずっと後代になって，ユダヤ人の書記たちは同じ考え方を用い，原本と写本の中にある語数を数えた．

極度に古いヘブル語聖書の写本が発見されない限り，キリスト教時代よりずっと昔に働いた書記たちの写本の正確さを計ることはできない．旧約聖書自体から，また他の書物から得られるいくつかの兆候によって，彼らが正確であろうと努めたことがわかる．もちろん悪質な不注意で怠け者の書記もいた．誰一人完全ではない．彼らは確かに間違いを犯したのである．

古代の写本と石碑に刻まれた文書から，私たちはいくつかの間違いを見ることができるし，いくつかの訂正を見ることもできる．たとえば，行の上に書かれた文字がそうで

ある．

　ひどく訂正された写本の一つは，死海写本の間から発見された，有名なイザヤの巻物である（参照「死海の埋蔵品」）．

　いくぶん曖昧な問題であったが，ユダヤ人の書記は，ある場合には非常に正確であったことがわかってきた．名前が他言語で表記されると名前は変わることはよく知られている．しばしば外国人は名前の呼び方を自国語流に読む（たとえば，ロンドン London をロンドル Londres と読み，リボルノ Livorno をレグホン Leghorn と読むなど）．

　旧約聖書に登場するヘブル人以外の名前のいくつかは，それらの名前が実際に使われていた時代に書かれた文書の中に現れる．アラム語で書かれた文書は，旧約聖書と比較する上でもっとも大きな助けになる．なぜなら，それはヘブル文字と非常に近いからである．

　アラム語の書記たちは，外国の人名を彼らの文字で書かなければならず，彼らが聞いたままを表記しようとしたことは明らかである．アラム人がアッシリア王たちの名前を表記した方法と，ヘブル本文に現れる同じ名前の表記とを比べてみると，それがきわめて似通っていることに驚かされる．

　たとえば，両者ともティグラト・ピレセルとサルゴンを，TGLTPLSR と SRGN と表記している（母音は不確か）．バビロン方言では，それらの名前はアラム語文書に TKLTPLSR と SHRKN として現れる．しかし，一般的

前600年頃ヘブル語書体に用いられた文字(1)，前5世紀のラキシュ文字（参照「われわれはのろしを見ることができない」）と石碑のアラム文字(2)，パピルスのアラム文字(3)．

な意見によれば，これらの名前を含むユダヤ人の書物が後になって編集されたのはバビロニアにおいて，あるいはバビロニアの支配下においてである．

　彼らに伝えられてきたテキストに書記たちが後に何をしたにしろ，彼らはこれらの名前をアッシリア方言の古い形によって保持しており，それを忠実に伝えてきたことは，アラム語資料の証拠によって明らかである．

　忠実な筆写は，エステル記を保存してきたヘブル人書記の特徴でもある．

　エステル記に現れるペルシア人の人名の中には註解者にとって奇妙に思えるいくつかの名前がある（旧約聖書の古代ギリシア語訳の写本ではそれらをさまざまに表記している）．それで，それらの名前の原形は書記たちの不注意によって失われてしまったと考えられた．

　事実，疑わしい名前の一つは，邪悪なハマンの息子パルシャヌダタだが，これは真正のペルシア人名の正確な翻訳である．前5世紀にペルシア市民のために刻まれた印章に，この名前がアラム語で現れる．それは PRSHNDT で，エステル記の名前と一致する．この場合では，ユダヤ人の筆写家は，完全に正確な仕事をしていた．

　このような問題は，旧約聖書の全体の本文にとっては非常に小さなことである．しかし最古の写本が書かれる以前の数世紀の間，これだけが書記の仕事の正確さを確かめる唯一の方法である．それは，書記たちが非常に正確に筆写することができたし，少なくとも外国の名前に関しては，しばしばそのように筆写したことを証明している．

書記によって守られてきた神の律法の重要性は，伝統的なユダヤ人がその写しを額と腕に結びつける習慣によって生き生きと例証されている．バル・ミツバーのユダヤの少年は小さな革の箱（聖句箱）を身につけている．その中には，申命記からの数節の写しが入っている．

アレクサンドロスの冒険とギリシアの理想

マケドニアの王アレクサンドロスは25歳のとき，ペルシアを征服するために4万5000人のギリシア兵を率いて近東を横断した．彼は進軍を続け，インダス川に行き当たった．この才気に富んだ若き将軍は単なる征服者ではなく，彼はギリシア文化と思想を普及しようとした．そうするために，彼は熟練した兵士たちに遠隔地で土地を与え，そこに住み，地域の女性と結婚し，ギリシア思想にもとづいた社会を築き上げることを奨励した．

アレクサンドロスの野心は広範囲にわたって実現された．ギリシア語はアラム語のように広く行き渡るようになり，都市国家はギリシアの都市の型にもとづいて組織され，多くがギリシア貨幣の価格を用いるようになった．ユーフラテス河の東部では地域の言語と習慣が多くの場所で1世紀間くらいのうちに，再び息を吹き返したが，ギリシアの影響はなお多く残っている．シリアとパレスチナではギリシアのインパクトはもっと強かった．アレクサンドロスの死後，そこを支配した彼の将軍たちは，ローマ人が来るまでそれを維持した．

アレクサンドロスの征服は，紀元後634

年に近東を一掃したイスラムのモスク寺院を別にすれば，他のどの出来事よりも考古学的証拠に強い痕跡を残した．芸術への新しいアプローチは，形式的，伝統的スタイルの代わりに自然主義と個人主義をもたらした．貨幣は王たちの立派な肖像を持っていた．彫像や他の芸術の領域でも個人的色彩が特徴となった．特にギリシア人の態度は規則的，幾何学的図案にもとづいて設計された町並みとギリシア的設計で建てられた主要な建物の中に現れている．これらの特徴はローマ支配の時代以前に近東で始まり，そしてそれはずっと継続していった．

1900年にアシュケロンとヘブロンの中間地点，テル・サンダハナで2-3週間以上の発掘がなされた．その発掘によって前40年に破壊された小さな町の全貌が明らかになった．その遺跡の近くの墓の碑文と古代の書物の中の記述によってその場所の名前がマリサであることが判明した．

四角い町の城壁は約158×152 mの敷地を囲んでいた．東端を占めているのは，神殿と思われる大きな建物で，中央に向かって二つの大きな中庭の周囲に市場と宿屋であったろうと思われる場所がある．他の家々は中央の中庭と一緒にある大きい家から，空き地にはめ込まれたような，2，3の部屋を持つ小さな家まで，いろいろである．その町は，後代の段階では道路が私邸によって遮られているものがあるが，明ら

アレクサンドロスの大野心は征服するだけではなく，ギリシア文化と思想を広げることであった．この胸像（反対側）の年代は前2世紀である．

アレクサンドロスの征服は，地図を塗り替えた．それはギリシア様式の芸術と建築という考古学的記録の一層強い痕跡を残した．アレクサンドロスの石棺の彫刻（反対側）はシドンにある王の墓地から出てきたもので，馬に乗る王を彫っている．前4世紀のもの．

マリサの町は，格子状に設計されている．陶器と石の彫刻に，強いギリシア的要素がうかがわれる．碑文もギリシア語である．ここにも，他の多くのところと同様にアレクサンドロスのギリシア的理想が実現していた．

かに碁盤の目のように設計されていた．陶器と石彫りの図案には強いギリシア的要素があり，ほとんどの碑文はギリシア語で書かれている．もっとも珍しい発見物は二つの魔術的呪文であり，いくつかは墓を見事に飾っている．

マリサの市民たちは，自分の敵たちの鉛の小像を製作した．これらは，曲げられ，縛られ，神殿に放置された．石の卓上で，彼らは，あるいは魔術者は，呪いの言葉を書いた．「どうか神がＸとＹを打っておしにし，無力にしてくださいますように．なぜなら彼らはＡの職を失わせたからです」．数十のこのような呪文が発見されている．そして２，３はヘブル語で書かれているが，読むのは困難である．その他は，神に助けを求める祈りである．

苦しんでいる人々の名前は，町の住民が様々であったことを物語っている．エジプトとセムの名前が多くのギリシア名といくつかのローマ名に混ざっている．そのような混合は，ユダヤ外部の大都市のすべてにおいておそらく普通のことであった．異教の魔術も多分よく行なわれていた．

前２世紀のマリサには，非常に裕福な人々もいた．彼らの豊かさは彼らの独特な墓に現れている．長い地下広間が岩をくりぬいて作られ，その岩壁には横穴の空間がいくつか掘り抜かれており，各々の空間は棺を入れるのに十分の大きさであった．もっと多くを埋葬するために，その広間からさらに小さな部屋に通じている．岩壁の上には丹念に描かれた絵がある．一つの絵には，歩きながら管楽器を演奏している男が描かれ，その後をハープを持った女性が続いている．

最大の墓には，動物の長い行列がある．それもその地方のものだけでなく，国外や野性の動物までもが含まれている．サイとカバ，ワニと象が歩き回り，野性のロバが蛇と戦い，ライオンが獲物に忍び寄っている．それらの動物の傍らには動物の名前がギリシア文字で綴られている．おもしろいのはキリンの名前で「ラクダ・虎」という意味の言葉からなっている．

これらの実在する動物に加えて，想像上の動物もある．ライオンの胴体と鷲の翼を持つグリッフィン，人間の顔をしたライオン，ケルビム，地下世界への道を守るとギリシア人が信じる多頭犬．これらの動物はエジプトから来た様式で描かれているが，初めはギリシアの哲学者アリストテレスによって霊感されたものである．なぜ彼らが墓を飾ったのかは不明である．彼らはすべての生き物に対する死の支配を表していたのかも知れない．

墓の中には，死者たちの名前と彼らの家族の歴史を記録した文がある．その富裕な所有者は，シドンから来て住み着き，前300年と前100年の間マリサで生活した．彼らは地方の人々と結婚したので，そこで生まれた子どもたちは地方の名前を持っていた．ある者はイドミアン（エドム人）であり，時間の経過とともに，もっとギリシア人らしい名前を持つようになった．

マリサは，キリスト誕生の直前に多くのパレスチナ地方に文化的混合があったことの非常に良い実例である．中近東の町々や諸都市には民族的・信仰的混合がいつもあった．アレクサンドロスの冒険は，新しい，非常に影響力のある要素をこの混合にもたらした．

ユダヤの硬貨

考古学者というものは，発掘のときに硬貨を発見すると喜ぶ．なぜなら硬貨というのは正確な年代を教えてくれるからであり，それは建物の年代と歴史を決定するのに役立つからである．

たとえば，クムランの廃墟の中で，発掘者は二つの小さな銅貨埋蔵所を発見した．それらは，ユダヤ人がローマへ反乱しているときに発行した物である．その硬貨には日付が入っていて，多くは反乱の第2年，2，3の硬貨は第3年の発行である．それは紀元後67年と68年を意味する（参照「死海の埋蔵品」）．

第3年以降のものはまったく見あたらず，72個の硬貨のうち四つだけが第3年であり，他は第2年である．そこで考古学者たちは，ローマがその場所を占領したのは68年であると結論した．

対照的にローマに対して最後の反抗を行なったマサダの砦では，第4年と第5年，すなわち69年と70年の日付のものが発見されている．これらの硬貨は，ローマが73年まで（硬貨が鋳造されたエルサレムを彼らが陥れた後），その砦を占領していなかったという歴史的報告と一致する．

また硬貨は別の情報も提供してくれる．トルコ西方のリディアで最初の硬貨が造られた時以降，おそらく前600年頃，硬貨は情報伝達のよい手段でもあった．新聞やラジオ・テレビの放送以前には，政府や王たちにとって彼らの政策を知らせるのは容易なことではなかった．王の名前や町のシンボルが刻印されている硬貨は，その王や町の権威を伝えた．

新しい王は，自分の名前が彫られた大量の硬貨を発行することによって自分自身を，また彼の統治についての通達を，公表することができた．ギリシアやローマの硬貨は，硬貨が宣伝のために用いられたことを繰り返し示す実例である．

アレクサンドロス大王による征服後，硬貨は一般的になった．それ以前の300年間は，金と銀だけで造られていたので，ほとんどの人々は硬貨を使う必要がなかった．低

デナリ銀貨は，キリストの時代では労働者の1日の賃金であった．

金貨は，アウグストゥスの名前と肖像を持っている．彼がローマ皇帝のとき，イエス・キリストは生まれた．アウグストゥスが命じた住民登録は，税金の増収を意図していた．

エジプトの支配者プトレマイオス5世の硬貨は，前2世紀にさかのぼる．

ユダヤ人は，1世紀のローマに対する反乱の間に彼らの硬貨を鋳造した．

ハスモン王朝時代にさかのぼる青銅の硬貨．

い価格で大量に，銅や青銅で鋳造されるようになった時，あらゆる階層の人々が自由に用いるようになった．比較的貧しい小国の支配者たちは，銀で鋳造することができなくても，銅貨を造って彼らの存在を宣言することができた．

これこそ，シリアのギリシア人王たちがマカベア王朝後ユダヤの大祭司たちにユダヤを支配することを許可したとき，ユダヤの大祭司たちが行なったことである．最初に行なったのは，ヨハネ・ヒルカヌス（前135－104年）である．彼の小さな銅貨には，「ヨハネ，大祭司・ユダヤ人議会」と刻まれている．それは古ヘブル文字で書かれている．その言葉も文字もそのユダヤ人国家の性格を主張しており，称号はその国家の宗教的基盤を記している．祭司は議会（これは後にサンヘドリン――イエス自身が裁判を受けた議会――となった）とともに支配していた．

後を継いだ支配者たちも，同類の小さな硬貨を発行し，自分たちを宣伝するために利用した．アレクサンドロス・ヤンナエウス（前103－76年）は，こうした目的のために硬貨が役立つことを見抜いていた．彼は自分自身を王とし，硬貨に彼の名前と称号を刻印させた．片側をヘブル語で，反対側をギリシア語で書かせた．

ギリシア語を硬貨に印すことで，近隣諸国に硬貨の起源を明らかにした．それはまたユダヤ人社会にギリシア語が深く浸透していたことを示す印でもある．

ヘロデが統治権を握ったとき，ヘブル文字は除かれた．それが再び現れるのは66－70年と132－35年におけるユダヤ人反乱の時の硬貨だけである．

大祭司たちと，ヘロデと彼の息子たち，そしてローマ総督によって発行された大量の，貧弱な小銅貨は，ほとんど価値がなかった．それらは神殿の献金箱にわずか二つの銅貨を投げ入れたやもめがどんなに貧しかったかを如実に示す例である．彼女の献金を見ながら，イエスは心を動かされて言った．「私はあなたがたに言います．この貧しいやもめは他の誰よりも多くを捧げたのです．というのは，他の人々は使う必要のない余った富の中から献金を捧げたのですが，彼女は，貧しさにもかかわらず，彼女が生きるのに必要なすべてを捧げたからです」．

発掘によって発見された硬貨はしばしば正確な年代を教えてくれる．青銅の壺と銀貨は，紀元前の最後の世紀と紀元後の最初の世紀からの物である．

隠れた都市ペトラ

香をたくことは，古代の神殿と聖所では一般的な礼拝行為であった．強く心地よい芳香は礼拝される神のもとへ上っていくと考えられた．香を燻すことによって，いけにえとして焼かれた動物の強い匂いも隠すことができた．香はまたアッシリアとペルシア王の前で外気を気持ち良くするためにたかれた．その他の人々も同じ目的のために用いたであろう．

ギリシアとローマ世界の必要を満たすために膨大な量の香が必要であった．基本的成分は乳香で，それは南アラビアに生息する木の樹液であった．ラクダとロバの群を引いた隊商が，地中海全域に香を輸出するために，ゆっくりと砂漠を南北に横切って香の積荷をガザとダマスコへ運んでいた．それらと交換して，良質の鉄製品，陶器，ガラス製品をエジプト，シリア，ギリシアの工場から持ち帰った．南アラビアではこの交易によってシャバ，マイン，カタバンの諸国家が豊かになった．隊商は，移動するとき，水と宿泊所のあるところに停泊した．このような宿泊場所のいくつかは大きな町へと発展した．その中で最も有名なのはペトラである．この町は，赤とピンク色の砂岩からなる岸壁の谷間に建てられた．そこは砂漠の高台が崩れて死海の南で大きく裂けた谷になっている．

前300年から紀元後150年までの数世紀間に，主要な香の道の一つがペトラを通過して西に向きを変え，沿岸の町ガザにまで通じていた．その町民は食糧と宿泊を旅行者に売り，その王たちは旅行者に税を課した．それで町は豊かになった．

ペトラの人々はアラブ部族で，そこに住み着き，ギリシア人の影響で当時の流行を追って生活した．その部族はナバテア人と呼ばれる．ペトラや他の町での考古学者の研究なくして，これらの人々はほとんど知られることはなかったであろう．

彼らは大いなる借用者であった．彼らの町々と神殿，また墓は，そのデザインや装飾をエジプトとフェニキア，ギリシアとローマから借用している．彼らの言語はアラビア語である．しかし，それを書くために彼らはアラム語のアルファベットを借用した．そのアルファベットは，ナバテア人からアラブ人へと渡り，文字の形は幾世紀も伝えられ，変化していった．

紀元後106年にローマ軍がペトラを征服して後，その町は勢力を失った．人々は数世紀間そこに住んでいたが，地震と怠慢によって家々がまったく残らないまでに建物は廃墟となり，忘れ去られた．近代の探検家たちが最初にペトラを発見し，それがペトラであることを確定したのは1812年のことである．アメリカと英国とヨルダンの考古学者が，ある程度の発掘をしたが，その町についてもっと多くの研究すべきことが残されていた．

その最盛期，すなわち紀元1世紀の前半には，ナバテア王国はヨルダン川東岸のほとんど，パレスチナ南端部（ネゲブ）を支配していた．最強の王であったアレタ4世（前約9年から紀元後40年）の治下で王国は一時ダマスコまで支配していた（使徒パウロは，ダマスコで城壁から籠で吊り下ろされて，「アレタ王の代官」から逃れた）．

最近の研究によると，その頃には大通り

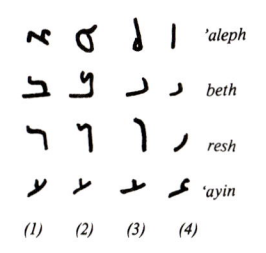

ヘロデ時代のヘブル人によって用いられた手書き文字(1)，ナバテア碑文(2)，ナバテア人の手書き文字(3)，アラビア文字(4)．

ペトラは，赤とピンク色の砂岩の裂け目の間にある谷間に建てられている．壮大な宝庫の正面が，すぐに目につく．それは実は岩をくりぬいた墓である．

町の高台にある巨大な岩石の上にセム人の「高き所」がある．それは動物犠牲を含む礼拝のための古い伝統に従って設計されている．旧約聖書は頻繁にそのような高き所について言及し，神の民に礼拝の偶像崇拝的なやり方について警告している．

かつては砂漠の隊商のための休憩所であったペトラに，ギリシア人の生活様式を採用したナバテア・アラブ人が住み着いた．その町は新約聖書の時代に発展したが，紀元後106年ローマ軍によって征服されてから，その勢力を失った．これは，一連の崖に彫られた墓である．

がペトラの中心を貫いて走り，その傍らの高台には堂々たる建築物が並んでいた．その大通りは正方形の神殿に続いていて，その神殿はソロモンが従った玄関，聖所，聖堂という古代の設計にもとづいて建てられていた．

その大通りの片側から谷の上に広がっているのは，町の家々と仕事場である．あるものは入念に裁断された石で建てられ，内壁には漆喰が施され，造形と絵画で飾られていた．

ナバテア人は，一つの産物に関して優れていた．それは陶器の製作である．ナバテア人の陶器師たちは，磁器のように薄い陶器をいかにつくるかを修得していた．しかし，ろくろ上での手造りであって，型によるものではない．彼らの皿類は特に優れていて，花模様が褐色で描かれている．

そのような薄い器は簡単に壊れるので，完全な例はごくわずかしかない．しかし非常に多くの破片がナバテア人の遺跡から発見されており，そのことはこの陶器がごく普通に用いられていたことを示しており，一人の職人が金持ちのパトロンたちのために造っていたのではないことがわかる．

ペトラの町は，塔を持った城壁，その周囲の岩と絶壁によって守られていた．これらの岸壁の柔らかい岩面にペトラの人々は，彼らを有名にした記念碑を刻んだ．彼らは，死んだ人々が忘れ去られることがないように死者を埋葬したかった．そして砂岩が彫るのに適していることを発見した．

石工は岸壁を切り開き，大部屋に続く通路を造った．埋葬はその部屋で行なわれたのかも知れないし，そこから続いている他の部屋が，埋葬のために切り開かれたのかも知れない．部屋のいくつかは，明らかに縁者が墓を訪れ，死者を記念し，祭事を営むことができるように設計されていた．

墓の外側の岩面は，彫刻をほどこすため

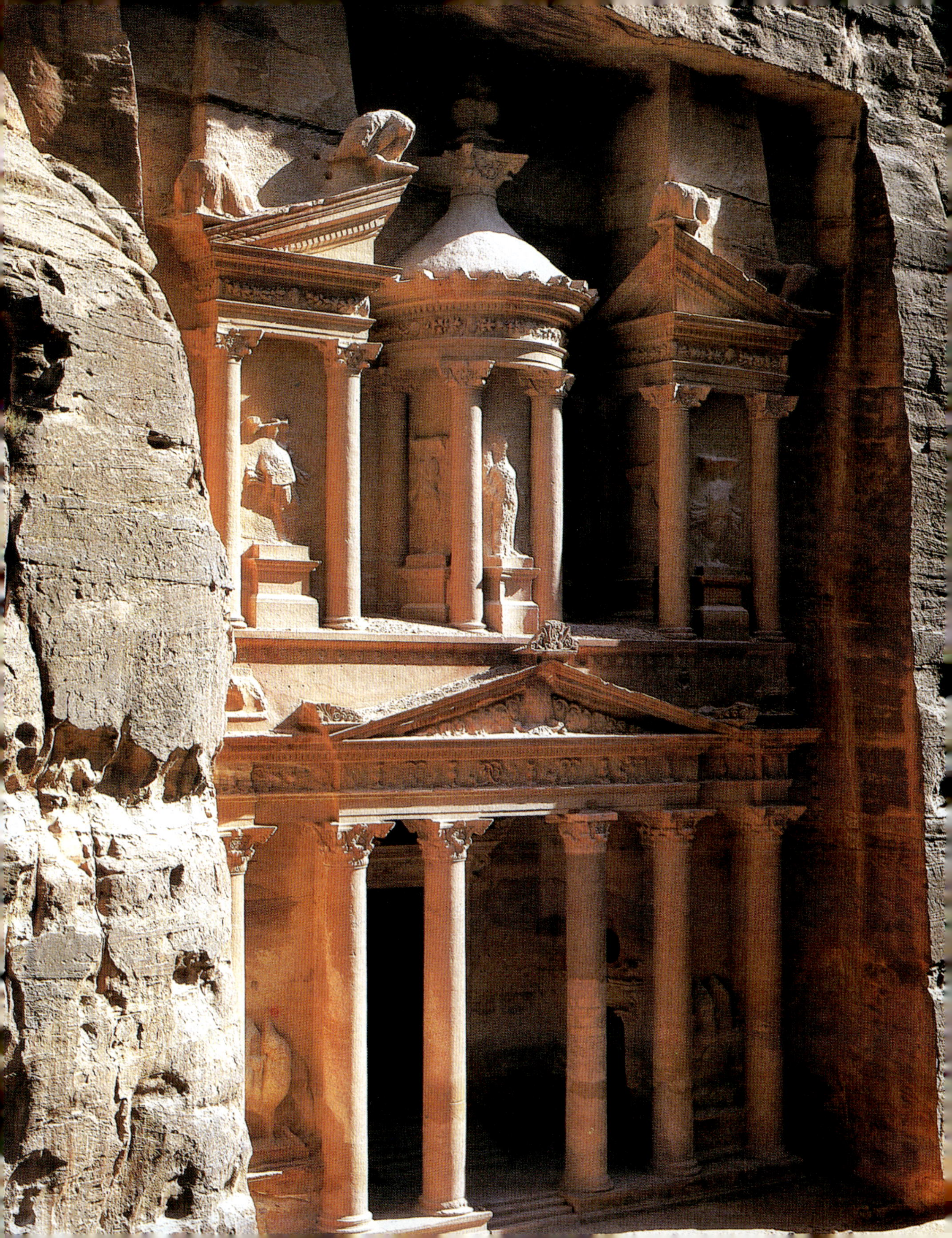

にも整えられた．多くの場合，それは滑らかに削られ，石造建築の入口のように彫られ，上方は屋根のようになっていた．

最も富裕な人々，王族とその関係者はもっと豪華な墓を持っていた．彼らのために岩壁はローマ式神殿を模した彫刻が施されていた．

ペトラの訪問者は，最初に最良のものを見ることになっている．町の方へ続いている長さ2kmの狭い峡谷を通り抜けて行く間，彼らは岩壁以外のものを見ることはできない．その岩の裂け目の終わりに，突然，彼らに向かって驚くべきピンク色の彫刻が現れる．

柱で支えられた入口の上の岩面には，円柱が彫られ，その円柱の間には肖像が浮き彫りにされている．地上から約30mの高さにある切妻屋根の頂上には，巨大な花瓶がのっている．それはしっかりと固定されている．しかし，その地域の人々は何年間もそれを狙い撃ちし，落として壊し，その中の黄金を見つけだそうとした．

その墓は，今も「ファラオの宝，エル・カズネ」と呼ばれている．これが誰の墓であったのか，だれも知らない．ある指導的学者は，それはアレタ4世のために造られたと論じている．

ペトラの壮観な，岩を切り開いた墓，かつて偉大であったこの町の崩れ落ちた岩塊，それらはヘロデ王が，彼の壮大な建造物を建てていた当時，ナバテア人がどれほどの贅沢と技術を味わっていたかの証拠である（参照「大いなる建造者ヘロデ」）．

大通りの突き当たりに建てられた神殿のほかに，ペトラには他の聖所がいくつかある．そのうちの一つは特に興味深い．町より数百フィート高いところに巨大な岩塊があり，その上は「高き所」である．これはギリシアやローマ式の神殿ではない．それは古いセム人の伝統的「高き所」である．

行列行進用の道路は岩を切り抜き，丁寧に階段を刻み，その丘の頂上に向かっている．そこで礼拝者たちは聖域に入る．二つの石の柱がその目印である．それは，石のブロックを用いて建てたのではなく，その岩が柱として建つまで岩を削って造ったものであった．それらは各々約6mの高さで，互いに数メートル離れて建っている．そういうわけで多くの岩石が取り除かれた．これらの柱はカナン人の神殿にある柱に対応しているものである（参照「征服されたカナンの諸都市」）．

柱の背後では，岩塊の頂上が削り取られている．平地の広さは約14×6mで，そこには岩を削って造られた長椅子が3方向にある．東向きの第四方向には岩を削って造られた祭壇があり，そこには3段の階段を上って近づく．祭壇の東側に岩面を削った丸い洗盤に近づくもう一つの階段がある．そこから続いている排水路は，その場所で動物が屠殺されたことを示唆している．祭壇は一人の人間が横たわるに十分な大きさであるが，ナバテア人が人身御供をした証拠はない．

何世紀も前にナバテア人とその町は忘れ去られていた．その発見は考古学のもう一つの成果である．そして新約聖書の文化的背景を知るための貢献であった．

死海の埋蔵品

　1946年から47年にかけての冬の午後のことであった．3人の羊飼いたちが，死海のほとりの近くで，羊と山羊を見守っていた．動物たちは，えさとなる草の茂みを探しながら，石の多い丘陵の斜面を登っていた．家畜の番人たちの目は，油断なく群れとその周囲の景色を見守っていた．

　一人が絶壁に穴を見つけ，その穴の大きさを試すために石を投げ込んだ．その石は落ちて奇妙な音を立てた．彼らは探索したかったが，太陽は沈みかけており，すぐに暗くなる．そこで彼らは立ち去った．

　2，3日もしないうちに，彼らのうちの最年少者，ムハメッド・エドウ・ディブが戻ってきた．彼は，初めの穴のすぐ上にある，より大きな穴に登り，洞窟の中に入り込んだ．彼はあたりを見回した．

　宝は，はたして彼を待っていたか．彼の従兄はいつも洞窟がアリババのような，金の壺に満ちていることを期待していた．

　洞窟の中で彼の周囲にあったのは陶器の壺であった．あるものは壁に立てかけられており，あるものは床の上に横たわっていて，天井から落ちてきた石に当たって壊れていた．ほとんどの壺はからであった．黄金はなかった．ただ二つの壺にだけ何かが入っていた．それは1巻の皮の巻物と二つの布で包んだ物であった．

　ムハメッドは宝を発見したが，彼はそれを理解してはいなかった．

　彼は洞窟から出て，彼が見つけたものを他の人々に見せた．彼らはそれをどうすべきか知らなかった．彼らが包みを開けてみると，さらに2巻の皮の巻物が現れた．その皮の上には文字が書かれていたが，誰も読むことはできなかった．

　その巻物は数週間彼らのテントのバッグの中に眠っていた．ついに羊飼いたちはその巻物と二つの壺をベツレヘムの商人仲間に持って行った．初めは誰も興味を示さなかった．その後，シリア正統派クリスチャンの洋服商人が，それらをベツレヘムで見て，売ってみることに同意した．羊飼いたちは彼を信用せず，その地元の靴直し屋カンドーを彼らの代理人として選んだ．

　シリアのクリスチャンは，巻物の見本をエルサレムにいる彼の教会の首長のところへ持って行った．彼はその巻物が非常に古いもので，彼らが買うことを決定すると考えた．2，3週間後，売買がなされた．その三つの巻物は，羊飼いたちが洞窟へ戻ったとき持ち帰ったもう一つの巻物とともに，約24ポンド（当時100ドル以下）で売られた．他の三つの巻物は，二度目の洞窟訪問のときに持ち帰られたが，骨董商人に7ポンド（28ドル）で引きとられ，その後1974年にヘブル大学によって買いとられた．

　最初のグループの巻物は，パレスチナから米国へ持ち込まれ，1954年に25万ドルでイスラエル国家に買いとられた．現在はすべて一緒に，エルサレムのイスラエル博物館に付随した「聖書の殿堂（The shrine of the Book）」にある．

　最初の発見から1年くらい後，シリア人に売られた巻物は，エルサレムにあるアメリカン・スクール・オブ・オリエンタル・リサーチに持ち込まれた．そこでは，若いアメリカ人，ジョン・トゥレヴァーがそれらを写真撮影するために，パレスチナ

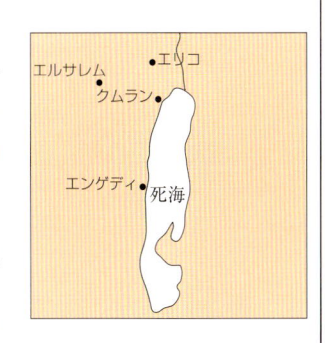

クムランの巻物のいくつかは，陶器製の壺の中に保管されていた．共同体の図書館は進軍してきたローマ軍による破壊から守られた．

の植物に関する彼の研究を中断した．彼はただちにこれらが古代ヘブル語の本であること，そして間もなくその一つが聖書のイザヤ書であることを突き止めた．

そのヘブル語の書体は，彼にとって不思議であった．初期のヘブル語の本の図版と比較してみると，この書体は，ケンブリッジにある小さな写本を除けば，他のいかなるヘブル語写本よりも古いことに気がついた．しかし，これはほとんどありえない結論と思われた．トゥレヴァーは，ただちに指導的なアメリカの聖書学者，W. F. オールブライトに手紙を書いた．エルサレムでは政治情勢が悪化していたが，そのような状況の中でも許される限り早い返事が来た．これは「現代における最大の写本発見である」．このニュースは，1948年4月11日に公表された．

この発見とは何だったのか．なぜそんなに重要なのか．トゥレヴァーが写真を撮った四つの巻物はヘブル語で書かれていた．そのうちの一つは，聖書のイザヤ書の写本であった．それは長さ 7.43 m，幅 26 cm の皮の巻物で，端が縫い合わされた 17 枚からでき上がっており，54 段にわたるヘブル語文書であった．

巻物は，普通，会堂でヘブル語聖書のために用いられた．しかし，それらがすり減ると，土に埋めるか隠され，自然に腐食していくままにした．そうすることによって人間が神の言葉を破壊しないようにした．その結果，非常に古い巻物は，残存してこなかった．いくつかの最古の写本は，約1000年前個人的研究のために頁を持った書物として造られた．

これらのイザヤ書の巻物は，その最古の写本より 1000 年前に書かれたとトゥレヴァーは結論し，オールブライトは同意した（今日すべての学者がそうである）．

書記たちが手で本を筆写するとき，彼らはときどき間違いを犯す（誰でも本から 2－3 頁を写そうとすれば，間違いを犯すことがどんなに簡単かを発見する）．ユダヤ人の書記たちは聖なる書物をコピーするとき，非常に大きな注意を払った．しかし，それでもミスは入り込んでいる．このイザヤ書の巻物やその後に発見された多くの巻物によって，私たちは，1000年間もさかのぼることができ，ヘブル語のテキストがあの当時からどれくらい変化したかをみることができる．また私たちはその巻物によって，なお数百年もの隔たりがあるとはいえ，イザヤ書が書かれた時代にずっと接近することができる．

私たちがそのイザヤ書の巻物を以前から知られていた最古の写本と比較したときの結論はどうであっただろうか？

学者たちを驚かせたのは，ごくわずかな違いしか発見できないことであった．ユダヤ人の筆写家たちは，非常に注意深く写し伝えたのである．1000年間にわたって，一つか二つの言葉がときどき誤って書かれ，またいくつかの小さな変更が生じていただけである．その巻物は疑う余地なく，現代の翻訳が依存しているヘブル語聖書

クムランの洞窟から出てきたイザヤ書の巻物は，他のヘブル語聖書のいかなる写本より 1000 年古いものである．テキストの中にごくわずかな違いしかないという事実は，筆写した人々が非常に大きな注意を払ってきたことの印である．それは，神の言葉が何世紀にもわたって誤りなく伝えられてきた確信に対する鮮明な根拠となっている．

が，イエスの時代以来ほとんど何の変化もしていないことを証明した．

　最初の発見後の数年間，考古学者たちは巻物が発見された洞窟や他の多くの洞窟を探索した．彼らはさらに多くの巻物の断片を発見した．それらは壺の中に隠されていなかったために，大きく破損していた．あの羊飼いたちと彼らの友人たちは興味を失ってはいなかった．彼らは絶壁をもっと徹底して探し，巻き物が隠されていた洞窟を発見した．

　1952 年に彼らが到達した洞窟は，第四洞窟と呼ばれているが，驚くほど保存状況の良い断片が見つかった．羊飼いたちがいくつかを取ったが，間もなく考古学者たちはそれを見破った．全部で約 4 万枚の断片が第四洞窟から発見されたが，それは約 400 の巻物に相当する．

　これらの発見によって羊飼いたちの部族は，裕福になった．というのは最初の巻物が非常に古いのもであることがわかったので，彼らが発見したものが，高額で売れることに気がついたからである．価格は 1 平方インチ（2.54㎠）あたり 1 ポンド（当時で 2.80 ドル）と決められた．財源は限られていたので，当時その地域を治めていたヨルダン政府は，必要な資金のほとんどを調達した．

　他の政府と私的団体も資金を提供した．その結果，2，3 の断片を除いてすべては，エルサレムにまとめて保管されてきた．そこで小規模の専門家チームが，断片をつなぎ合わせ，それが何かを調べつつ，数年間研究してきた．これは長期にわたる，ゆっくりした仕事である．これらの文書の多くがまだ出版されていないのは，この研究の性格と，それをなしうる人々が少数であることに由来する．ある人々が主張するように，キリスト教会にとって有害でセンセーショナルな情報が，公にならないように妨げている慎重な陰謀のゆえではない．

　反対に，もしそのイザヤ書の巻物が基準とすべきものであったとしても，聖書の権威について高い見解を持つ人々には，恐れるべきことはなにもない．むしろこの研究から多くのものを得ることができる．手によって筆写されてきた 1000 年間の時間の流れの中で，聖書の教えに影響を与えるような，いかなる間違いも本文の中に入り込まなかったということは，驚嘆に値する事実である．

岸壁に開いた穴の中に何の気なしに投げ込まれた一つの石が，死海のほとりにあるクムランで驚くべき写本発見の引き金となった．それらは，羊飼いの部族に夢にも思わない富をもたらし，さらに学者たちにまったく新しい世界を切り開いた．

失われ，そして発見された図書館

鋭い目の羊飼いと熱心な考古学者たちは，古代ヘブル語の書物の隠し場所であった死海のほとりで，11の洞窟を見つけた．誰がこれらの本を隠したのか．またなぜ隠したのか．

考古学者たちが，研究可能なすべての証拠を調べて答えようとしているのは，この疑問である．この場合，証拠には二つの主な手がかりがある．すなわち，第一はその書物の内容であり，第二はそれらとともに見つかった壺と洞窟の近くにある建物の廃墟である．

書物は，ほとんどみな宗教書である．それらのうち100以上が旧約聖書のある部分の写本である．その中には，最初の洞窟からのものを除いて，少なくても17のイザヤ書の写本，2ダース以上の申命記の写本がある．これらが特別好まれた書物のようである．ヨシュア記は二つの写本が，エズラ記は，唯一の写本があるが，それらは

近くの洞窟に保存されていた書庫を別として，クムランでのエッセネ派共同体の遺跡はすべて，廃墟となった石造建築物であり，それは彼らの本拠地であった．

イザヤ書や申命記ほど親しまれなかった．

旧約聖書の全部の本が，その収集の中に現れてくるが，エステル記はない．エステル記には宗教的教訓が含まれないために，所有者はそれを拒否したのかも知れない．旧約聖書に依存していない宗教文書というのはその図書館にはない．そこで，私たちはこれらの書物の所有者たちは，非常に宗教的なユダヤ人のグループであったとみることができる．

その他の巻物の中に，彼ら自身の書物がいくつかある．これらの人々は，聖書が自分たちの状況にいかなる意味を持っているのか見いだすために聖書を熱心に研究した．彼らは自分たちのいくつかの結論を注解として聖書本文の上に記した．彼らは自分たちをイスラエルと考え，信仰のないユダヤ人によって迫害され，外国の権力によって支配されていると考えていた．ある預言者がバビロンのカルデア人を神の民の敵と述べている箇所で，注解者は，それはキティム，ローマ人のために用いられた名前を意味する，と言っている．預言者たちは自分たちの時代について語ったのではなく，それらの言葉は注解者たちが生きた時代についてであった．

注解と同時に，規則についての書物がある．それらは，修道僧や尼僧のように，非常に厳格な組織のもとで生きる宗教的人間からなる共同体の規則である．この厳格さは自分たちだけが神の民であると主張する集団の特徴である．その共同体に入ろうとする人々は誰でも二年間の見習い期間を経なければならなかった．一度受け入れられると，すべての財産は共有され，誰もがリーダーに従わなければならなかった．

現在「神殿巻物」として知られている非常に長い巻物は，最初に見つかってから骨董品屋によって隠されていて1967年に回復されたが，それは神殿における礼拝の規則をすべてリストし，その順序を記述し，人々が自分を清く保つための教訓を与えている．

これらの人々は，自分たちが勝利するときを待ち望んでいた．一つの書物の中に彼らは「光の子たち」である彼ら自身と「闇の子たち」との間の戦争を描いている．神は彼らの側にいるので，彼らは勝利し，正しい礼拝の方法が整えられ，神は二人のメシヤ，一人の王，一人の祭司を送ってその民を導くであろう．

その注解書と規則書から，それらの著者の起源についての手がかりを得ることができる．彼らは「義の教師」と呼ばれる人物を尊敬していた．彼らの特徴ある多くの教えは，その人物から来ているらしい．巻物からわかる限りでは，彼は前2世紀の中ごろの人物である．彼は，ユダヤ人のおもな祭りの日時について独特な考え方をしていた．それでエルサレムの祭司たちは，彼に聖なる日を祝うことを禁じた．なぜならその教師は，彼らと同時期に行なわなかったからである．

暴君のようにエルサレムで支配していた「邪悪な祭司」と呼ばれる一人の人物が，その教師を迫害した．注解者たちは，彼のことを邪悪でうそつきと呼び，いかに彼が敵の手にかかって苦悶のうちに死に，神からの刑罰を受けたかを描いている．その教師は，弟子たちを連れて荒野に避難した．

その廃墟が，第二の証拠を提供する．最

この平面図は，クムランの修道院的共同体が使用していた建物の複雑さを示している．そこでの生活は前150年頃始まり，紀元後68年，ユダヤ人の暴動の時のローマによる破壊までの間栄えた．

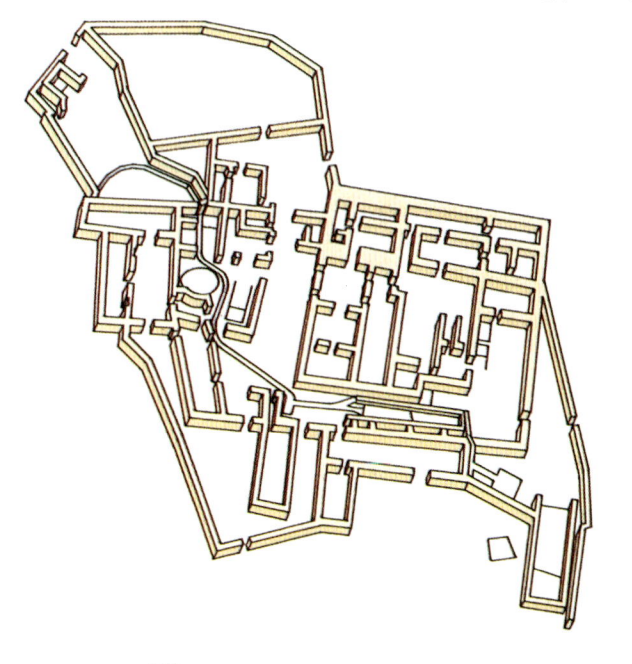

初の発見の後，洞窟を調査した考古学者たちは，間もなく彼らの関心を海岸の上にある廃墟に向けた．彼らは，1951年から1956年にかけて発掘した．

彼らが掘り出した建物はユニークなものであった．それは，宮殿でも，要塞でも，家でもなかった．それは，あらゆる活動の中心地であった．陶器師たちは皿や，鉢，カップ，壺を造り焼いていた．農作物はサイロの中に保存され，台所で調理された．織工は，多分羊や山羊から衣類を編み，そこには着色のために染織用の植物があり，それを洗う洗濯場があった．

一つの部屋には，階上から落ちて来た，しっくいを塗ったレンガの破片があり，それらをつなぎ合わせると三つの長椅子になった．これらの破片の中には，二つのインク壺があるので，階上の部屋は，書き物をする場所であったことをかなり正確に推測することができる．しかし残念なことに，いかなる巻物も他の書物もそこには残されてはいない．

建物が立っている地域は非常に乾燥している．その近くには新鮮な水の泉は一つもない．彼らの仕事に水を確保するために，人々は，背後にある山地から雨水を引く水路を造った．彼らは大きな貯水池に水をためた．それは，計算してみると，200人の住人の必要を満たすに十分な大きさであった．しかし，彼らはどこに住んだのであろうか．長さ27m以上の広間は，食堂であったようだ．一画には100以上の陶器があり，おそらく食事に備えられていたのであろう．

1000以上の食卓用器具が，広間の傍らの小さな部屋の床に積み上げられている．それらは，地震が建物を破壊したとき，瓦礫の下に埋もれた．そして残され，修繕されたとき，捨てられた．

大広間は全員がいっしょに食事をしたことを示している．彼らは2階の共同寝室で寝た可能性がある．また彼らが周囲の絶壁にある多くの洞窟に住んでいた可能性もある．洞窟の中で発見された陶器は，廃墟の中で発見された陶器と同じである．さらに，皮製巻物の最初のグループと一緒に発見された壺は，大きくて，特殊な形をしているが，その片われが建物の中から出てきている．

書物を隠した人々が，変わった建物に住んでいた人々であることを疑う理由は特にない．巻物にあった彼らの生き方についての規則は，一般的にエッセネ派と呼ばれるユダヤ教の教派の著作家たちが書き残したものと一致している．

エッセネ派は，前1世紀から紀元後1世紀に栄えた．建物が使用された年代はそれである．そこでの生活は多分前150年に始まり，紀元後68年に終わりを告げた．その年ユダヤ人の反乱を鎮圧するためにローマの軍隊がパレスチナを通過し，エリコと死海に進軍した．

廃墟で発見された貨幣は68年製のユダヤ貨幣を含んでいる．しかし，それ以後のものはない．火と採鉱とでその建物は破壊された．それからローマの兵士たちはその一部を見張り所にした．紀元後65年から73年の間に鋳造された彼らの貨幣が，廃墟となったそれらの部屋の中から見いだされる．

ローマ軍が進軍してきた時こそ，彼らが巻物を隠した時に違いない．彼らの所有者は生き延びて，それらを守ることはできなかった．あるものは地滑りで，あるいは湿気のために失われた．しかし，多くは残存して「現代における写本の最大の発見」となった．

イエスと死海文書

「キリスト教とは，成功したエッセネ主義の一つである」と，1893年フランスの急進的学者エルネスト・レナ（Ernest Rena）は宣言した．その巻物によってエッセネ派信仰に関する新鮮な知識が明らかになった後，パリでのレナの後継者の一人デュポン・ソメは，その問題に自分で取り組んだ．その発見に関する最初の概説書を書いた時，彼は言った．

「ユダヤ教の新しい契約のすべては（その巻物に見いだされるように），キリスト教の新しい契約の先駆者であり，その道を準備するものであった．新約聖書文書が提示しているように，『ガリラヤからの主』とは，多くの点で『正義の主（義の教師）』の驚くべき化身として現れる．……彼のように，彼は断罪され，殺される．彼のように，彼は天に昇り，神の近くにある．……彼のように，彼は終わりの時の思考の審判者である．彼のように，彼は教会を創立し，その構成員は彼の栄光ある帰還を熱心に待ち望む．……」．それから彼は，どこでもその巻物とキリスト教が類似しているところがあると，それはキリスト教がエッセネ派から借用したのだと主張した．

これはキリスト教批判者，懐疑論者，人本主義者にまたとない攻撃材料を提供することになった．もはやイエスは孤立した人物ではなく，彼も時代の産物であった．それにもかかわらず，時の流れは，一つの大きな相違をあらわにしてきた．ある人物の教えは彼に従った人々をローマとの戦いから救い出すことはできなかったが，もう一人の教えは，今日まで持続する炎を燃え立たせた．

死海写本とイエスについての真実はどうなのか？

● まず最初に，イエスがクムランの人々と直接的接触を持ったしるしはなにもなかった．バプテスマのヨハネはあるいは持ったかも知れない．しかしヨハネが宣教したとき彼はクムランの人々の教えには従わなかった．

● 新約聖書も死海写本も，その起源を旧約聖書に持ってい

ハバクク注解書のこの欄の底部に，フランスの学者は「彼は義の教師を迫害した」という言葉を補った．そしてそれを義の教師とイエスとを比較する根拠とした．

る．だから，両者が共通して持っている多くの考えや言葉は，旧約聖書から来た．

●義の教師とイエスの間の類似性は，そのフランス人学者が立証しようとしているほど大きくない．彼は，彼のセンセーショナルな言明を一つの巻物，すなわち，ハバクク書に負っている．その巻物は下部を除けば非常に保存状態は良い．しかしその下部では各欄の最終行の文字は破損している．デュポン・ソメは，一つの裂け目に「彼は義の教師を迫害した」の一文を補足することによって，「義の教師は裁かれ，断罪され，殺された」という主張の根拠を作り上げた．

今は誰も彼を支持しない．ほとんどの権威者たちは，邪悪な祭司の恐ろしい宿命がここに描かれていると考えている．なぜならそれこそ隣接の箇所が描いていることだからである．もし義の教師が将来再来することを期待されているならば（それは確かではないが），彼は神の隣に座する裁き主ではありえない．

●義の教師とイエスの相違は非常に大きい．

義の教師は，ユダヤの儀式律法の厳格な遵守を教えている．そして彼の信奉者が神殿で犠牲をささげる時が来ることを望んでいる．

イエスと彼の信奉者たちの信仰にとって，神殿とは，やがて失われる一部分でしかなく，また儀式律法を守る義務を持ってはいなかった．この違いのゆえに，義の教師は彼の弟子たちを閉鎖的共同体に導き（もっともすべてのエッセネ派が町を捨てたわけではない），イエスは自分の弟子たちに民と交わりを持つように語った．

義の教師は，旧約聖書の言葉に従うことによって神を喜ばせることを求めた．彼は，神がメシヤ（特別に選ばれた指導者）を遣わされることを待っていた．彼は自分がメシヤであるとは主張しなかったようである．

キリスト教会は，イエスがメシヤとして来られ，しかも人間は，ただキリストを信じる信仰によってのみ神を喜ばすことができるという確信の上に立っていた．メシヤとして，イエスは義の教師がしなかった生き方をした．それはパリサイ人に衝撃を与えた以上の衝撃を義の教師に与えるような生き方であった．一人の人の死が，イスラエル人だけでなく，全人類の贖いとなるというような考えは，義の教師が受け入れるにはもっとも困難なものであった．

●巻物はクリスチャンの習慣と似た規則を含んでいる．

新しいメンバーは，彼らの罪を悔い改めて，洗礼を受けるべきであった．これはヨハネのバプテスマの洗礼とクリスチャンの礼典とに，似ているように見えるが，同じものではない．というのはエッセネ派は，明らかに毎年それを繰り返した．それは，自分を清めるためであって，赦しを求めるためではない．

メンバーは食事を一緒にした．ある者はこれを最後の晩餐と聖餐式に関連づけてきた．そこには共通の背景があるのかもしれない．しかし，クムランでの食事はメシヤとの祝宴を待ち望んでいた．メシヤを覚えるという意味はないし，義の教師を覚えることさえない．「私を覚えるためにこれをしなさい」というイエスの言葉が要求するような意味においてそれはなされていない．

●最後に，旧約聖書の上に巻物の所有者が書いた注解は，その教師が教えた解釈の方法に依存していた．彼らは預言を彼ら自身の状況に当てはめて，しばしばいくつかの句を気ままに利用しながら，それらの成就を尋ね求めていた．新約聖書では，預言はほとんどメシヤの到来によって実現した状況に当てはめられている．そこには，扱い方に類似点はあるが，巻物の方には，イエスによってもたらされた解釈の統一性と確かさを欠いている．

死海写本が本当に重要なのは，エルサレム崩壊の直前の時期にパレスチナの宗教的ユダヤ人によって書かれた，他のいかなる文書も信頼できるヘブル語文書のなかに残っていないからである．その巻物から福音書の時代のユダヤ教の一派の新しい見解を得ることができる．この発見は新約聖書の研究に新しい息吹を吹き込み，そして文書の断片がもっと出版されれば，福音書の背景はもっと理解が進むであろう．私たちはこれらの巻物が当時のユダヤ思想のほんの一部分を示しているだけだということを覚えておかなければならない．初代キリスト教はその全体の文脈の中から発生したのである．

大いなる建造者ヘロデ

それは，これまでエルサレムで建てられたいかなる神殿よりも大きくて，より良いものでなければならなかった．いかなる支出も惜しまれなかった．これは，王からのユダヤ臣民に対する贈り物であり，イスラエルの神に対する新しい神殿であった．しかし，そこには神殿がすでにあった．それは，ペルシアの王キュロス（クロス）がユダヤ人にバビロン捕囚から帰国を許可した時に，ユダヤ人が建てたものであった．他のところに新しい神殿を建てることは論外だった．その位置は聖なるものであった．建築者が神殿の礼拝を妨げることも許されなかった．事実普通の人々は神殿の内殿に入ることはできなかった．

ヘロデはこの問題をどのようにして解決したのか．彼は千人の祭司を石工と大工として訓練させた．すべてが準備され，工事は可能な限り早く仕上がった．

中央の建物は，ソロモンの神殿と同じ平面図で，玄関，中央広間，聖所を持っていた．それは長さ約50mで玄関は幅と高さが同じであった．内部の中央部分はわずか10m幅で，その周囲には部屋が並んでいた．この部分はすべて，白い石のブロックを用いて建てられ，約18カ月かかって完成された（前20－18年）．屋根を飾っているのは金のスパイクで，鳥が止まったり，巣を作ったりすることがないようになっていた．

神殿の建物はすばやく完成されたが，ヘロデはそれが柱廊と回廊に囲まれた大きな内庭の中央に建つように計画した．そこでは，ヘロデは既存の構造に左右されることなく自分の気に入るように建てた．

彼は内庭の敷地を以前のほぼ2倍の広さにし，そうするために，人工的な高台を作らなければならなかった．なぜならその丘は南の端に向かって勾配が急な坂となっていたからである．南東の一角では，岩の表面は内庭より47mも下にあり，一方南西ではその違いは30mあった．

ヘロデの神殿の囲い塀は，「ハラム・エシ・シェリフ」と呼ばれ，そこには今日，岩のドームが立っている．西側の高台にある巨大な石造物の一部は，有名な「嘆きの壁」である．その壁の石は，平均して高さ1.2m，長さ1mから7mである．建物のほとんどは前9年までに完成していたが，しかしある部分では紀元後64年まで工事が続いた．ヨハネの福音書で，ユダヤ人当局者は言明した．「この神殿を建てるのに46年かかっている！」いかにしてそれを3日で再び建てるとイエスは言いうるであろうか（しかしイエスが語った神殿とは，彼自身の体のことであった）．

紀元後66年に，ユダヤ人はローマ当局に反乱を起こした．ヘロデの神殿は要塞となりローマ人はこれを攻撃した．70年の夏，エルサレム全体は，神殿を除いてローマの手に落ちた．神殿では熱心党のグループが最後まで抵抗していた．降伏を拒否する彼らに対して，ローマ軍は建物の木製部分に火を付けた．そして一人が燃えるトーチを神殿自体に投げ込んだ．2，3の高価な備品は運び出された．ローマ司令官ティトゥス（彼の父はちょうど皇帝ヴェスパシアヌスとなった）の勝利の行進の時に，誇示するためである．

ローマ軍が戦いを終了したとき，神殿は

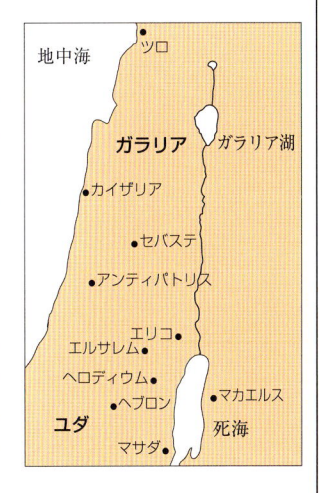

廃墟となっていた．ヘロデの工事のうち残ったものと言えば，神殿が建っていた高い高台がすべてであった．イエスが預言した通りである．「あなたはこの大きな建物を見ているのか」と彼は弟子たちに言った．「ここにある一つの石さえその場所に残されることはない．そのすべてが投げ捨てられる」．

1968年以降イスラエルの学者ベンジャミン・マツァルは，内庭の南端の外側に広範な発掘を行ない，壁にぶつかった．彼は神殿の壁から落ちて山積みとなった重い石の塊を払いのけて，最初に建造された通路のレベルに到達した．石を敷き詰めた通路は，階段を伴った壁に沿っており，変化する丘のそれぞれの高さに導いていく．南端の中心に現れたのは，城門に導いていく大階段であり，その城門は神殿の中庭に続いていた．石壁から落ちて来たものは，幾何学模様と花を彫った石板であった．それは通路か柱廊の天井部分であった．これらの少数の破片と石工技術の高さは，最初の神殿の壮大さを告げている．

エルサレムの神殿は，もっとも高価なものであったが，ヘロデが建てた多くの巨大建造物の中の一つでしかない．エルサレムの南ヘブロンでは，ヘロデはアブラハムとその家族が葬られたと言われている洞窟のまわりに大きな壁を建てた．アブラハムが近くのマムレで植えたとされている古い木の周囲にもう一つの壁を作った．墓の周囲に壁はなお建っていて，神殿の城壁の外観がどのようであったかを示している．

これらの建造物の目的は，ユダヤ人を喜ばせ，ユダヤ人がヘロデの支配を受け入れるようにするためであった．彼自身はもともとユダヤ人ではない．彼の父アンティパテルは，南方出身の家族，イドマヤ人の家族，旧約聖書のエドム人に属していた．ユダヤ人の王ヨハネ・ヒルカヌス（前134−

104年）は，これらの民族を征服し，もし彼らがユダヤ教に改心するなら生きることを許した．

彼は，ユダヤにいない時，ユダヤ人の習慣をさほど尊重しなかった．エルサレムの北56km足らずの所に，彼はもう一つの神殿を建てた．彼は古代のサマリアの町を再建し，それを皇帝アウグストゥスに敬意を表してセバステ（セバステは，アウグストゥス市のギリシア語）と呼んだ．その町を飾っていたのは，ローマとアウグストゥスにささげられたヘロデの神殿であった．その神殿の一部が発掘されている．

彼はパレスチナに他の町々（カイザリアとアンティパトリスはもっとも重要である）を建て，そして他の町々にも公共の建物を建設した．ティルス（ツロ）とシドンに彼は劇場を建て，ダマスコには，劇場と体育館を建てた．彼はアンティオケの大通りを舗装し，アテネを含むギリシアの諸都市に資金を提供した．アテネ市民は彼の肖像を建てた．その石像の基部が発見され，「ローマの友人ヘロデへ」という碑文が記されていた．もう一つの碑文は，彼のことを「カエサルの友」と呼び，さらにもう一つの碑文では「恩人」と呼んでいる．誰が一番偉大なのかということに関して，弟子たちが議論したとき，その応答の中でイエスは言われた．「異邦人の王たちは民の上に権力を奮い，支配者たちは『民の友』と呼ばれている．しかしこれはあなた方の道ではない」．

エルサレムの遺跡とヘブロンの城壁はヘロデの工事のスケールを実証している．また神殿の南端における最近の諸発見は，それがいかに飾られていたかを示している．ヘロデの他の公共施設の建築物が，当時流行の設計に従ったものであることは，確かであろう．

ヘロデは王宮と要塞で，自分と家族のた

(2)地中海沿岸のカイザリア市は，高度の水道橋を持っているが，それはヘロデによって建てられた．

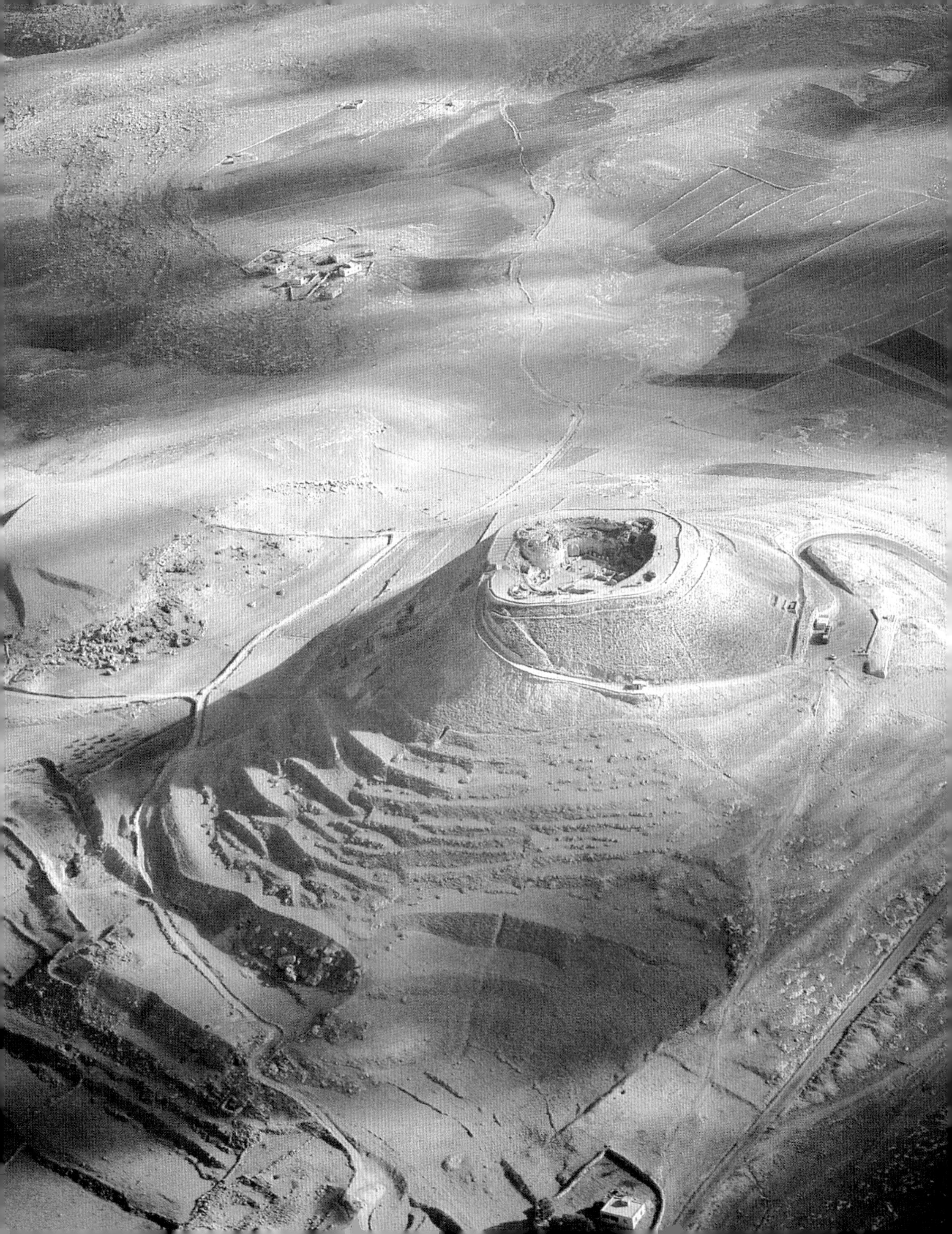

めに何不自由なく暮らした．エルサレムでは，彼は王宮を建てたものの，何も残っていない．そこの砦の部分，特に「ダビデの塔」が，彼の統治の年代を明らかにしている（ダビデの塔は，古代にはヘロデの兄にちなんでファサエルの塔と呼ばれた）．

首都を離れ，ヘロデは死海の東，マカエルスの丘の頂上を要塞化した．ペトラのナバテア人との国境を守るためであった（サロメがヘロデの息子アンティパスのために踊りを披露したのはこのマカエルスであった．それは彼を非常に喜ばせ，その報酬のために性急な約束をして，それがヨハネのバプテスマを処刑することになった）．

その遺跡はほとんど知られていないが，もう一つの遺跡がエルサレムの南の丘で発掘された．エドワード・ロビンソンと後の旅行者たちが，ヘロディウム，要塞，ヘロデの埋葬所と断定するまで，それは「フランクの山」と呼ばれていた．円状の城壁がよくめだつ丘の頂上に建っている．それは防御のために四つの丸い塔を持っている．城壁の中には，一つの庭と大きな食堂，そしてひと続きの浴室があった．私室はもっと高い位置にあったであろう．

丘の麓には，もう一つの王宮があり，その城壁は漆喰で塗られ，石工工事をまねてさまざまな色で彩色されていた．いくつかの部屋は黒と白のモザイクの床と屋根を支える石柱を持ち，その柱頭は彫刻を施されていた．他の建物としては，貯蔵室（そこには今も壺が立っている）と庭のプールがある．

ヘロディウムは，エリコの近くに対応する建物を持っている．ユダヤの指導者たちは，前100年頃そこに冬用の王宮を持っていた．そこでエルサレムの寒さから逃げることができた（エルサレムでは12月，1月，2月に気温は10℃以下になる．エリコでは10℃暖かい）．ヘロデは古い敷地に新しい王宮を作った．そして彼の治世の終わりにかけてもっと大きいものを建てた．それには六つの部屋を持つ，手の込んだ浴室と大客間と食堂があった．

1950-51年と1973-74年との発掘でこれらの部屋の遺跡とモザイク床の跡と彩色された壁が明らかになった．それらは，ヘロデが自分のためには最高のものしか望まなかったことを示している！　これは，死海を見渡すマサダの岩壁の上に立つ，ヘロデのもっとも驚くべき難攻不落の城においてさえ真実である（「マサダ──最後の砦」を参照）．

ヘロデの城塞と王宮の発掘はユダヤ人歴史家ヨセフスによって記録された記述の正しさを実証している．彼はそれらのいくつかを自分で見て，紀元1世紀にそれらの荘厳さを記述している．エルサレムのヘロデの王宮，ヘロデの神殿などは，両方とも完全に破壊されてしまい，発掘によって確かめられないが，彼の建物についての記録は疑いなく発掘と同様に信頼できるものである．

死海を見渡すマサダの岩壁の上に高く建っているのは，ヘロデのもっとも驚くべき，難攻不落の要塞である．それは，贅沢に設計され，設備が整えられ，立派な浴室まである．

ヘロデは自分と家族のために，王宮と要塞でなに不自由なく暮らした．ヘロディウムの要塞は，彼の埋葬所である．

園にある新しい墓

イエスが十字架に掛けられた場所には，一つの園があり，その園には，だれもまだ葬られたことのない新しい墓があった．

「ヨセフはその遺体を取って，きれいな亜麻布に包み，岩を掘って造った自分の新しい墓に納めた．墓の入口には大きな石をころがしかけて帰った」

新約聖書の福音書に記録されているイエスの埋葬は，記事の中において，考古学者が私たちの理解を助けることができる数少ない出来事の一つである．

イエスの復活，キリスト教会の存在の基礎は，信仰の問題である．いかなる発掘も考古学的調査もイエスの死からの復活を立証したり反証したりすることはできない．もしある人がヨセフの墓を発見し，それが空であることを見つけたとしても，その人はなおもそこにいた人物について何も言うことはできない．

考古学がなしうることは，紀元1世紀におけるユダヤ人の墓がどのようなものであったかを示し，その情報と福音書の記録を比較することである．

エルサレムは，石灰岩の丘の峰にある．それはパレスチナを縦走する尾根の一部となっている．丘の上にはほとんど土がないので，洞穴か岸壁を切り抜いた墓に埋葬された．その結果，エルサレムのように長い間人の住んだ都市の周辺地域は，あらゆる時代の墓で蜜蜂の巣のようになっている．

地下に墓を掘ることは高価だったので，通常，墓は数人の遺体を収容した．しばしば，死体はみな一家族のメンバーであったが，ある場所では一つの墓を共同で使用するように購入することができた．

前50年から紀元後135年頃の間に造られた多くの墓が，エルサレムの周辺で発見された．ほとんどは偶然に，あるものは考古学的発掘によって発見された．大多数は基本的に同じ設計であった．そして，イエスの墓に関連しているのはこれである．

石工たちは，まず岩壁に水平部分を切り出す．こうして側面に壁を設け，その壁の中に墓を掘って行く．金持ちは，その平らな部分に会葬者や訪問客に便宜を計るため水場や休憩所を設けることもあった．墓室へ入るには，普通，人が屈むか這わなければならないほど低い出入口を通る．入口は閉じやすいように小さくなっている．これは重要であった．さもなければ，犬，ジャッカル，ハイエナが入り込むかも知れなかった．

墓を閉じるために，会葬者たちは大きな丸い石をころがしかけた．それはプラグのように入口に差し込めるように粗く削ら

イエスの遺体は，岩をくりぬいた墓に納められ，略奪から遺体を守るため，その入口は大きな石で被われ，封印された．キリストの時代以来，この種の墓の実例はエルサレムにも，他のどこにもまだ見ることができる．

ていた．エルサレムにあるごくわずかな，壮大な墓だけには，入口を塞ぐために丸い車輪のような石を転がしてある．他の場所では，このスタイルの墓はもっとしばしば見られる．一つの例はナザレに見られる．

入口をくり抜いてから，石工たちは，人が立つに十分な大きさの部屋を造るために，のみで上下両方に向かって掘削する．入口のついている面を省いて，この空間の各側面を天井から腰ぐらいの高さまで掘り，1ｍ幅の棚あるいは長椅子を残す．その長椅子から2，3の横穴を水平に岩壁に掘っていく．その空間は長さ2ｍ，高さ1ｍである．壁がどのくらい丁寧に削られ，仕上げられるかは，依頼人の資金次第であった．

こうして墓は，最初の埋葬者を迎える準備ができ上がる．もし都合がつけば，埋葬は死んだ日に行なわれた．ユダヤ側の資料によれば，両手と両足は亜麻布の細長い布切れで巻かれ，頭のまわりは一枚の布切れで包まれ，顎を縛っていた．一枚の下着，あるいは多分長い亜麻布の帯が遺体を覆っていた．香水が布の上に振りかけられた．遺体の準備が終わると，会葬者はそれを墓の中に運び込み，岩を切った棚あるいは長椅子の上に置き，彼らが去るとき，入口を塞いだ．

かなりの日数がたち肉体が腐敗すると，親類縁者は再び墓に入り，骨を集めて箱，つまり骨壺に入れた．それから，その骨壺を墓壁の横穴の一つに押し込んだ．ときどき彼らは死んだ人の名前を炭あるいはインクで箱や蓋の上に書いた．あるいは，名前を石の表面に引っ掻いて書いた．

埋葬の仕方も一様ではなかった．死体がいきなり横穴の中に置かれ，永久にそこに残され，入口は石で塞がれてしまう場合もある．また骨壺は長椅子の上や床の上に積み上げられたかも知れない．

このようにして使われた墓が福音書が描いているものらしい．一つの石が入り口を塞いだ．それは，女たちが動かすには重すぎる石であった．墓を訪れた者たちは屈み込んで中をのぞき込んだ．彼らは片隅に墓衣が頭の布切れと一緒に積み重なっているのを見た．マルコ（16：5）とヨハネ（20：12）によれば，天使のような方が墓の内側に，たぶん遺体の置かれた岩の長椅子の上に座っていた．

このように考古学は，その墓を思い描くのを助ける．ではその墓を見つけることはできるのであろうか．それは，碑文なくしてはありえない．

幾世紀にもわたって，建築者たちがエルサレムの地形を変えてきたので，キリストが十字架に掛けられたカルバリの丘を確定することさえ不可能である．

4世紀以来，クリスチャンはキリストの墓を現在の「聖墳墓教会」に奉られている墓と考えてきた．誰もこれが正しいと確信することはできないが，その墓は私たちがこれまで描いてきたのと同類の1世紀の埋葬場所全体の一部である．

「聖墳墓教会」を訪ねる人々は，墓の神殿を通りすぎ，「アリマタヤのヨセフの墓」へ行くが，そこに1世紀にできた墓の，岩を削った横穴があることに気がつくのである．その伝承はあるいは間違いかも知れない．しかし，それは確かに説得的なものを持っている．もう一つの「園の墓」は，1世紀の状況とはまったく一致しない．事実それはエルサレム近郊で発見されるイスラエルとユダの王たちの時代の墓にもっともよく似ている．クリスチャンはイエスの墓の実際の場所を知ることは，彼の死からの復活を知る程には重要でないことを知っている．

墓の中では，岩を削って棚を作り，そのうえに遺体をおいた．遺体は香料と墓衣で巻かれていた．後に，骨は箱（骨壺）に納められた．

装飾された石灰石の骨壺（一番上）は，キリスト時代頃のもので，エルサレムで発見された．

マサダ —— 最後の砦

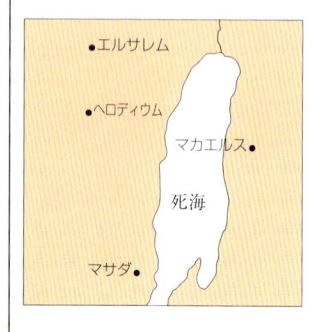

「安全，安全でなければならぬ！」ヘロデはその全生涯を恐怖のうちに過ごした．彼は，誰も本当には自分を好きではないことを知っていた．もし誰かが，彼の王冠と彼の命を奪い取ったら，民はその暗殺者を英雄にしたであろう．そこでヘロデは，敵になるかも知れないと疑った者を誰でも殺害した．彼自身の二人の子どもさえ，さらに，ベツレヘムの赤ん坊たちさえも．そのうちの一人は，博士たちが尋ねた幼少の王であったかも知れないのである．事実，古代の著作家は，かつて皇帝アウグストゥス自身が「私はヘロデの息子であるよりはヘロデの豚でありたい」と言ったと伝えている．ヘロデにはローマの後ろ盾があるということを知っていたので，ユダヤ人たちは反乱を起こさなかった．恐れのゆえに，彼は要塞としての城を造った．マカエルスとヘロディウム，エルサレムの城塞，その他のもの，とりわけマサダがそれである．

この隔離された，死海の西の荒野にそびえる岸壁は自然の要塞であった．ヘロデはカエサル・アウグストゥスとなるはずの人物から支持を取りつけるためにローマに行った時，家族の安全を確保するために，そこを使った．そして，マサダは，包囲に耐えた．帰ると彼はそれを強固にし，彼の治世の間，補強を続け，それは可能な限り安全で，しかも居心地の良い場所であった．

前4年春，ヘロデの死後，マサダには守備隊が置かれた．その後，紀元後66年にユダヤの反乱軍がこれを攻め落とし，彼らの最後の抵抗の場所とした．ローマ軍はその丘の麓に宿営し，土と石を積み上げ，丘の片側に上る巨大な傾斜路を造り，ついにその要塞を攻め落とした．彼らが城壁を打ち破ると，防御していた人々は，ローマの手に落ちるよりは，彼らの家族を殺害して自殺することを選んだ．これらは皆ヨセフスの『ユダヤ戦記』に記録され，その戦いは，紀元後79年に完了した．

マサダの岸壁はエドワード・ロビンソンが，1834年に確認した遺跡の一つである．その後，さまざまな調査隊がそこを訪ねて書いている．しかし，その遺跡がよく理解されるようになったのは，1963年から65年までイガエル・ヤディンによって指揮されたイスラエルの考古学者たちがすぐれた発掘を行なった以降になってである．

荒野の丘の頂上に住もうとする者にとって，水の安定供給はきわめて重要である．マサダは，岩を切り抜いた貯水池が整い，水を引き込むために水路と水道管があった．それでもなお，人間とロバによって下の水槽から頂上の水槽まで水を運び上げな

マサダの側面は，ローマ軍が大門にたどり着き，要塞の防壁を攻撃するために作り上げなければならなかった巨大な傾斜路をはっきりと見せている．降伏した者は一人もいなかった．進攻した兵士たちは不気味な沈黙に遭遇した．

ければならなかった．マサダの攻撃に抵抗する能力はその給水システムに依存していたのである．

丘の頂上は平地で，その周囲の崖縁は二重の城壁で囲まれ，その間にはところどころ見張りの塔が建っている．四つの門口があり，丘の麓へ降りる道が続いている．城壁の内側には兵舎，貯蔵庫，その城の職員のための居住区がある．またそこには二つの宮殿がある．

一つは丘の頂上の西側近くにある．これは，公的行事のためである．細かいモザイク模様で敷き詰められたホールは，小さな王座のある謁見室に面している．それからそれほど遠くないところに温水と冷水の浴室が小さな続き間としてある．

しかし休養のために，ヘロデは第二の宮殿，娯楽の宮殿を丘の北端に造った．丘のその端には黒と白のモザイク画の床と彩色された壁を持った居間がある．丘のその端

空からの景観は，マサダにおけるヘロデの要塞がどれほど難攻不落で強固なものかを示している．彼は前方の段丘に彼の宮殿を建てた．そこはユダヤ人の反抗がローマの力に対して最後の長い抵抗をした場所である．そして，最後の集団自決によって勝利の醍醐味に湧く敵軍を欺いた．

から眺めると，半円形の柱でできた玄関があり，そこから王と彼の友人たちは，不毛の丘の向こう側を眺めることができた．

この北端は，丘の地面より低く，居住区から下20 mの所に丸い建物が建っている段丘がある．ただ基礎部分と彫った石の破片と柱が残っているだけで，考古学者がその建物がどのようであったかを再現するには不十分である．その近くには彩色鮮やかなホールを持つ他の部屋の跡がある．

その丘の北端のさらに約15 m下に，もう一つの段丘がある．正方形の地表には彩色を施した城壁と金色の柱を持った玄関があり，明らかに会合と話合いの場所であった．しかし，もう一つの小さな浴室がこの段丘の上に建っている．それは，ヘロデとお気に入りの来客の慰安と休憩のためであった．さまざまな建物にある壊れたワインの壺には，「ユダヤの王ヘロデのために」とラベルが貼ってある．ここにもヘロデの贅沢好みの証拠がある．

マサダの要塞としての最後の段階は，ユ

平面図はヘロデの宮殿と貯蔵庫を示している．それらはユダヤの熱心党の最後の抵抗の場所として乗っ取られた．

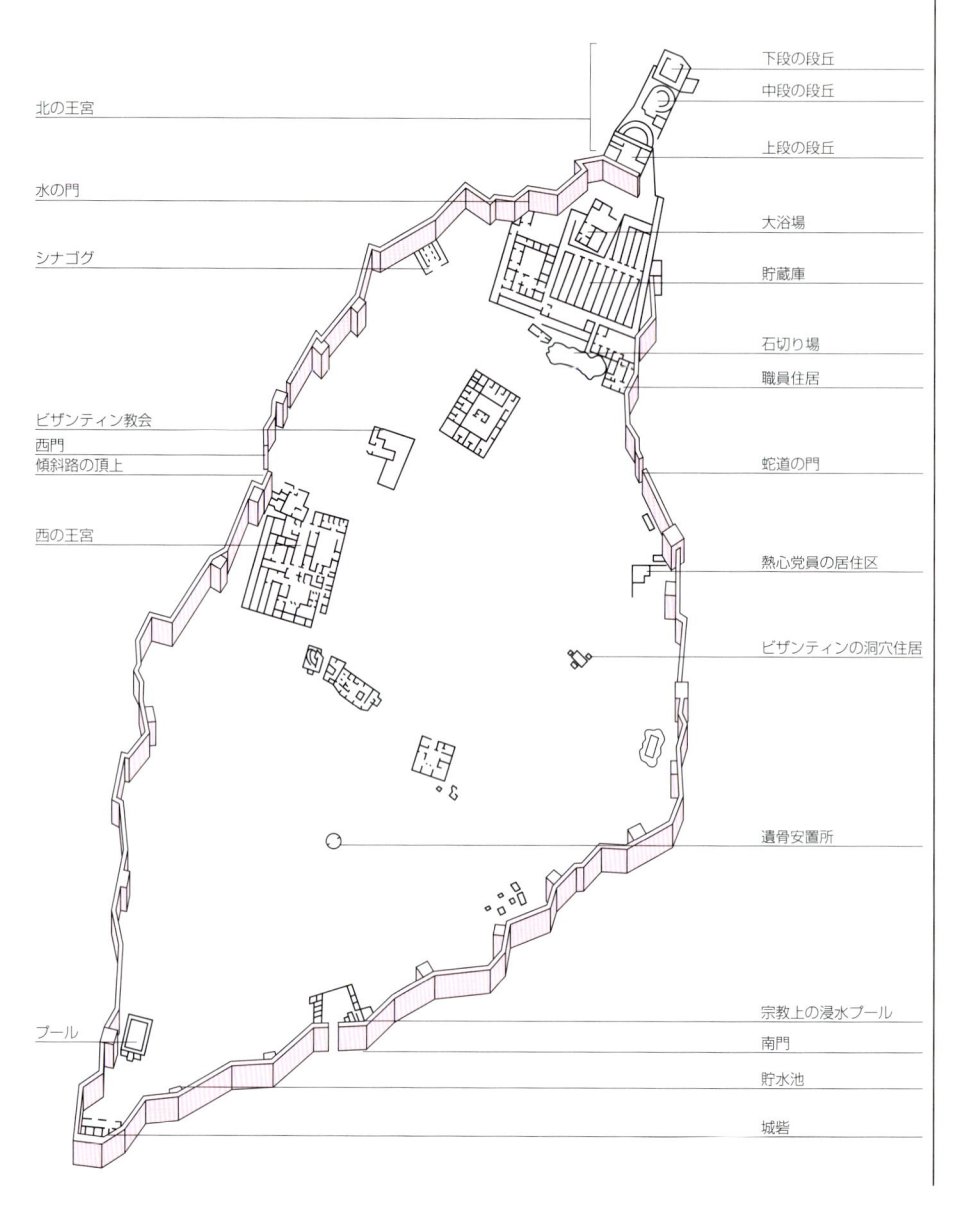

- 北の王宮
- 水の門
- シナゴグ
- ビザンティン教会
- 西門
- 傾斜路の頂上
- 西の王宮
- プール

- 下段の段丘
- 中段の段丘
- 上段の段丘
- 大浴場
- 貯蔵庫
- 石切り場
- 職員住居
- 蛇道の門
- 熱心党員の居住区
- ビザンティンの洞穴住居
- 遺骨安置所
- 宗教上の浸水プール
- 南門
- 貯水池
- 城砦

ダヤの熱心党員がローマに対して抵抗したときであった．最も驚くべき発見があったのは，その時代（紀元後66-73年）からである．反乱によっていくつかの建物が改造された．彼らはヘロディウムでしたように，自分たちの礼拝のために小さなシナゴグ（会堂）を建てた．そして，彼らは丘の他の場所に二つの儀式用の浴場を造った．それらは，後のユダヤの伝承に保存されている規則に従って建てられた．

　北端にあるヘロデ神殿の床と屋根が，材木の豊かな供給源となった．他の建物と丘を囲む防壁の中にある部屋が住居と仕事場になった．そのほとんどは焼失してしまった．がらくたの中に残っているのは，壊れた壺，平皿，ガラス製品，道具と武器，なつめやしの山，それに他の食物の残骸である．いくつかの部屋に隠されていた秘蔵物は，反乱軍によって発行された銀のシェケル（硬貨）である．

　死海の暑く，乾いた空気のおかげで，珍しい品々が残っていた．シナゴグの中と近くに，発掘者たちは皮の巻物の断片を見つけた．聖書の本文，創世記，詩篇，エゼキエル，その他の部分を含んでいるものもある．また外典の「知恵の書」と，死海写本の中に見いだされる書物の部分もある．

北端の一番下の段丘にある浴室では，男と女と子どもの骸骨があった．そのそばに羊毛製の祈りのショールの破片，女性のサンダル，彼女の編んだ頭髪があった．壊れた陶片は，メモ用紙として使われた．数百枚が見つかっている．数ダースには，一つか二つのヘブル文字が書かれている．発掘者たちは，それを食糧配給のためのチケットと考えている．

　他の陶片は名前を持っているか，あるいは，十分の一税や宗教的使用のためのラベルであった．12個は，それぞれに一つの名前を持っていて，一つは明らかに反乱軍の指揮者の名前を持っている．これらは，ヨセフスによれば，誰が他の人を殺し，それから自殺するかを決めるために，最後の防御者たちが引いた実際のくじであった．ヤディンは，そう信じている．考古学は，マサダにおいて最も生き生きとした光線を歴史の上に投げかけている．

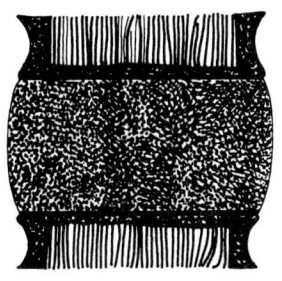

ユダヤの熱心党がマサダの中に住んでいた場所から見つかった品々の中に，これらのコール墨のスプーン，鏡のふた，サンダル，櫛がある．

入場禁止――ユダヤ人以外：ある石の物語

エルサレムにいるローマの守備隊は，暴動を扱うことに慣れていた．ユダヤ人にとって，宗教と国家主義とは手に手を取りあって協力するものであった．しかも，それは面倒な問題になることを意味していた．兵士たちは秩序を守り，民を支配し，正義が行なわれることを確認する義務を負っていた．

紀元後59年のある特別な日に，暴動が神殿の内部で勃発した．そのニュースを聞くやローマの指揮官は，自分の部下数名を連れて，すばやくその場所に向かった．彼がたどり着く前に，群衆はその神殿から通りに向かって押し分けて進み，重金属で取り付けられたドアはさっと閉じられた．

首謀者たちは一人の男を攻撃し，明らかに彼を殺そうとしていた．彼らは兵士たちと軍団司令官がやってくるのを見ると，攻撃を止め，そしてローマ人が到着するまで彼らの獲物を捕獲していた．暴徒は，その男が鎖につながれると，鎮静した．彼らはその士官が，これは一体何なのかと訪ねると再び叫び始めた．この詳細は新約聖書の使徒の働き（使徒行伝）21章に記録されている．

犠牲者は使徒であり，宣教者パウロであった．暴動は以前小アジアでパウロを見かけ，彼を黙らせようとしたユダヤ人によって始められた．今エルサレムで彼らはパウロがギリシア人の友人と一緒に連れだっているのを見た．確かにパウロは，彼を神殿の中に連れて行ったのだろう．少なくとも彼らは問題を起こすそれなりの理由をもっていた．

イスラエルが，国家として存在し始めた最初から，イスラエル人は自分たちが神の民であることを知っていた．ユダヤ人になり，モーセの律法を守ることなくして誰も神を正しく礼拝することはできなかった．ユダヤ人以外は誰も神殿の聖域に入ることはできなかった．

ヘロデ王は，前19年から9年の間にエルサレムに神殿を再建した．彼はそれを以前よりはるかに大きくした（参照「大いなる建造者ヘロデ」）．大きな中庭があり，その周囲には柱廊があり，そこにはどの民族もどの宗教も入ることができた．教師たちが歩いては弟子たちを教え，あらゆる種類の商売が営まれたのはこの場所であった．

この中庭の中央に高さ1.5m位の低い石の壁，あるいは柵が立っていた．これが神殿を取り囲み，ユダヤ人以外誰も中に入ることはできなかった．その点をはっきりさせるために，注意書きが壁に沿って置かれていた．紀元後1世紀のユダヤ人歴史

使徒パウロが，ギリシア人の友人を連れて神殿の中に入ったとユダヤ人は思い込み，暴動が起きた．これは厳格に禁じられていた．外国人の理解のためにギリシア語で書かれた注意書きは，ユダヤ人以外の入場を禁じ，違反者に死刑を告げていた．1871年これらのうちの一つで，石灰石に彫られたものがエルサレムで発見された．もう一つの断片が1936年に見つかっている．

家ヨセフスは，それらがギリシア語とラテン語で書かれていたと言っている．

100年以上前の1871年，このようなギリシア語で書かれた注意書きの一つがエルサレムで発見された．それは長さ57cm，高さ85cmの石灰石に彫ってあった．1936年には，もう一つの注意書きの断片が見つかった．それは約3.8cmの大きさの文字で，クリーム色の石によく映えるように元は赤く塗られていた．

その碑文はこう読める．「外国人は神殿を囲むこの柵と囲いを通過してはならぬ．もしそうして捕らえられた者は誰でも，その結果もたらされた死の責任を自分で負わなければならない」．誰もその意味を疑うことはできない．そして，従わない者はほとんど確実にリンチされた．

警告の意味は広く認識されていた．ヨセフスによれば，後に皇帝となったローマの将軍ティトゥスは，それがローマ市民にさえ適用されることを認めていた．ローマの権威は絶大で，ただローマ政府のみが処刑を命じることができた．しかしローマ人はユダヤ人の宗教を尊重し，神殿地域の支配を祭司たちの手に委ねていた．そこで宗教的規則に対するあからさまな違反，たとえばユダヤ人でないものが禁止区域に入るようなことは，ただちに罰せられた．

しかし，パウロの場合は，真相は部隊長にとって明白ではなかった．そこで，彼はパウロを拘留し，最終的に彼はローマでの裁判のために連れて行かれた．

この警告文の完全な写しは，現在トルコのイスタンブールにある博物館にある（この石が発見されたとき，エルサレムはトルコ帝国の一部であった）．パウロにとって

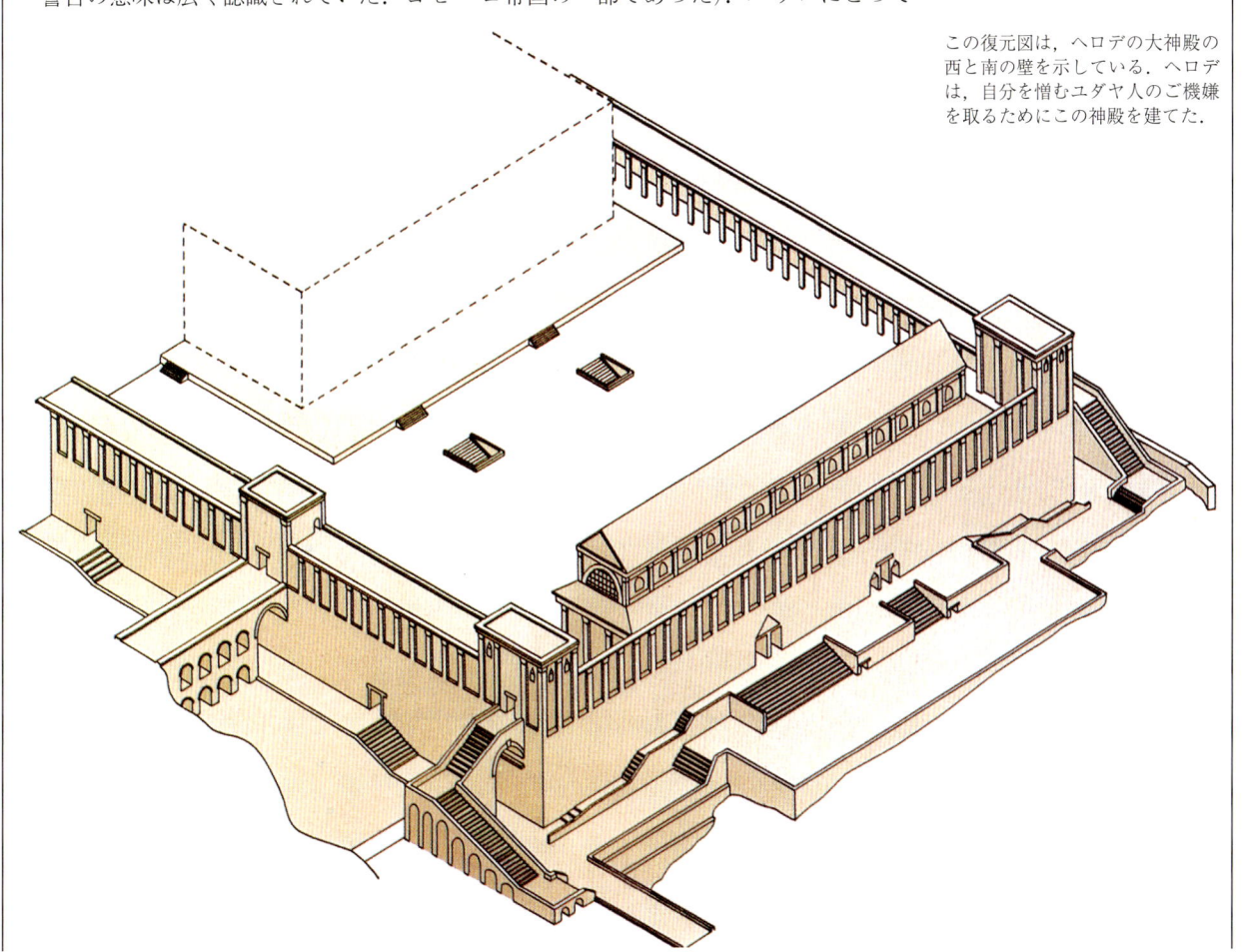

この復元図は，ヘロデの大神殿の西と南の壁を示している．ヘロデは，自分を憎むユダヤ人のご機嫌を取るためにこの神殿を建てた．

も，博物館はその石にふさわしい場所であっただろう．彼にとってその警告は意味を失っていたからである．

　パウロがエペソやその他のアジアの都市にいるクリスチャンに手紙を書いたとき，彼は心の中に碑文を持っていたようである．彼は語る．ユダヤ人と他民族との区別はもはやなくなった．イエス・キリストはそれを取り去った．「彼は隔ての壁を打ち破った」．その結果，誰でも彼を通して神に近づくことができる．そうしようとする人は誰でも，神の一つの神殿に築き上げられていく石のようなものである．

　イスタンブールの石とエルサレム博物館にある断片は，ヘロデ王の治世に彫られたようである．それらは福音書の時代に神殿に立っていたに違いない．私たちがなお見ることができ，また確かにイエスとその弟子たちも見た数少ない品々の中で，これは最も興味深いものである．それはなおも今日の私たちにメッセージを伝えている．すなわち，ユダヤ人を他民族から分離する隔ての壁としてではなく，新しいメッセージの証人としてである．

　イエスは，その隔ての壁を打ち砕いた．異なった国家，民族，背景を持つ人々は，ただイエス・キリストを通して一つとされるのである．

秘密のサイン──キリスト教との関連はあるのか

学者というものは，いつも新しい発見に熱心である．そして，ときどき，彼らは自分が発見した事柄の重要性を誇張する傾向がある．1世紀のクリスチャンの形跡を追究することによって，もっともらしい，しかし怪しげないくつかの主張がなされてきた．次の三つはよく知られている．

クリスチャンの埋葬なのか

1945年にエルサレムで開けられた新約聖書時代の墓には，死者の骨を納めた14の骨壺，石の箱が入っていた（「園にある新しい墓」を参照）．五つにはその上に文字が書かれていた．三つには死者の名前がアラム語で書かれていた．

他の二つは，違っていると発見者は断定した．彼はその一つを「おお！ イエス」と読んだ．もう一つを彼は「ああ！ イエス」と読んだ．二番目のものには両側に，大きな十字が木炭で走り書きされていた．彼は，これらこそキリスト教徒の最古の記録である，と主張した．

これは大いに主張された．それで多くの注目を引き，今や多くの本の中で特筆されている．1947年にそれらが出版されて以来，他の学者たちがその文字を調べた．彼らは，キリスト教との関連はないと判断した．

「おお！ イエス」の代わりに，「ユダの子イエス」と読まれるべきであった．「ああ！」は，（それは，奇妙な形で，正確には説明されないが）もう一つの名前で，まれな名前，「アロトの子イエス」である．

十字架の印に関して言えば，それらは，墓の中でのある一時的な必要から一つの骨壺を選び出すための目印にすぎなかったのかもしれない．他の骨壺は十字の目印を持ってはいるものの，それは蓋と箱とを一致させるためのものである．

キリスト教との関連をもっと強く主張できる埋葬がもう一つある．それはエルサレムの東に面したキデロンの谷の墓で発見された骨壺で，ギリシア語で「シモンの子アレクサンドロス」そしてヘブル語で「キレネ人アレクサンドロス」と刻まれていた．

その文字が解読された時，マルコの福音書との類似が明らかとなった．「アレクサンドロスとルフスの父，キレネ人シモン」とは，イエスの十字架を背負った人物である．

その名前は紀元1世紀には一般的だった．しかし本国キレネ（現在のキレナイカ，リビアの一部）と一緒の名前なので，それがあのシモンの息子である可能性は強い．その墓は他のユダヤ人の墓とどこも違っていない．そして，私たちはアレクサンドロスがクリスチャンになったことを立証することはできない．

キリスト教の暗号？

東の端，ユーフラテス河岸のドゥラ・ユーロポスから北の端付近，英国のマンチェスターまで，ローマ帝国の広い範囲で考古学者たちは巧妙なラテン語の「語ならべ」を発見してきた．それは縦横どちらの方向に読んでも同じであった．

```
S A T O R
A R E P O
T E N E T
O P E R A
R O T A S
```

これは，「蒔く人アレポは，車輪を注意深く持っている」と訳せる．しかし，これが述べている事柄の中心とは思えない．それでは全然意味をなさない．その語ならべの謎を考えている時，ある人が，その文字は，主の祈りの最初の文字をラテン語で表記するために，十字形に並べ替えることができることを発見した．AとOとがそれぞれ二つつ余分になるが，それらはギリシア語アルファベットの最初の文字と最後の文字，アルファとオメガのように，十字架形の端に置くことができる．聖書の黙示録の中では，これらの文字はキリストの永遠の存在を象徴している．

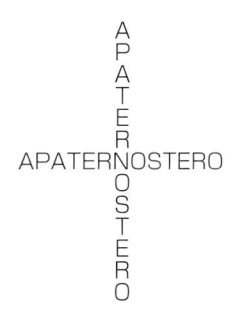

```
        A
        P
        A
        T
        E
  APATERNOSTERO
        N
        O
        S
        T
        E
        R
        O
```

もし，これが正しいなら，語ならべは明らかに一種の秘密のサインであった．クリスチャンだけがただちにそれを理解した模様である．二つの最古の例が紀元後79年ベスビオ山の噴火によって滅んだポンペイの町から見つかっている．

すべての人々がPATERNOSTERの説明を受け入れているわけではない．しかし，この語ならべに対して満足のいく説明は他にはない．

疑いが絶えずキリスト教徒の解釈に投げかけられている．しかし，例証の数量，広範囲にわたり散在していること，いくつかは文字を書くに当たっての注意深さを示していることなどを総合すると，その語ならべが言葉のゲーム以上の重要さを持っていたのではないかと考えられる．すなわちある種のサインであったと思われる．

キリスト教の神殿か

ポンペイの近くにある町で同時に滅んだヘルクラネウムに一軒の家があるが，その家の壁には奇妙な印がある．十字架の形状をした壁土の印が小さな部屋の中にあるのである．そこにはかつて何かがくっついていた，そして取られたのである．

それは十字架であったのか．そう信じる人々がいる．その場合その下に立っている木製食器棚は，聖餐式のパンとぶどう酒のためであったかもしれない．しかし，ここはキリスト教と何の関係もない

かもしれない．

　それが発見されたとき，その食器棚にはランプとゲーム用さいころがしまってあった．その上にあった印が，壁にかかっていた備品を支えるための棚受けの痕跡であったということはありうることである．そのような印が他にはまったくないからといって，十字架がその印の跡を残したのだということはできない．

　これら三つの事例は，それぞれ議論を引き起こし，違った見解で終わった．明白な文字による情報がないかぎり，それらのどれについても確かなことはまったく何もない．

ただ最大限言えることは，語ならべに対してさえ，キリスト教的起源は一つの可能性であるということである．

どんな証拠があるのか：初代クリスチャン

ある事柄に関しては，考古学はなにも証拠を提示しない．キリスト教の起源も，その一つである．キリスト教に関する最も古い考古学的証拠は紀元2世紀からのものである．明らかにクリスチャンに関するもので，紀元1世紀に属するものは何一つ発見されていない．これは，パレスチナでも，ローマでも，他のどこであれ同じである．キリスト教の跡は何もない．

これは聖書の歴史書の方が誤りで，教会は紀元後100年以降に存在するようになった，ということを意味するのだろうか．確かにそのように考えたがる人々もいる．そこでそのような人々は，新約聖書を非歴史的なものと考えて，もはや信じるに値しないと考えてしまう．しかし，1世紀のクリスチャンの形跡が見あたらないということは，1世紀にはクリスチャンが存在しなかったということを意味しない．これは単に考古学者が過去のすべてを発見できるわけではないということを思い起こさせるだけである．

紀元後2世紀のキリスト教に関する最も重大な諸発見そのものが，その事情を説明してくれる．これらの諸発見はエジプトにおいてなされた．それらの発見とは，キリスト教書物のぼろぼろになった頁や破片である．ローマ帝国の他のあらゆる地域では，その湿った気候のゆえに地下に埋まった紙は急速に腐ってしまったであろう．これらの断片がなかったなら，エジプトにおいても紀元後2世紀のクリスチャンの形跡は，何もなかったであろう．

明らかに，エジプトに，そして他の地中海沿岸の国々にもクリスチャンは住んでいた．なぜ考古学者はそれを発見できないのだろうか．

理由は簡単である．クリスチャンの外面的な環境から言えば，彼らは周囲の人々と違いはなかった．彼らは，同じような家に住んでいた．同じ用具を使った．彼らは，家の構造を変えたり，鍋や皿を変えたりすることはなかった．しかし考古学者が発見できるのはそういう類のものである．

文書に述べられていないなら，ヨセフとマリヤの家は他のものとまったく同じであっただろうし，ローマにいたクリスチャンの家もユダヤ人やローマ人の家と同じであったであろう．他の人々に対する態度の違い，道徳や言語における違いは考古学の取り扱う範囲外である．

人間の活動の中で信仰の違いを明確に表現する二つの事柄がある．礼拝の形式と埋葬の仕方である．このようなことに関してさえ，200年をはるかに遡りうるような事柄が，キリスト教の実例によって（教会にせよ墓にせよ）もたらされたことは何もない．ただ言いうることは，紀元3世紀から知られているいくつかの教会や墓地が，たぶん紀元2世紀の後半に始まったということである．

ローマにある聖ペテロ大聖堂の祭壇の真下で発見された記念物はその一つである．それは，後代のクリスチャンが，聖ペテロの墓として取り扱った記念物である．しかし，これまで見つかった，疑いもなくキリスト教教会の最古のものは，紀元230年の直後に建てられたものである．エルサレムではなく，ローマでもなく，ずっと東方のユーフラテス河中流，ドゥラ・ユーロポ

新約聖書の最古の，現存する写本は，ヨハネの福音書の写本のこのパピルス断片である．それはギリシア語で書かれたもので，大体紀元125年から150年のものである．明らかにキリスト教はキリスト後，2世紀の初期にエジプトにおいて（そこでこの断片は発見された）存在し，成長していった．

スにある．

そこで，私たちは，キリスト教の最古の遺品を見るために，エジプトから発見された写本に戻ることにしよう．それは，ギリシア語で書かれたパピルスの書物の破片である．世界中の博物館には，ローマ帝国時代のエジプトから発見された数千のパピルス断片がある．ほとんどのものはゴミの山に投げ捨てられたもので，再び見られるようになろうとは考えられなかった．私たちにとって幸いなことに，これらのいくつかのゴミの山は乾燥し，そのおかげで，パピルスは生き残った．これらは，皇帝の訪問の準備から学校の生徒の手紙まで，生活の全領域に及んでいる．

学者たちは，これらの中から，それまで発見されてきたどれよりも古い，有名なギリシア語で書かれた本の写しを発見して喜んだ．それらの中には，ギリシア語の旧約聖書の諸断片がある．2，3のものは前1世紀のように古いものがある．新約聖書に関して言えば，80以上のパピルス写本があって，福音書全体を含むものから，ある頁のわずかな断片に至るまでが見つかっている．

これらすべてのパピルスのうち，四つはクリスチャンが生み出したもので，紀元後2世紀に属する．その二つはたぶん2世紀の終わりに写されたもの，一つは，マタイとルカの福音書，他はマタイの福音書を含んでいた．

三番目のものは，ヨハネの福音書のある頁の上端の小片であった．それは，1920年マンチェスターのライランズ図書館が購入した，半端なパピルスの入った箱の中から偶然に見つかった．1934年になって一人の専門家がそれを明らかにした．彼はその筆跡が紀元後125年から150年に属することを認めた．それはこれまで発見された新約聖書のうちで最古のものである．

それは非常に小さい物ではあるが，2世紀の初期にはエジプトにクリスチャンがいたことを立証している．これはまた，19世紀に提唱され，また今もなお時々この事実を無視する人々が吹聴する学説，すなわちヨハネの福音書は，紀元後160年以降までは書かれなかったとする説に対する反証である．

ヨハネの福音書のこの断片が明らかになった年に，大英博物館は他の三つのパピルス断片を購入した．その筆跡は紀元後140年から160年頃のものである．これらは，主に福音書から引かれたイエスの教えや奇跡に関する本の一部であった．

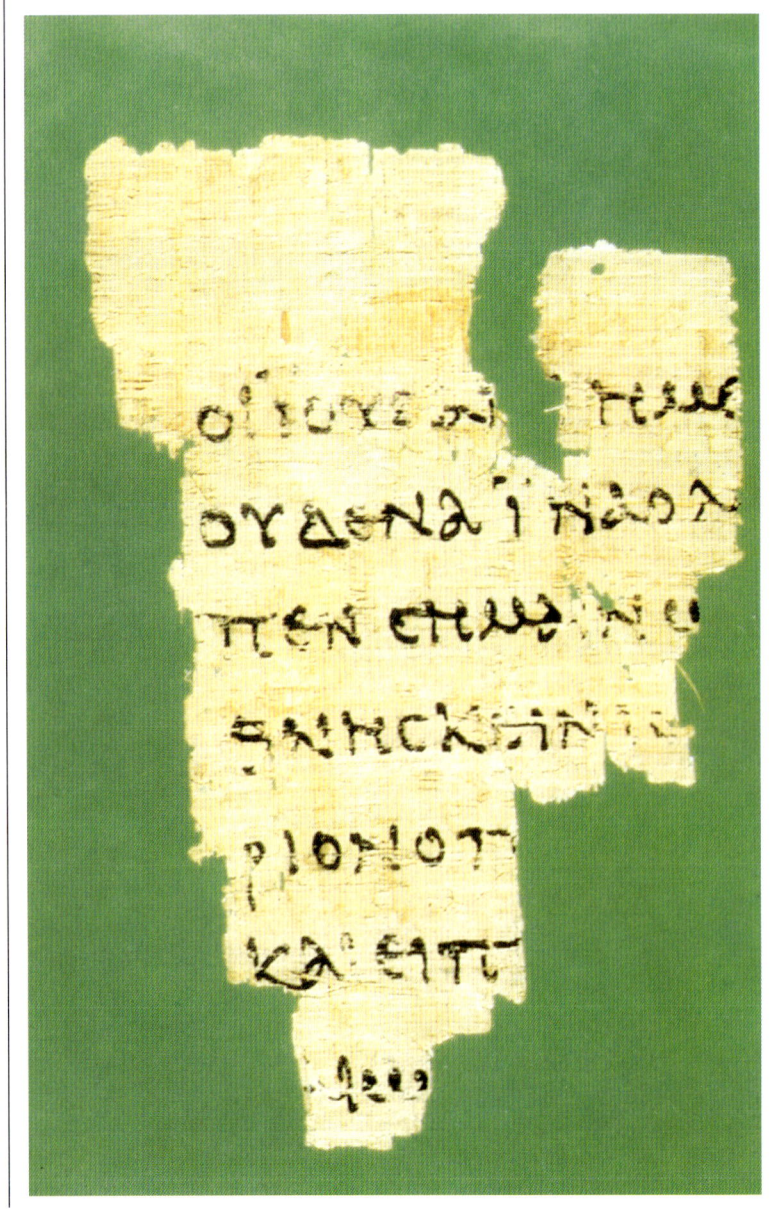

これらの断片もまた，クリスチャンがエジプトでいかに拡散していたかを示している．これらは，ある人々が福音書をまねるほどまで福音書がよく知られていたことを指し示しているからである．そのパピルスは著者そのものによる原本とは思えないので，原本の日付はそれよりやや古くなる．

　これが，考古学が提供できるすべてである．しかし，この新しい宗教が1世紀に存在していたことはまったく疑う余地はない．新約聖書と他の初期キリスト教の著作以外に，幾人かのローマの著述家たちが，クリスチャンのことを述べている．歴史家タキトゥスは，ネロ皇帝が64年にローマの大火の責任を彼らになすりつけたことを記録している．

　疑いもなく紀元1世紀にはクリスチャンが存在していた．数人はその名前が知られている．何千人が死に，彼らの足跡を示す物証はすべて消え去った．彼らが存在したという本当の証拠は，彼らが証言した信仰（他の人々に伝えられた信仰）にある．その信仰は，拡大し，成長する生きた炎であった．彼らの遺産とは，非常に多くの普通の人々が何世紀にもわたって伝えたように，全世界に広まった神の教会である．すべての民族，国民からなる教会であり，それは今日なお生きて成長している．

　事柄の性質から言って，考古学は普通のクリスチャンが生活していた証拠をほとんど提供できない．しかし彼らこそキリスト教会の最初の数世紀において，キリストにある赦しと新しいいのちの福音を知らせた人々である．彼らが現に存在し，彼らが活動的であったという事実は，（使徒の働き［使徒行伝］が言っているように，それは「エルサレム，ユダとサマリアの全土において」始まった）信仰の炎がその後，次々と広範囲に地の果てにまで広がったことから明らかである．

訳者あとがき

　本書は，Alan Millard, *Treasures from Bible Times*, Lion Publishing, 1985年の全訳である．この本は，現在ヨーロッパの主要な諸言語に広く翻訳され，聖書と考古学を扱った書物の中で非常に高く評価されている．それは著者の深い学識に裏付けられた記述が正確で，興味深いばかりでなく，一般の読者に対しても読みやすい配慮が随所になされているからである．著者自身が日本語版の序文に書いているように，原書の出版は1985年であるが，いまだに変更すべき必要が何もないことは，この書物のもつ堅実性をよく表していると言えるであろう．最近，死海文書など，聖書学に関する話題がジャーナリスティックに取り上げられる中で，この書物は，聖書と考古学の関係を冷静に見つめながら，考古学のなす本当の貢献は何かを具体的に教えてくれる．

　著者のアラン・ミラード教授は，古代オリエント学，特に古代セム語と聖書学の分野で大いに活躍している学者である．彼は，オックスフォード大学とロンドン大学で古代セム語を学んだ後，大英博物館の西アジア古代遺跡部門に勤務した．その後，7年間ケンブリッジにあるティンデル聖書学研究所の図書館長を務め，1970年以降はリバプール大学の考古学・オリエント学部で教鞭を取り，学部長を経て退官された．その間，彼は考古学の発掘にも積極的に参加してきた．シリアではテル・リファタとテル・ネビ・メンドで発掘し，ヨルダンではペトラを，またイラクではニムルドの発掘に従事している．また聖地を何度も訪ねてきた．1984年にはエルサレムにあるヘブル大学の上級研究機関の特別研究員であった．これらの貢献に報いてリバプール大学は，1992年にヘブル語と古代セム語の上級教授の地位を授与している．

　彼の関心は古代の諸言語，中近東の歴史，古代世界の産物としての聖書の研究である．膨大な数の学術論文を別として彼がこれまで出版してきた主な著書は以下の通りである．

The Babylonian Story of the Flood（W. G. Lambertと共著）

La Statue royale de Tell Fekherye et son inscription bilingue assyro-araménne（A. Abou Assaf and P. Bordreuiと共著）

Eponym of the Assyrian Empire.

Discoveries from the Time of Jesus. この本は，今回出版された書物の姉妹編であり，もっぱら新約聖書の考古学的背景を扱っており，日本での出版が待たれる一冊である．聖書を古代世界の中に正しく位置づけ，理解しようとする彼の一貫した努力は，その他多くの論文にも現れている．この書物もそのような彼の研究の成果の一つである．

　訳者は，1987年から1990年までの3年間，リバプール大学で著者のアラン・ミラード教授に大変お世話になった．私の博士論文の指導教官として毎週教えていただき，推測でものを言わせない堅実な学問の方法を教え込まれた．そればかりか，私たちの慣れない英国での日常生活の諸問題や経済的な必要のためにも相談に乗っていただいた．いつもやさしく穏やかに，紳士的に対応してくださることに，驚き，また大きな励ましをいただいた．たびたび，家族ごと私たちを御家庭にお招き下さり，子どもたちの手を引きつつ，ともに散歩をしたことをついこの間のことのように思い出す．

　アラン・ミラード教授は，訳者がまだ英国にいた時，筑波大学の招きによって最初の日本訪問を果たしている．そのとき，各地で講演する傍ら私の母に会い，母教会を訪ね，京都を見て日本びいきになられた．1999年6月に「聖書考古学資料館協力会」の招きで，夫人を伴って二度目の来日を果たされた．その時に関西方面の講演に同行し，京都・奈良旅行を共にすることができたのは，忘れられない想い出である．

　最後に，この書物の出版のためにご尽力くださった法政大学出版局の藤田氏と秋田氏に，また直前になって訳文に眼を通してくださった教会員の山本真千子姉に心から感謝の意を表したい．

生田丘の上教会にて　鞭木由行

参 考 書

● 中近東における考古学的諸発見を扱った多くの書物が出版されてきた．最も有益ないくつかをあげると：

W. F. ALBRIGHT, *The Archaeology of Palestine*, fourth edition, Penguin Books, 1960 (W. F. オールブライト著『パレスティナの考古学』日本キリスト教団出版局)

R. N. FRYE, *The Heritage of Persia*, London, 1962

R. GHIRSHMAN, *Iran*, Penguin Books

J. M. COOK, *Greeks and Persians*, 1983

O. R. GURNEY, *The Hittites*, Penguin Books, 1969

A. LONGAN-SMITH (editor), *An Introduction to Ancient Egypt*, British Museum, 1979

J. RUFFLE, *The Egyptians*, Oxford, 1977

K. M. KENYON, *Archaeology in the Holy Land*, fourth edition, London, 1979

J. OATES, *Babylon*, Thames and Hudson, 1979

H. W. F. SAGGS, *The Greatness That Was Babylon*, Sidgewick and Jackson, 1962

M. AVI-YONAH and E. STERN (editors), *Encyclopaedia of Archaeological Excavation in the Holy Land*, four volumes, Oxford University Press, 1976-79

● 考古学を用いた歴史書としては：

SIR ALAN GARDINER, *Egypt of the Pharaohs*, Oxford, 1961

W. W. HALLO and W. K. SIMPSON, *The Ancient Near East, A History*, Harcourt Brace, 1971

G. ROUX, *Ancient Iraq*, Penguin Books, 1966

The first three volumes of the *Cambridge Ancient History*, third edition, editors I. E. S. EDWARDS, C. J. GADD, N. G. L. HAMMOND, E. SOLLBERGER, *The Cambridge Ancient History* の最初の3巻は，今日伝わる多くの情報を詳細に分析している．

● 古代文書の英訳としては：

J. B. PRITCHARD (editor), *Ancient Near Eastern Texts*, third edition, Princeton, 1968, abridged as *The Ancient Near East*, volume 1, 1958, volume 2, 1975, and in D. WINTON THOMAS (editor), *Documents from Old Testament Times*, Torchbooks, 1958, Harper and Row, 1965

● 日本語訳としては：

「筑摩世界文学大系 古代オリエント集」(筑摩書房，1978)

● 聖書に関連した考古学的諸発見を概説している多くの書物がある．今では多くの点で時代遅れであるが，二つの古典的書物としては：

G. E. WRIGHT, *Biblical Archaeology*, second edition, Duckworth, 1962 (G. E. ライト著『概説聖書考古学』山本書店，1976年)

SIR FREDERICK KENYON, *The Bible and Archaeology*, London, 1940

DAME KATHLEEN KENYON は，父の本を補足するために，パレスチナにおける彼女自身の研究にもとづいて本を出版した．*The Bible and Recent Archaeology*, London, 1878

E. YAMAUCHI, *The Stones and the Scriptures*, Inter-Varsity Press, 1978．この本は考古学的発見が聖書の解釈に影響を与え得ることを示している．

K. A. KITCHEN, *The Bible in Its World: The Bible and Archaeology Today*, Paternoster Press, 1977．この本は聖書が他の古代文書のように客観的に読まれるとき，考古学が成しうる積極的な貢献を明らかにしている．極度に懐疑的意見を述べる MAGNUSSON (下記) とは好対照．

MAGNUS MAGNUSSON, *B. C. The Archaeology of the Bible Lands*, London, 1977

A. R. MILLARD, *The Bible B. C. What Can Archaeology Prove?*, Inter-Versity Press, 1977．これもまた MAGNUSSON の主張とは対立的立場を取っている．

● 新約聖書時代に関しては：

J. FINEGAN, *The Archaeology of the New Testament*, Princeton, 1969, Croom Helm, 1981

M. AVI-YONAH (editor), *The Herodian Period, World History of the Jewish Peoples*, Volume 7, London, 1975

E. YAMAUCHI, *The World of the First Christians*, Lion Publishing, 1981; in USA, *Harper's World of the New Testament*, Harper and Row, 1981

● また次のような標準的辞書の各項目も参照することができるものとしては：

Encyclopedia Judaica

The Illustrated Bible Dictionary

The Interpreter's Dictionary of the Bible

The New Bible Dictionary Revised

これらは，特別な人物，場所，諸発見に関する情報を教えてくれる．

● 日本語で読める聖書考古学関係書物として以下のものを付加しておきたい．

月本昭男著『目で見る聖書の時代』日本キリスト教団出版局

ウェルネル・ケラー著『歴史としての聖書』山本書店

索　　引

斜体字の頁数は写真や図版を指している。

あ
アイ　90
アヴァリス　77
アウグストゥス　169, 174
アシュケロン　98, 99, 120-21, 131
アシュタルテ　77
アゼカ　128
アッカド　60
アッシュルバニパル　17, 18, 38, *123*
アッシリア／アッシリア人　11, 12, 16-19, *17*, 29, 58, 62, 65, 108, 109, 115, 117-18, 119-23, *119-22*, *23*, 125, 129-30, 142, 144, 149, 155
アトラハシス叙事詩　39
アハブ　108, 109, 115
アブラハム　12, 38, 51, 56-57, 65, 168
アマルナ文書　63-65, *65*
アメノフィス3世　95
アモス　108, 109
アモリ人　51, *52*, 53-55, 57, *102*
アモン人　111
アラム語　23, 62, 89, 144-45, 146, 148-49, *148-49*, 150, 155, 181
アラム人　90, 111
アララテ山　*37*, 41
アリストテレス　152
アルタクセルクセス　145, 148
アレクサンドロス大王　142-43, 150-52, *150*
アレタ4世　155, 158
アレッポ　59

い
家　32, 49-50, 72, 112-113, *112*
イエス　154, 165-66, 167, 169, 180, 184
イサク　56
『イザヤ書』　17, 122, 160, 162
イザヤ書の巻き物　160-61, *160*
イシュタル　41, 45
イシュマエル　55
イスラエル／イスラエル人　12, 58, 65, 68, 73, 81, 85, 87, 90, 93, 98-99, 106, 108, 109, 110-11, 112, 114, 115-16, 118, *117-18*, *178*；カナン、ヘブル、ユダヤ人、パレスチナも参照
イスラエルの律法　60, 71, 79-81, 113, 148, 178
「イスラエル碑文」　98-99, *98*
イラク　16, 49, 133
印欧語　60
印章　44, 49, 61, 91, 110-11, *110-11*, *148*

う
ウィーラー卿, モアタイム　22
ウィルキンソン卿, ジョン　15
ヴィロロー, シャルル　83-84
ヴィンクラー, H.　59, 60
ヴェスターゴールド, ニルス　28
ウォレン, チャールズ　94
ウガリト／ウガリト人　82-85, *83-84*, 86, 102；ウガリト語　65, 84, *84, 86*
ウトゥナピシュティム　38, 40-41
ウーリー卿, レオナルド　36, 42-43, 49
ウル　36-37, 42-44, *42-44*, 48-51, *48-50*, 56, 104, 138

え
エクロン　121, 122
エジプト／エジプト人　*10*, 11, 12, 14-15, *14*, 16, 21, 23, 24, 56, *56*, 57, 58, 59, 60, 62, 63-5, *66*, 72-77, *72-73*, *75-77*, 78, 82, 85, 91, 98, 99, 100-2, 106, 110, 118, 121, 126, 129, 131, 146-47, 155, 183；ツタンカーメンも参照
エジプト脱出　65, 68, 70, 71, 77, 78, 95, 99
『エジプトの記述』　24
『エステル記』　142, 149, 163
『エズラ記』　144-47, 148, 162
『エゼキエル書』　113, 177
エチオピア　72, 142, 143
エッセネ派　164-66
エッ・テル　97
エドム人　111, 152, 168
エフー　118
エブラ　33, 45-47, *46-47*, 144
エベル　46
エホヤキム　126
エホヤキン　126, 130, 131
エマル　60
エラム　28
エリコ　22, 90, 94-97, *94-96*, 113, 116, 164, 171
エリシャ　113
エル　86-87
エル・アマルナ　63-65, *63, 65*
エルサレム　12, 21, 22, 65, 103, 106, 114, 121-25, 126, 127, 128, 130, 145, 146, 147, 153, 159, 161, 163, 166, 167-73, 174, 178-80, 181, *185*
エルテケ　121
エルハナン　54
エレファンティネ　146, 147, 148

11, 148
エレミヤ　128, 147

お
王立アジア学会　28
「オクサスからの宝」　139-43, *139-40*
オソルコン2世　75
オッペール, ジュール　29
オムリ　115, 116, 118
おもり　114, *114*
オールブライト, W.F.　22, 160

か
カイロ　14, 15, 63, 65
ガザ　122, 155
ガースタング, ジョン　94-96
カーター, ハワード　66, *66*, 68
ガーディナー卿, アラン　88
カデシュ　100
カーナヴォン卿　66
カナン／カナン人　38, 56-57, 58, 65, 77, 85-87, 88, 90-94, *92-93*, 98, 99, 100, 101, 106, 109, 110, 158
カラテペ　61
カルケミシュ　102, 126, 129, 130
カルナク　62, 72, 106
カンティル　77, 78

き
キシュ　36-37
キッチナー, H. H.　21
キプロス　82, 85, 102
キュロス　26, 137, 144, 167
ギリシア／ギリシア人　11, 91, 102, 129, 142, 143, 144, 150-54, *155*, 169；ギリシア語　23, 24, 60, 89, *89*, 145, 148, 150, 179, 181
キリスト教／クリスチャン　172, 173, 180, 181-85
ギルガメシュ叙事詩　38, 40-41
キレネ　181

く
楔形文字／粘土板　19, 23, *23*, 26-29, 45, 47, 51, 52, 59-61, 63, 85, 89, 117, 130-31, 137, 148；「古代ペルシア語」　27, 28；スサ語、あるいはエラム語　28；ウガリト語　83-84, 85
クサントス　144-45, *144*, 147
クセルクセス　27, 28
クムラン　153, 162-64, *161-63*
クレテ　82, 85, 102
クレルモン, ガノー　116
黒オベリスク　117-18, *117-18*
グロテフェンド, ゲオルグ　26, 28

け
契約の箱　71
ゲゼル　65, 98, 99, 105
ケニヨン卿, キャサリン　22, *22*, 95-96
ケモシュ　111, 115-16
ケラフ　ニムルドを参照
ゲラル　56, 57

こ
硬貨／貨幣　11, 21, 151, 153-54, *153-54*, 164
洪水　19, 36-41
骨壺　173, *173*
コプト語　25
ゴリヤテ　23, 55
コルサバド　16, *17*, 18
コルドウェイ, ロベルト　19, 133
コンダー, C. R.　21

さ
サマリア　21, 22, 23, 58, 61, 108, 109, 115, 118, 147, 148, 169
『サムエル記』第一　54, 114
『サムエル記』第二　54
サルゴン2世　17, 45
サルディス　142, 144
サルデニア　101
サンスクリット　60

し
シェッフェル, クロード　82-83
死海写本　149, 159-66, *159-61*, 177
ジグラット　48, *48*
『士師記』　65
シシャク　106
『使徒の働き』　178
死と埋葬　172-73, *172-73*
シドン　109, 152, 169
シヌヘ　*詩篇*　177
シャルダン　100, 101
シャルマネセル3世　117-18
シャンポリオン, ジャン・フランソワ　24-25
『出エジプト記』　60, 62, 68, 73-74, 75, 77, 78, 79-81, 83, 111, 147
シュメール／シュメール人　*33*, 36；シュメール語　19, 29, 51
象形文字；エジプト　23, 24-25, *24-25*, 148；ヒッタイト　61, *61*
シリア　11, 33, 45, 47, 50, 52, 58, 61, 65, 72, 82-85, 88, 90, 91, 98, 100, 111, 118, 129, 130, 144, 150, 154, 155
神殿／ソロモンの神殿　47, 93, 103-4, *103*, 106, 126, 137, 156,

167；第2神殿 145, 147；ヘロデの神殿 21, 167-68, 178, *178-79*
『申命記』 60, 62, 113, 162

す
スサ 28, 79, 142, *143*
スミス, エリ 21
スミス, ジョージ 19, 38

せ
聖書 12, 21, 22, 23, 46, 71, 78, 115, 118, 161；旧約聖書 12, 58, 62, 87, 99, 101, 114, 149, 162-63, 166, 183；新約聖書 12, 158, 165-66, 172, 183, 184；その他の各書も参照
聖書考古学会 38
セイス, A. H. 58-59
セティ1世 77
ゼデキヤ 126, 128, 130
ゼリン, E. 94
センナケリブ 18, 108, 119-23, *119, 122*, 129

そ
象牙 17, 82, 85, 91, 107-9, *107-9*, 122
『創世記』 38, 46, 51, 56-57, 62, 93, 177
族長 56-57
ソロモン 58, 103-6, 108

た
大英博物館 16, 18, 38, 63, 117, 119, 130, 137, 140, 184
タキトゥス 185
『ダニエル書』 137-38
タニス 75-77
ダビデ 55, 116
ダマスコ 58, 61, 62, 77, 115, 144, 155, 169
ダリヨス 26, 27, 142-43, *142*, 145, 147, 148
タルボット, ヘンリー・フォックス 29
炭素（カーボン） 34

ち
チェケル 100, 101
『知恵の書』 177

つ
ツタンカーメン *35*, 65, 66-71, *67-71, 103*
ツロ 65, 131, 169

て
ティグリス河 16, 17
ティトゥス 167, 179
ディボン 115, 116
テイマ 138
テイラー大佐 119

テイラー・プリズム 119, *122*, 123
テーベ 77, *98*, 106
デモティック 24
デュポン, ソメ・A. 165
テル・エル・ヘシ 21
テル・マルディク エブラを参照
テロー 19

と
陶器 15, 21, 22, 31, 90-91, 93, 96, *102*, 105, 113, 127-28, 156, 164, 177
ドゥラ・ユーロポス 181, 183
トゥレヴァー, ジョン 159-60
トトメス3世 104
トルコ 11, 16, 59, 60, 85, 91, 102, 144, 153, 179
ドルム, E. 83

な
ナイル河 *14*, 24, 58, 63, *64*, 72, 77, 100, 146, 148
ナバテア人 155-58, 171
ナボニドス 137-38, *138*
ナポレオン1世 14, 24
ナラムシン 45

に
ニップル 19
ニネベ 16, 17-18, 19, 38, 119, 121, 122, 129
ニーバー, カーステン 26
ニムルド 17, *19, 32*, 117

ね
熱心党 167, *177*
ネブカデネザル 12, 126, 129-31, 133, 134, 136
ネボ 116
ネロ 185

の
ノア 19, 36, 38, 41
ノリス, エドウィン 28

は
バアル 82, 86-87, *86-87*, 93
バアルベック 11
バウアー, ハンス 83
パウロ 155, 178-80
バグダッド 16, 17, 28, 119, 137
ハツォル 46, 65, 90, 91, *92*, 105, *105*
バッジ, ウォーリス 63
ハットゥシャ *59*, 60-61
ハトゥシリ3世 62
『ハバクク書』 166
ハブロ 65
パピルス 57, 85, 86, 89, 146
バビロニア／バビロン 11, 16, 18-19, 23, 29, 37, 39, 52, 56, 62, 65, 72, 79, 91, 119, 126,

128, *129*, 129-38, *131-35*, 146, 148, 149；バビロニアの洪水物語 36-41；ウルも参照
バビロニア年代記 129-30
バビロン捕囚 12, 124, 130-31, 167
ハマ 59, 61
ハムラビ 51, 55, 79-81, *79*
ハラン 56, 138
パリ 17, 24, 25, 79
パルミラ 11, *13*
パレスチナ 11, 21-22, 65, 72, 88, 90, 101, 111, 129, 130, 150, 155, 169, 183；カナンとイスラエルも参照
パレスチナ探索基金 21, 94

ひ
ヒゼキヤ 108, 119-25, 144
ヒゼキヤのトンネル 124-25, *124-125*
ヒッタイト 58-61, *58-59, 61*, 62, 65, 85, 102, 145
ビッテル, K. 60
ピトム 73
ビブロス 89, 131
ピ・ラメセス 75-77
ヒルカヌス, ヨハネ 154
ヒンクス, エドワード 29, 117-18

ふ
フェニキア／フェニキア人 109, 111, 126, 131, 155；フェニキア文書 61, 89, *89*, 111, 116, 148
プトレマイオス5世 24
ブバスティス 75
フランス 11, 16, 25
フリ語 60, 85
フロズニー, ベドシフ 60

へ
ベイルート 65
ヘタ 59
ベツレヘム 159, 174
ベテシャン 93
ペトラ 11, 155-58, *156-57*
ペトリ卿, フリンダース 15, *15*, 21, 88
ベヒストゥーンの岩 26-29, *27*, 148
ヘブル 47；ヘブル民族 65, 78, 111；ヘブル言語 23, 87, 89, 116, 124, 128, 148, *149*, 154, *155*, 160
『ヘブル人への手紙』 51
ヘブロン 168, 169
ペリシテ人 23, 55, 90, 100-2, *100-2*, 111, 114, 116, 120-21, 126
ヘルクラネウム 181
ペルシア／ペルシア人 12, 17, 26, 27, 28, 50, 79, 117, 129,

131, 139-47, *139-43, 146-47*, 149, 150, 155
ベルシャツァル 131, 137-138
ペルセポリス 26, *141-42*, 143, 144
ベルゾニ 14
ベルリン 15, 63, 65
ヘロデ 21, 154, 158, 167-71, 174-77, 178, 180
ヘロディウム 171, 174, 177
ヘロドトス 136

ほ
宝石類 42, *42*, 47, 68, 84, 91, *106*, 140, 143
ボガズキョイ 59-61, 62
ボッタ, ポール・エミール 16-17
ポンペイ 181

ま
マウソロス *144*, 145
マカエルス 171, 174
幕屋 68, 71
マサダ 153, 171, *170-71*, 174-77, *174-5, 177*
『マタイの福音書』 184
マツァル, ベンジャミン 168
マリ 52-55, *53-55*, 57
マリエッテ, オーギュスト 15
マリサ 151-52, *151*
『マルコの福音書』 173, 181
マルドゥク *131*, 135

み
『民数記』 60

め
メギド 46, 93, 105, *105*, 106
メシャ 115, 116
メソポタミア 52, 56, 60, 129；バビロニアも参照
メディア 129, 131, 142, *143*
メディナト・ハブ 100
メルネプタハ 90, 98-9, *98-9*
メロダク・バルアダン 119, *119*, 129
メンデンホール, G. E. 62
メンフィス 77, 106

も
モアブ／モアブ人 111, 115-16；モアブ語 89
モアブ石 115-16, *115*
モスル 16, 17
モーセ 12, 68, 73, 78
モート 87

や
ヤコブ 56, 93
ヤディン, イガエル 91, 93, 105, 174, 177
ヤム 86-87

189

ヤロブアム　106

ゆ

ユダ　106, 108, 121, 123, 126-28, 130, 131, 148
ユダヤ　*20*, 154, 168
ユダヤ人　145, 147, 148, 153-54, 166, 167-68, 174, 178；ヘブル，イスラエルも参照
ユダヤ人反乱　153, 164
ユーフラテス河　*18, 39*, 45, 50, 51, 52, 118, 133, 134, 137

よ

ヨシヤ　126
ヨシュア，『ヨシュア記』　62, 65, 94-97, 113, 162
ヨセフ　56, 57
ヨセフス　171, 174, 177, 179
『ヨハネの福音書』　167, 173, 184, *184*
『ヨハネの黙示録』　16
ヨハネ・ヒルカヌス　168
ヨラム　116, 118

ら

ライズナー，G. A.　22
ラキシュ　18, *22*, 46, 91, *91*, 123, 126-28, *127-28*
ラス・シャムラ　ウガリトを参照
ラッサム，ホルムズ　17, 18
ラメセス　73
ラメセス2世　59, 62, 75-77, *76-77*, 98, 99, 100
ラメセス3世　100-2

り

リッチ，クローディアス・ジェームス　16
リディア　131, 144, 153
リビア　98, 100, 181
リュキア語　145
リンチ，W. F.　21

る

ルウィ語　60, 61
『ルカの福音書』　184
ルーブル博物館　79, 116

れ

レイヤード，オースティン・ヘンリー　17-18, *17*, 29, 38, 117
『歴代誌』第二　122, 125
『列王記』第一　103, 105, 106, 108
『列王記』第二　58, 81, 113, 116, 118, 119, 122, 124, 131, 144
レナ，エルネスト　165
レバノン　77, 111, 142
レハブアム　106
『レビ記』　60, 91
レプシウス，リヒャルト　15

ろ

ロゼッタ・ストーン　24, *25*
ロビンソン，エドワード　21, 124, 171, 174
ローマ／ローマ人　11, 150, 153, 163, 164, 167, 177, 179, 183
ローリンソン，ヘンリー　27-29, *28*, 117-18, 137

著者

アラン・ミラード（Alan Millard）

英国の考古学者．オックスフォード大学とロンドン大学で古代セム語を学び，大英博物館の西アジア古代遺跡部門に勤務した後，7年間にわたってティンデル聖書学研究所（在ケンブリッジ）の図書館長を務めた．1970年以降はリバプール大学考古学・オリエント学部で教鞭をとり，学部長を経て退官．この間，シリアのテル・リファタとテル・ネビ・メンド，ヨルダンのペトラ，イラクのニムルドで発掘に従事した．現在は研究と国内外での講演を中心に活動している．本書のほか，*Eponym of the Assyrian Empire, Discoveries from the Time of Jesus* など，多くの著書がある．

訳者

鞭木由行（むちき よしゆき）

1950年，東京に生まれる．聖書宣教会で学び，ジョンズ・ホプキンズ大学大学院，リバプール大学大学院修了．哲学博士．現在，生田丘の上キリスト教会牧師・聖書宣教会教師．著書に *Egyptian Proper Names and Loanwords in North-West Semitic*（Scholars Press），『安息日と礼拝』（いのちのことば社），『聖書が本当に言っていること』（NOA出版企画），その他がある．

聖書時代の秘宝──聖書と考古学

2004年7月20日　初版第1刷発行

著　者　アラン・ミラード
訳　者　鞭木由行
発行所　財団法人　法政大学出版局
〒102-0073 東京都千代田区九段北3-2-7
電話03(5214)5540　振替00160-6-95814
組版・印刷：(株)キャップ　製本：(株)鈴木製本所
© 2004 Hosei University Press

Printed in Japan

ISBN4-588-37801-5

■ J. ボテロ／松島英子訳

最古の料理 …… 2800 円
最古の宗教 〈古代メソポタミア〉 …… 4500 円
メソポタミア 〈文字・理性・神々〉 …… 4700 円
バビロンとバイブル …… 3000 円

■ J. ナヴェー／津村・竹内・稲垣訳

初期アルファベットの歴史 …… 3500 円

■ A. エロン／村田靖子訳

エルサレム 〈記憶の戦場〉 …… 4200 円

■ M. ヴェルナー／津山拓也訳

ピラミッド大全 …… 6500 円

■ C. W. ツェーラム／大倉文雄訳

神と墓の古代史 …… 3300 円

■ A. K. ターナー／野崎嘉信訳

地獄の歴史 …… 4300 円

■ N. フォーサイス／野呂有子監訳

古代悪魔学 〈サタンと闘争神話〉 …… 9000 円

■ K. トマス／荒木正純訳

宗教と魔術の衰退 …… 14500 円

■ K. クラーク／河野徹訳

芸術と文明 …… 6000 円

表示価格は税別です